职业院校教学诊断、培训与改进专著

专业建设、教学管理的诊断与优化

陈承欢　罗友兰　著
方小斌　张　莹　审定

电子工业出版社
Publishing House of Electronics Industry
北京·BEIJING

内 容 简 介

高等职业院校自主开展专业建设和教学管理诊断，有效实施质量改进活动，既是贯彻国家相关文件精神的需要，也是学校落实办学主体责任、完善人才培养质量内部保证机制和形成质量自觉的重要前提。专业诊改是高职院校教学工作诊断与改进的核心工作，对于高职院校改革与发展具有"推进器"的功能。实施专业诊断与改进是落实专业教学质量自主保证与监控、促进专业建设水平和人才培养质量持续提升的有效举措。

本专著有效探索并实践专业建设与教学管理的诊断与优化全过程，为改进和优化专业建设与教学管理提供行之有效的标准和方法，为职业院校教师专业建设与教学管理培训提供全新解决方案。

本专著可以作为高等职业院校、中等职业院校、技工学校的专业建设与教学管理培训用书，也可以作为广大职业教育工作者、专业建设与教学管理人员的参考书。

未经许可，不得以任何方式复制或抄袭本书之部分或全部内容。
版权所有，侵权必究。

图书在版编目（CIP）数据

专业建设、教学管理的诊断与优化 / 陈承欢，罗友兰著. —北京：电子工业出版社，2019.6
ISBN 978-7-121-35343-7

Ⅰ. ①专… Ⅱ. ①陈… ②罗… Ⅲ. ①高等职业教育－教学管理－研究 Ⅳ. ①G718.5

中国版本图书馆 CIP 数据核字（2019）第 007166 号

策划编辑：程超群
责任编辑：韩　蕾
印　　刷：北京天宇星印刷厂
装　　订：北京天宇星印刷厂
出版发行：电子工业出版社
　　　　　北京市海淀区万寿路 173 信箱　邮编 100036
开　　本：787×1 092　1/16　印张：15.5　字数：397 千字
版　　次：2019 年 6 月第 1 版
印　　次：2021 年 11 月第 3 次印刷
定　　价：45.00 元

凡所购买电子工业出版社图书有缺损问题，请向购买书店调换。若书店售缺，请与本社发行部联系，联系及邮购电话：（010）88254888，88258888。

质量投诉请发邮件至 zlts@phei.com.cn，盗版侵权举报请发邮件至 dbqq@phei.com.cn。
本书咨询联系方式：（010）88254577，ccq@phei.com.cn。

序

职业院校的"教学诊改"是当下的热门话题,根据教育部的统一部署,从2015年秋季学期开始,逐步在全国职业院校推进建立"教学工作诊断与改进"(以下简称"诊改")制度,全面开展诊改工作。诊改工作的主要目标是建立常态化自主保证人才培养质量机制,引导和促进职业院校不断完善内部质量保证体系建设,提升内部质量保证工作成效,从而持续提高技术技能人才培养质量。

《教育部办公厅关于建立职业院校教学工作诊断与改进制度的通知》(教职成厅〔2015〕2号)中明确了"诊改"的目的与意义为:提高技术技能人才培养质量是发展现代职业教育的基本任务,是构建现代职业教育体系的关键所在,是主动适应经济发展新常态、服务中国制造2025、创造更大人才红利的重要抓手。建立职业院校教学工作诊断与改进制度,引导和支持学校全面开展教学诊断与改进工作,切实发挥学校的教育质量保证主体作用,不断完善内部质量保证制度体系和运行机制,是持续提高技术技能人才培养质量的重要举措和制度安排,也是教育行政部门加强事中事后监管、履行管理职责的重要形式,对加快发展现代职业教育具有重要意义。"诊改"的任务应聚焦专业建设、教师队伍建设、课程体系改革、课堂教学与实践、校企合作与创新、质量监控等人才培养工作要素。

《高等职业院校内部质量保证体系诊断与改进指导方案》(教职成司函〔2015〕168号)中要求"诊改"应以诊断与改进为手段,促使高职院校在学校、专业、课程、教师、学生不同层面建立起完整且相对独立的自我质量保证机制,强化学校各层级管理系统间的质量依存关系,形成全要素网络化的内部质量保证体系。

同时,"高职院校内部质量保证体系诊断项目参考表"中对专业建设、课程建设、学生素质教育等方面提出了具体的"诊改"要求。专业建设的"诊改"要求包括:有无明确的专业建设目标和标准;专业人才培养方案是否规范、科学、先进并不断优化;学校内部是否建立常态化的专业诊改机制;是否能够促成校内专业设置随产业发展动态调整等。课程建设的"诊改"要求包括:课程建设规划是否科学合理;是否具有可行性与可操作性;课程建设规划目标达成度;课程标准是否具备科学性、先进性、规范性与完备性;校内是否开展对课程建设水平和教学质量的诊改,形成常态化的课程质量保证机制;是否对提高课程建设水平和教学质量产生明显的推进作用等。学生素质的"诊改"要求包括:是否制定学生综合素质标准;学生素质教育方案制订是否科学,培养目标定位是否准确;是否因材施教,注重分类培养与分层教学;是否实施全员、全过程、全方位育人,加强创意、创新、创业教育;学生自主学习能力、主动学习积极性、职业能力和创新创业能力是否得到提高等。

由此可见,"教学工作诊断与改进"应重点关注专业建设、课程建设、课堂教学和学生素质教育,培养什么样的技术技能人才、怎样培养技术技能人才是职业院校要解决的根本问题和首要任务。在"诊改"过程中如何保证各类标准、课程体系、课程设计、教学设计、素质培养的先进性、合理性和规范性，如何保证开发的教学资源有用、好用，这些方面都是"教学工作诊断与改进"工作中的难点和重点，是"诊改"的地基与源头，必须足够重视和充分保证。如果"诊改"过程使用科学性、先进性、规范性不够强的标准去诊断课程体系、课程设计、教学设计、学生素质，得出的结论也是偏差很大的。如果课程体系、课程设计、教学设计的理念、模式和方法都不够先进，导致的结果就是教学效率和教学效果都达不到预期目标，也谈不上人才培养的高质量。

为了保证"教学工作诊断与改进"的科学性、先进性、有效性，应着力探索如何开发科学合理的诊断标准，如何根据标准进行诊断发现问题，发现问题时如何进行完善与优化，从而解决问题。

《教育部关于深化职业教育教学改革全面提高人才培养质量的若干意见》（教职成〔2015〕6号）对专业教学、课程改革、教师培训、信息化教学、职业精神培育等方面都提出了具体要求，强调"坚持工学结合、知行合一，注重教育与生产劳动、社会实践相结合，突出做中学、做中教，强化教育教学实践性和职业性，促进学以致用、用以促学、学用相长"。针对专业教学和课程改革提出了要求：推进专业教学紧贴技术进步和生产实际。对接最新职业标准、行业标准和岗位规范，紧贴岗位实际工作过程，调整课程结构，更新课程内容，深化多种模式的课程改革。要普及推广项目教学、案例教学、情境教学、工作过程导向教学，广泛运用启发式、探究式、讨论式、参与式教学，充分激发学生的学习兴趣和积极性。针对教师培养培训提出了要求：加强教师专业技能、实践教学、信息技术应用和教学研究能力提升培训，提高具备"双师"素质的专业课教师比例。针对信息化教学能力提出了要求：广泛开展教师信息化教学能力提升培训，不断提高教师的信息素养。组织和支持教师和教研人员开展对教育教学信息化的研究。要积极推动信息技术环境中教师角色、教育理念、教学观念、教学内容、教学方法以及教学评价等方面的变革。针对学生职业精神培育提出了要求：把提高学生职业技能和培养职业精神高度融合，积极探索有效的方式和途径，形成常态化、长效化的职业精神培育机制，重视崇尚劳动、敬业守信、创新务实等精神的培养。充分利用实习实训等环节，增强学生安全意识、纪律意识，培养良好的职业道德。

职业院校教师在进行专业建设、课程建设、课堂教学、教学资源开发、学生素质培养过程中，在"教学工作诊断与改进"过程中，要充分领会和贯彻这些理念和要求，开发高质量的课程体系、课程标准、教学设计方案、教学资源，不断提高人才培养质量。

湖南铁道职业技术学院在课程体系构建、课程整体设计、教学设计、教学资源开发、学生素质培养、教师教学能力培训等方面勇于创新和实践，积累了丰富的经验，也具有在全国范围进行推广的价值。为了构建科学合理的课程体系，设计先进规范的课程方案和教学方案，开发有用好用的教学资源，全面提升学生素质，全面提升"教学工作诊断与改进"质量和效果，围绕专业建设与教学管理、课程整体设计、教学设计与实施、教学资源开发与信息化教学、学生素质培养等方面"如何进行有效诊断、完善与优化"进行了探索和研究，形成了系列专著，这些专著将诊断、培训、优化三者有机结合，探索和实施诊断与优化的全过程和行之有效的方法，为职业院校教师教学能力提升培训提供全新解决方案。

期待这些专著为提升"教学工作诊断与改进"质量、全面提高职业院校人才培养质量提供帮助和支持。

前言

教育部办公厅《关于建立职业院校教学工作诊断与改进制度的通知》（教职成厅〔2015〕2号）明确要求"落实主体责任。各职业院校要切实履行人才培养工作质量保证主体的责任，建立常态化周期性的教学工作诊断与改进制度，开展多层面多维度的诊断与改进工作，构建校内全员全过程全方位的质量保证制度体系，并将自我诊断与改进工作情况纳入年度质量报告""试行专业诊改，倒逼专业改革与建设"。

教育部职成司发布的《关于印发高等职业院校内部质量保证体系诊断与改进指导方案》（教职成司函〔2015〕168号）的附件"高等职业院校内部质量保证体系诊断与改进指导方案"中明确要求：以《国务院关于加快发展现代职业教育的决定》精神为指导，以完善质量标准和制度、提高利益相关方对人才培养工作的满意度为目标，按照"需求导向、自我保证，多元诊断、重在改进"的工作方针，引导高职院校切实履行人才培养工作质量保证主体的责任，建立常态化的内部质量保证体系和可持续的诊断与改进工作机制，不断提高人才培养质量。同时还要求：以诊断与改进为手段，促使高职院校在学校、专业、课程、教师、学生不同层面建立起完整且相对独立的自我质量保证机制，强化学校各层级管理系统间的质量依存关系，形成全要素网络化的内部质量保证体系。

高职院校自主开展专业建设和教学管理诊断，有效实施质量改进活动，既是贯彻国家相关文件精神的需要，也是学校落实办学主体责任、完善人才培养质量内部保证机制和形成质量自觉的重要前提。专业诊改是高职院校教学工作诊断与改进的核心工作，对于高职院校改革与发展具有"推进器"的功能。实施专业诊断与改进是落实专业教学质量自主保证与监控、促进专业建设水平和人才培养质量持续提升的有效举措。

为了提高职业教育专业建设与教学管理的科学性、先进性、规范性、可行性与完备性，本专著使用先进的现代职业教育理念指导专业建设与教学管理，尝试探索一套职业教育专业建设与教学管理的标准和方法。本专著有以下特色和创新：

（1）探索和实践专业建设与教学管理诊断与优化的全过程，为专业建设与教学管理的诊改提供行之有效的方法。

专业建设与教学管理的诊断与优化的过程有其自身特点，本专著划分为5个阶段予以探索和实践：第1阶段为目标设置，第2阶段为标准制定，第3阶段为概念解析，第4阶段为方法指导，第5阶段为诊断改进。

在"目标设置"阶段建立目标体系，明确专业建设、人才培养方案开发、课程建设、实训基地建设、教材建设、备课环节、课堂教学、课程考核、教学质量管理的具体目标；在"标准制定"阶段，建立标准体系和指标体系，确定专业建设、人才培养方案、课程建设、实训基地建设、教材建设、备课环节、课堂教学、课程考核、教学质量管理等标准的具体指标，制定相关标准；在"概念解析"阶段，认知、区分、理解专业建设、教学管理等方面所涉及的名词术语，排除概念上的误区；在"方法指导"阶段，对专业建设与教学管理的相关知识予以梳理，形成清晰的知识框架，提升专业建设与教学管理的理论水平，排除理论知识的盲区；在"诊断改进"阶段，设置了专业建设和教学管理相关的多项诊改任务，同时构建了相应的诊断指标体系，运用各单元掌握的方法进行专业建设和教学管理的诊改实战。

（2）为专业建设和教学管理构建了完善、系统的标准体系和指标体系。

本专著为专业建设、新增专业建设、专业群建设、人才培养方案开发、课程建设、实训基地建设、教材建设、备课环节、课堂教学、课程考核、教学质量管理等方面构建了完善、系统的指标体系，形成了标准体系。

（3）为职业院校教师专业建设与教学管理培训提供全新解决方案。

专业建设、教学管理的诊改标准和指标体系建立固然重要，但标准的运用和目标的实现更为重要。本专著除了探索建立完善的专业建设、教学管理诊改标准和指标体系，还提供了专业建设与教学管理诊改的实施方案，有具体的诊断要点和诊断依据，方便实际操作，为专业建设与教学管理培训提供了全新的解决方案。

诊改和培训都需要有攻坚克难的自信，有自我净化、自我完善、自我革新、自我提高的勇气。需要多一点真抓实干、出实招、求实效的真气，要立足实际抓关键、无私无畏出实招、数据说话求实效；我们必须发扬"撸起袖子加油干"的精神，从一个专业的建设与优化、一门课程的设计与实施、一项标准建设、一项管理制度制定、一次教学检查开始，砥砺前行、久久为功。

本专著在撰写过程中参阅了有关著作、论文和各个网站中的公开内容，吸收了多方面的研究成果，并引用了许多文献、专业建设和教学管理标准，在此向各参考文献、专业建设和教学管理标准编写者表示衷心的感谢！

本专著由湖南铁道职业技术学院陈承欢、罗友兰共同撰写，湖南铁道职业技术学院方小斌院长、张莹副院长组织策划了全书的整体结构并审阅了全书。湖南铁道职业技术学院的宁云智、肖素华、颜珍平、吴献文、颜谦和、谢树新、潘玫玫、谭传武、林保康、王欢燕、王姿、张丽芳、侯伟等老师参与了专著中部分内容的撰写和案例的整理、编写工作。

由于作者水平有限，又是初次探索，专著中难免存在疏漏之处，敬请各位专家和读者批评指正。

目 录

单元1　专业建设诊断与优化 …………（1）
 【目标设置】………………………（1）
  1.1　明确高等职业院校专业建设的
    目标 ………………………（1）
 【标准制定】………………………（2）
  1.2　高等职业院校专业的建设标准与评价
    指标 ………………………（2）
  1.3　高等职业院校新增专业的建设标准
    与评价指标 ………………（37）
  1.4　专业群建设的标准与评价指标 ……（41）
 【概念解析】………………………（45）
  1.5　相关概念的内涵解析 …………（45）
 【方法指导】………………………（55）
  1.6　专业建设概述 …………………（55）
  1.7　专业设置与调整 ………………（59）
  1.8　专业综合评价 …………………（63）
  1.9　专业的诊断与改进 ……………（64）
  1.10　构建一体化育人体系与课程
    思政 ………………………（66）
 【诊断改进】………………………（68）
  1.11　获取专业建设数据 ……………（68）
   1.11.1　专业基本情况 ………（68）
   1.11.2　学生数据 ……………（69）
   1.11.3　教师数据 ……………（70）
   1.11.4　教学资源数据 ………（74）
   1.11.5　教学过程数据 ………（75）
   1.11.6　社会服务数据 ………（77）
   1.11.7　质量管理与监控数据 ……（78）
   1.11.8　能力表现与学习成果 ……（78）
  1.12　专业建设的诊断与改进 ………（80）
  1.13　专业人才培养模式的诊断与
    改进 ………………………（84）
  1.14　课程体系的诊断与改进 ………（85）
  1.15　教学方法的诊断与改进 ………（86）

单元2　培养方案诊断与优化 …………（87）
 【目标设置】………………………（87）
  2.1　明确制订人才培养方案的目标 ……（87）
 【标准制定】………………………（88）
  2.2　制定人才培养方案的标准 ………（88）
 【概念解析】………………………（89）
  2.3　相关概念的内涵解析 …………（89）
 【方法指导】………………………（91）
  2.4　制订专业人才培养方案的重要
    意义 ………………………（91）
  2.5　制订专业人才培养方案的指导思想
    与制订原则 ………………（92）
  2.6　构建高职专业人才培养方案的主要
    思路 ………………………（93）
  2.7　制订人才培养方案的流程 ………（94）
  2.8　职业面向及岗位分析 …………（97）
  2.9　人才培养目标与规格 …………（98）
  2.10　课程的分类与设置 ……………（100）
  2.11　教学方法、手段与教学组织
    形式 ………………………（102）
  2.12　教学评价与考核 ………………（102）
 【诊断改进】………………………（103）
  2.13　专业人才培养方案的诊断与
    改进 ………………………（103）
  2.14　岗位的工作职责与实际工作任务
    分析的诊断与改进 ………（105）
  2.15　典型工作任务归并为行动领域的
    诊断与改进 ………………（108）
  2.16　行动领域转换为学习领域与课程
    设置的诊断与改进 ………（111）
  2.17　职业院校典型课程体系的诊断
    与改进 ……………………（114）

单元3　课程建设诊断与优化 …………（116）
 【目标设置】………………………（116）
  3.1　明确课程建设的目标 …………（116）
 【标准制定】………………………（117）
  3.2　课程建设的质量标准 …………（117）
  3.3　精品在线开放课程建设标准 ……（124）

  3.4 课程标准的质量标准……………(127)
  【概念解析】………………………(129)
  3.5 相关概念的内涵解析……………(129)
  【方法指导】………………………(134)
  3.6 课程开发的步骤…………………(134)
  3.7 课程建设的内容与任务…………(135)
  3.8 精品在线开放课程建设的指导
     思想与建设目标…………………(136)
  3.9 精品在线开放课程建设的原则与
     内容………………………………(137)
  3.10 精品在线开放课程建设的基本
     要求………………………………(138)
  3.11 精品在线开放课程的基本
     要素………………………………(140)
  3.12 在线开放课程建设技术规范……(142)
  【诊断改进】………………………(143)
  3.13 课程建设的诊断与改进…………(143)
  3.14 精品在线开放课程的诊断与
     改进………………………………(149)
  3.15 课程标准的诊断与改进…………(151)

单元 4 实训基地诊断与优化……………(154)
  【目标设置】………………………(154)
  4.1 明确实训基地建设的目标………(154)
  【标准制定】………………………(155)
  4.2 实训基地建设标准………………(155)
  4.3 校外生产性实训基地建设标准…(160)
  4.4 实训基地 7S 管理标准…………(161)
  【概念解析】………………………(162)
  4.5 相关概念的内涵解析……………(162)
  【方法指导】………………………(163)
  4.6 实训与实验的分类………………(163)
  4.7 实训基地建设……………………(164)
  4.8 生产性实训基地建设……………(165)
  【诊断改进】………………………(166)
  4.9 校内实训基地的诊断与改进……(166)
  4.10 校外实训、实习基地的诊断与
     改进………………………………(168)
  4.11 实训室 7S 管理的诊断与改进…(169)
  4.12 实训教学工作的诊断与改进……(171)

单元 5 教材建设诊断与优化……………(172)
  【目标设置】………………………(172)
  5.1 明确教材建设的目标……………(172)
  【标准制定】………………………(173)
  5.2 教材建设质量标准………………(173)
  5.3 电子教材及课件建设质量标准…(174)
  5.4 校本教材编写质量标准…………(176)
  【概念解析】………………………(176)
  5.5 相关概念的内涵解析……………(176)
  【方法指导】………………………(177)
  5.6 教材建设的原则与要求…………(177)
  5.7 教材选用的原则与要求…………(178)
  5.8 校本教材编写的原则和要求……(178)
  【诊断改进】………………………(179)
  5.9 教材选用的诊断与改进…………(179)
  5.10 校本教材编写质量的诊断与
     改进………………………………(180)

单元 6 备课环节诊断与优化……………(181)
  【目标设置】………………………(181)
  6.1 明确备课环节的目标……………(181)
  【标准制定】………………………(182)
  6.2 备课环节质量标准………………(182)
  6.3 授课计划质量标准………………(183)
  【概念解析】………………………(184)
  6.4 相关概念的内涵说明……………(184)
  【方法指导】………………………(185)
  6.5 备课环节的基本要求……………(185)
  6.6 教案和讲稿（讲义）的主要
     区别………………………………(186)
  6.7 教案编写的原则和作用…………(187)
  6.8 学期授课计划的编写要求与注意
     事项………………………………(188)
  【诊断改进】………………………(189)
  6.9 备课环节的诊断与改进…………(189)
  6.10 授课计划的诊断与改进…………(190)

单元 7 课堂教学诊断与优化……………(191)
  【目标设置】………………………(191)
  7.1 明确课堂教学的目标……………(191)
  【标准制定】………………………(191)

7.2 课堂教学质量标准……………（191）
7.3 实训教学质量标准……………（197）
【概念解析】………………………（199）
7.4 相关概念的内涵解析…………（199）
【方法指导】………………………（200）
7.5 课堂教学对教师的基本要求……（200）
7.6 使用随堂听课评价法实施课堂
　　教学评价……………………（201）
7.7 把握好课堂教学的五个"度"……（204）
【诊断改进】………………………（205）
7.8 课堂教学的诊断与改进………（205）
7.9 实训课教学的诊断与改进……（207）
7.10 学生网上评教的诊断与改进……（208）
7.11 学生课堂学习的诊断与
　　　改进…………………………（209）

单元8　课程考核诊断与优化………（211）
【目标设置】………………………（211）
8.1 明确课程考核管理的目标……（211）
【标准制定】………………………（211）
8.2 课程考核质量标准……………（211）
【概念解析】………………………（213）
8.3 相关概念的内涵解析…………（213）
【方法指导】………………………（214）
8.4 课程考核方案的制订…………（214）
8.5 课程考核评价的常用方法……（215）
8.6 课程考核评价的基本要求……（217）
【诊断改进】………………………（217）
8.7 课程考核的诊断与改进………（217）
8.8 实训课程考核的诊断与改进……（218）
8.9 课程考核试卷的诊断与改进……（219）
8.10 "市场营销"课程考核方案的诊断
　　　与改进………………………（220）

单元9　教学质量诊断与优化………（222）
【目标设置】………………………（222）
9.1 明确教学质量管理的目标……（222）
【标准制定】………………………（223）
9.2 教学管理的质量标准…………（223）
9.3 教学文件制定与修订的质量
　　标准…………………………（226）
【概念解析】………………………（227）
9.4 相关概念的内涵解析…………（227）
【方法指导】………………………（229）
9.5 教学质量的监控体系…………（229）
9.6 教学质量控制…………………（230）
　　9.6.1 教学运行检查……………（230）
　　9.6.2 课堂教学质量控制………（231）
　　9.6.3 实训（实验）教学质量
　　　　　控制………………………（231）
9.7 教学质量评价…………………（232）
　　9.7.1 教师教学质量评价………（232）
　　9.7.2 学生学习质量评价………（233）
　　9.7.3 教学管理质量评价………（233）
9.8 教学质量诊改…………………（234）
　　9.8.1 教学质量诊断……………（234）
　　9.8.2 教学质量信息反馈………（234）
　　9.8.3 教学质量改进……………（235）
【诊断改进】………………………（236）
9.9 教学质量标准系统的诊断与
　　改进…………………………（236）
9.10 教学文件制定与修订质量的诊断
　　　与改进………………………（237）

参考文献………………………………（238）

单元1 专业建设诊断与优化

专业是高等职业院校人才培养、社会服务的重要载体，是高等职业院校推进教育教学改革、提高教育教学质量的立足点，其建设水平和绩效决定着高等职业院校的人才培养质量和特色。专业教学改革在高等职业院校教学改革全局中起着重要的龙头作用，专业建设在学校发展中具有十分重要的地位，它可以推动教学基本建设、课程建设和师资队伍建设，直接体现着学校的整体办学水平与发展思路。加强专业建设，把专业建设放在学校工作的核心地位，是加快学校发展，深化教学改革，加大专业内涵建设力度，突出专业特色，提高学校办学水平，优化人才培养，全面提高教学质量和人才培养质量，更好地满足经济社会对高素质技术技能型人才需要的关键。

面对"中国制造2025""互联网+"带来的产业转型升级，高等职业院校在社会服务上显然还需要付出更多努力，并最终落实在专业建设上。如何提升专业对区域需求的敏感性和适应性，如何增强社会服务的针对性和实效性，必然成为高等职业院校内部专业诊改需要考量的重要问题。

专业的建设和发展是一个自定目标、自我约束、自我发展、自我完善，不断螺旋提升的过程，需要全体专业教师切实履行专业建设的主体责任，以认真负责的态度改进和完善专业人才培养过程，促进专业人才培养质量不断提高。

专业诊改是高等职业院校教学工作诊断与改进的核心工作，对于高等职业院校的改革与发展具有"推进器"的作用。实施专业诊断与改进是落实专业教学质量自主保证与监控、促进专业建设水平和人才培养质量持续提升的有效举措。

【目标设置】

1.1 明确高等职业院校专业建设的目标

专业建设是职业院校的一项教学基本建设，专业结构是否科学、合理，专业建设状况如何，直接影响职业院校的人才培养格局和办学水平。专业建设的内容包括专业定位、专业特色、课程体系、师资队伍、实训基地等。

（1）专业建设应以专业设置与调整为重点，以社会需求变化为导向，以教学资源和教学条件为保障。

专业设置与调整要符合学校办学定位和办学特色的培育，充分体现和反映学校人才培养总目标要求。按照学校办学定位和人才培养总体目标要求，通过专业设置与调整，按照学校专业布局和特点，有效对接区域主导产业、支柱产业、战略新兴产业，尤其是现代农业、先进制造业、现代服务业、社会管理和生态文明建设等重点领域，设置紧密结合地方经济与社会发展需要的专业，不断改造和拓宽专业服务面向，形成以本专业为核心的专业群，并辐射带动相关专业发展，保证学校专业合理布局。

善于发现和预测新的社会需求，针对职业岗位或岗位群，设置新的专业；根据学校办学定位及社会发展对人才的需求，制定专业发展规划和专业建设工作管理办法，优化专业结构，逐步形成一批有特色的专业群。同时，根据社会需求变化及时调整专业方向和课程设置，适时进行专业培养目标和教学内容的调整，提高专业活力。加大教学资源和教学条件的投入及利用，注意办学条件的配置和共享，提高专业教学质量，形成特色专业。

院（系、部）应根据学校专业建设规划，结合实际确定本单位的专业建设规划，按照专业建设工作管理办法加强专业建设，根据学校对专业的诊断结果，对本单位的专业结构进行调整，确保专业建设水平不断提高。

（2）专业建设按照学校办学定位和办学思想要求，要有准确的专业定位、鲜明的专业特色，以社会需求为导向，以课程体系建设为核心，以培养高素质技术技能型人才为目标，打造和培育具有区域优势的重点专业，使其在本地区同类专业中具有一定优势，并形成鲜明的专业特色。

（3）根据学校的办学定位和发展要求，制定科学合理、切实可行的专业中长期建设发展规划和年度建设计划。按照专业建设发展规划和年度建设计划，制定专业建设与调整的规章制度和政策措施。

（4）专业定位要符合学校办学定位、办学思想要求，专业发展目标明确，建设思路清晰，措施落实到位；专业办学定位和办学特色符合地方经济社会发展需要，专业建设体现为地方经济发展服务，体现校企合作、工学结合的专业办学思想。

（5）贴近社会需求实际，构建以主干课程和选修课程相结合、理论课程与实践课程相融合、适应经济社会发展的专业课程体系。注重理论课程与实践环节的衔接，突出专业知识传授与专业实践能力的培养，构建包括基础技能训练、专业技能训练、综合与创新训练的"三层次"实践教学体系。

（6）培育和培养专业带头人，优化教学团队结构，形成一支以专业带头人和青年骨干教师为核心，具有较高学术水平和教学水平及丰富教学成果的优秀专业教学团队。

（7）专业实训室和校内外实习基地配备完善、设备先进、利用率高，设施能满足专业建设要求。

【标准制定】

1.2 高等职业院校专业的建设标准与评价指标

专业建设与诊改围绕有效提高"5力"（专业建设的执行力，专业改革的创新力，专业团队的贡献力，专业质量的吸引力，专业品牌的竞争力）、保证"5度"（培养模式的契合度、培养方案的适应度、教学资源的保障度、质量监控的可靠度、教学管理的有效度）确定目标、规划指标、制定标准、形成体系。构建一套操作性强的高等职业院校专业建设标准与评价指标体系，把专业设置条件定性评价与定量评价结合起来，对高等职业院校专业建设进行精细化、科学化管理，努力形成合理的专业结构和布局，是完善高职专业设置管理制度的需要，是引导高职教育专业布局与专业人才培养结构合理化的需要，也是推动高等职业教育规模、结构、质量、效益协调发展的需要。

高等职业院校专业的建设标准与评价指标体系的一级指标与二级指标如表1-1所示。

表1-1 高等职业院校专业的建设标准与评价指标体系的一级指标与二级指标

一级指标	二级指标	一级指标	二级指标
1. 教育思想与育人模式	1-1 专业建设指导思想与建设理念	8. 教学实施与管理	8-1 教学实施
	1-2 校企合作机制与专业建设机制		8-2 教学管理工作
	1-3 校企合作育人		8-3 教材管理
	1-4 国际合作育人		8-4 教风与学风建设
	1-5 专业文化育人	9. 教学改革与创新	9-1 人才培养模式改革
2. 专业规划与专业定位	2-1 专业建设目标与建设规划		9-2 课程体系改革与创新
	2-2 专业面向及专业定位		9-3 教学模式改革与课程改革
	2-3 专业设置与调整		9-4 教学方法与手段改革
3. 人才培养方案与课程体系	3-1 人才培养目标与要求		9-5 考核评价改革创新
	3-2 人才培养规格与毕业生质量标准		9-6 实践教学创新
	3-3 人才培养方案的制订与优化		9-7 素质教育与职业能力培养创新
	3-4 课程体系构建与课程设置		9-8 教学管理创新
	3-5 理论教学体系与实践教学体系		9-9 学业指导创新
	3-6 素质教育与创新创业教育体系	10. 教科研成果与社会服务能力	10-1 教师科研能力
4. 师资队伍建设	4-1 专业带头人		10-2 教师教研能力
	4-2 师资队伍的数量与结构		10-3 社会服务能力
	4-3 师资队伍的能力与水平		10-4 教学成果与竞赛获奖
	4-4 师资培养	11. 招生、就业与创业状况	11-1 招生录取情况
	4-5 团队建设		11-2 毕业生就业状况
	4-6 师德师风建设		11-3 就业服务与指导
5. 教学条件与实训条件建设	5-1 教学经费投入与使用	12. 人才培养质量和社会声誉	12-1 学习成果与学生发展
	5-2 教学设备仪器购置与使用		12-2 知识、能力、素质水平
	5-3 实训实习基地建设		12-3 思想道德表现
	5-4 图书资料与校园网		12-4 创新创业能力
6. 课程开发和教学资源建设	6-1 课程建设		12-5 职业技能鉴定与双证书
	6-2 教材开发		12-6 学生获奖情况
	6-3 教学资源建设		12-7 社会声誉
7. 教学质量保证与监控	7-1 构建质量保障体系	13. 专业建设成果与特色创新	13-1 示范和引领作用
	7-2 质量监控与改进		13-2 专业建设特色与创新

1．教育思想与育人模式

（1）专业建设指导思想与建设理念。

专业建设指导思想与建设理念标准的内涵如表1-2所示。

表 1-2　专业建设指导思想与建设理念标准的内涵

三级指标	标 准 内 涵
指导思想	◆全面贯彻党的教育方针，按照先进的职业教育思想和理念开发和设置专业，树立服务学生发展、服务区域经济社会发展的指导思想。 ◆坚持德育为先、能力为重、全面发展，系统培养学生的职业素养、职业能力和创新精神
办学理念	◆树立基于多元智能的人才观、全面发展的质量观等。坚持以服务为宗旨、以促进就业为导向推进改革实践，紧紧围绕社会发展和本地区经济建设设置专业。 ◆遵循高等教育规律、职业教育规律、职业能力培养规律、市场经济发展规律、高素质技术技能型人才成长规律和学生身心发展规律，创新人才培养模式，深化校企合作，抓实常规管理，做好服务经济社会发展和学生全面发展、可持续发展的各项工作
建设目标	努力把专业建成符合时代要求、教育教学理念先进、建设目标明确、改革思路清晰、教学模式创新、教学条件先进、教学环境和谐、教学管理规范、教学成果突出，具有显著的优势和特色的品牌专业，在本地区同类高职专业中处于有影响力的领先地位，起到示范和引领作用

（2）校企合作机制与专业建设机制。

校企合作机制与专业建设机制标准的内涵如表 1-3 所示。

表 1-3　校企合作机制与专业建设机制标准的内涵

三级指标	标 准 内 涵
构建校企合作、协同育人体制和机制	◆专业建设能密切联系本地区经济社会发展，与相关产业和领域的合作方面有良好的机制与途径，校企合作密切，协同共建长效机制完善，形成了以社会人才需求和学生就业需求为导向、专业主动为行业企业服务、行业企业积极参与专业人才培养的校企合作办专业的体制、机制。 ◆校企合作全面深入，双主体育人体制机制有突破，工学结合的理念、机制、途径在办学中得到体现。 ◆积极引进优质教育资源，校企合作办学有显著成效。校企共同谋划和推动专业发展论证、人才培养模式与方案创新、课程开发、教学改革、师资培养、实训基地建设、技术服务、员工培训、人才质量评价等工作
专业建设机制	◆建立校企双方参加，企业同行专家为主导，以专业教师、行业企业技术人员和职业教育专家为主体的专业建设指导与评价委员会，形成以促进就业为导向，以行业企业为依托的校企合作的专业建设长效机制，有健全的管理制度和运行机制。 ◆校企合作委员会开展有效的工作，行业企业深度参与专业建设和教学过程。校企共同进行调研和定期召开会议、审阅重要合作文件

（3）校企合作育人。

校企合作育人标准的内涵如表 1-4 所示。

表 1-4　校企合作育人标准的内涵

三级指标	标 准 内 涵
校企合作工作开展状态	◆社会需求调研，开发和设置专业，人才培养方案设计与实施，质量考核与控制，毕业资格审定，就业服务指导，到毕业生跟踪调查的办学全过程都由校企双方合作完成。 ◆行业企业参与人才培养全程，校企共同制订专业人才培养方案。校企共同组织实施专业教学，创新工学结合、校企双主体育人、现代学徒制人才培养模式，共同开展教学管理和人才培养质量评价。全面推进人才培养模式改革，人才培养模式体现全面推进素质教育要求，工学结合成效显著，实践教学效果好。 ◆校企合作在促进人才培养模式改革创新、提高学生职业能力和就业率方面发挥了重要作用。行业企业参与专业教学和联合培养学生的广度和深度不断扩大，合作企业能提供教学资源和就业岗位。 ◆校企合作在实践基地建设、实训实习组织及应用技术研究成果转化、面向社会开展培训等方面有实际成效

续表

三级指标	标 准 内 涵
校企共建实训实习基地	校企有合作育人项目，共建实训基地，实训基地能满足学生企业实习需要，并有效开展实践教学工作，行业企业对专业建设具有支撑作用
"订单"培养	为企业实施"订单"培养，并向行业企业输送具有良好职业素质和较高技能的人才
行业企业参与本专业建设情况	◆企业为专业提供必要的教学资源（师资、设备、教学资料等）和学生实训、企业实习条件，为毕业生提供就业岗位。 ◆行业企业承担人才培养任务，校企共同制订和审定专业人才培养方案。 ◆来自企业的技术人员参与课程教学工作
专业参与社会服务、应用研究和培训工作情况	◆专业具有较强的培训企业员工相应职业知识和技能的能力，具有较强的为企业提供相应的技术服务与支持的能力，能为企业开展培训和技能鉴定，能参与企业的技术改造和重大攻关项目，双赢点逐渐增加，企业满意度高。 ◆在社会服务和面向社会开展培训等方面有显著成果或效益，参与率≥70%；教师参与技术攻关、项目推广的比率较高，在技术研究、开发、推广与科技成果转化等方面有明显的成果或效益，参与率≥50%。既为企业创造了效益，又提高了教师创新能力和实践能力，能够将最新的技术、科研成果等引入教学，并有效地促进了教学内容改革
接收教师企业实践情况	企业接收学校专业教师参加本企业实践锻炼，专业教师赴企业实践人数多，累计时间长，技能水平显著提升

（4）国际合作育人。

国际合作育人标准的内涵如表 1-5 所示。

表 1-5 国际合作育人标准的内涵

三级指标	标 准 内 涵
国际合作机制	建立国际交流合作管理制度和运行机制
国际合作办学	◆积极开展国际合作办学，引进优质教育资源，将国际通行的职业资格标准融入教学内容，提升国际合作办学水平。 ◆积极引进国际先进成熟适用的专业课程、优质教材体系和数字化教育资源。 ◆探索参照国际先进专业建设标准、课程标准、资格证书标准进行教育教学改革的有效途径
国际合作工作	◆与境外院校或教育机构在教师交流、学生交流、课程建设、教师培训等方面有实质性突破，开展了教师互派、学生互换等中外合作项目。 ◆服务国家"走出去"战略，服务大型跨国集团和企业的境外合作，开展技术培训。 ◆配合行业企业开展在校生服务"走出去"、专任教师服务"走出去"

（5）专业文化育人。

专业文化育人标准的内涵如表 1-6 所示。

表 1-6 专业文化育人标准的内涵

三级指标	标 准 内 涵
文化育人	◆在师生行为习惯养成、规章制度完善、师资教学能力培养、实训基地建设、校企合作推进等方面开展专业文化建设，凝练专业办学思想、理念和精神，形成成熟的专业文化。 ◆专业文化建设能够引领专业发展，促进工学结合，有利于充分利用社会资源为专业建设服务，使专业特色具有持久的生命力。强化"三全"育人，激励措施到位，文化育人成效显著
环境文化育人	◆有充分反映职业教育特征、本专业特点和行业企业要求的、具有视觉冲击力和专业吸引力的专业环境及其文化陈设，形成全时空的环境育人良好氛围。

续表

三级指标	标准内涵
环境文化育人	◆校园、教室和实验实训室等教学场所有核心素养、工匠精神、行业企业文化、专业文化展示及相关陈设。 ◆本专业每年组织学生进行社会实践、志愿服务，本专业学生积极参加社团活动
理念文化育人	◆有充分体现现代职业教育思想和本专业特质、可传承发展的办学理念、育人特色和教风学风等，并在课程教学、学生管理、社团活动中有机渗透，具有强烈的感染力和育人熏陶作用，学生职业素养得到有效培养。 ◆形成具有鲜明学校特色的专业人才培养模式和教学模式，定期收集整理典型案例
先进典型育人	定期收集、整理、宣传优秀毕业生事迹和创新创业案例，并组织报告会，对本专业学生进行宣讲

2. 专业规划与专业定位

（1）专业建设目标与建设规划。

专业建设目标与建设规划标准的内涵如表1-7所示。

表1-7 专业建设目标与建设规划标准的内涵

三级指标	标准内涵
专业建设组织体系	建立校企双方共同参与的专业建设组织体系，专业群负责人、专业负责人、课程负责人职责明确、运行高效
专业发展前景	专业具有长期稳定的社会需求和良好的发展前景，对接区域经济发展战略，体现智能制造、"互联网+"、"中国制造2025"等方面的要求，紧扣"一带一路"、长江经济带、企业"走出去"等国家战略部署，有效对接区域主导产业、支柱产业、战略新兴产业，尤其是现代农业、先进制造业、现代服务业、社会管理和生态文明建设等重点领域，不断改造和拓宽专业服务面向，形成了以本专业为核心的专业群，并辐射带动相关专业发展
专业建设目标	◆依据学校专业发展整体规划，制定专业（群）建设规划，确立专业发展目标（人才培养方案创新、课程建设、教学及评价改革、团队建设、实训基地与实习基地建设、学生能力与素质发展、"双证书"获取、学生对专业建设工作"满意度"、用人单位对学生"满意度"、就业质量等方面）；制定实现目标的思路、举措和保障措施。 ◆专业建设定位清晰、目标明确、成效显著，专业建设分期目标明确、思路清晰、措施得力，并且具有针对性、可行性、创新性和先进性，专业特色鲜明。 ◆在本地区高职教育同类专业中处于领先地位，能发挥示范和引领作用。建设水平和领先地位得到国家教育主管部门和本地区高职教育同类专业的认可
专业建设规划	◆制定了切实可行、科学合理的专业建设发展规划和具体的年度工作计划，有明确的发展目标、发展路经和发展举措，有清晰的专业改革发展思路。专业建设规划定位准确、目标明确、措施得力，充分体现专业特色和专业优势。 ◆专业建设规划及调整符合区域主导产业、支柱产业、新兴产业发展需求，符合学校整体发展规划，本专业建设在学校专业发展规划中地位凸显。 ◆专业建设年度工作计划充分反映本专业分期建设目标的实施和达成情况
专业建设标准	专业建设标准科学、规范；专业建设标准与建设规划相适应；专业建设标准适应当前产业发展，与行业、企业技术标准及国际通行的职业资格标准相吻合
专业建设实施方案	◆专业建设实施方案的思路清晰、措施得当，科学性与合理性强。及时总结专业建设年度计划实施情况，发现计划执行中的问题，提出改进措施，逐步解决专业建设中存在的问题。 ◆及时总结"专业（群）建设规划"执行情况，总结分析规划目标的达成情况、存在问题及其成因，提出改进问题的设想

续表

三级指标	标准内涵
专业群建设	围绕国家发展战略和区域经济重点领域，围绕各类经济带、产业带和产业集群，建设适应需求、特色鲜明、效益显著的专业群。专业群建设列入学校重点建设规划，以区域产业群或职业岗位群为基础构建专业群，群内各专业定位明确，适应行业和地区经济发展需求

（2）专业面向及专业定位。

专业面向及专业定位标准的内涵如表1-8所示。

表1-8　专业面向及专业定位标准的内涵

三级指标	标准内涵
专业调研与分析	◆以市场需求为导向，人才需求调研、毕业生跟踪反馈等机制健全并有效运行。 ◆专业设置要服从社会发展和地方经济建设的需要，进行深入细致的调研和科学有效的论证。定期组织专业（群）开发与调整的专题调查研究，掌握地方政府产业发展定位、区域产业发展的实际现状与趋势、兄弟院校同类专业的发展动态，厘清产业发展对技术技能型人才的需求，准确认识专业（群）发展的外部环境。 ◆定期开展行业企业人力资源需求调研、毕业生跟踪调研和专业建设的相关论证活动，形成科学的调研报告，调研成果在人才培养方案中得到充分体现。 ◆建立专业负责人、骨干教师和行业企业专家组成的专业建设团队，对相应职业岗位进行广泛调研和深入分析，形成岗位能力分析报告。 ◆通过职业岗位能力分析，确定职业岗位群对学生的职业素养和职业能力培养的需求。 ◆撰写专业（群）发展SWOT报告，剖析专业（群）发展的优势、劣势、机会和威胁，明确专业（群）发展的目标、思路和策略
专业面向	◆专业设置紧跟产业结构优化升级的要求，面向的职业岗位准确，人才培养目标与产业需求对接，满足产业职业岗位需求。 ◆有效对接区域主导产业、支柱产业、优势产业、战略新兴产业，特别是现代农业、先进制造业和现代服务业，关注社会发展和服务民生，与区域相关产业发展水平相适应，适应新技术、新模式、新业态发展实际需求。 ◆通过人力资源需求分析，掌握专业职业领域的内涵与外延，确定专业范围，界定岗位面向和专业技能（专门化）方向。 ◆根据经济建设和区域发展的需要、自身条件和发展潜力，确定培养人才的层次、类型和人才的主要服务面向。 ◆专业面向清晰，明确提出为某个行业、某些企业培养某些具体岗位群所需的职业人才。培养的毕业生能满足市场和行业、企业的生产需要。专业教育能为毕业生提供较大的就业或创业空间，能满足学生个性生存和未来发展的需要
专业定位	◆专业设置与区域相关行业的现实和发展趋势对人才的需求相适应。人才培养类型和目标定位准确，考虑了学生未来的发展。 ◆专业定位科学合理，专业口径宽，具有特色鲜明的专业方向。符合社会对高素质技术技能型专门人才的需要，符合区域经济社会发展和产业转型升级对技术技能型人才培养的需要，与当地经济社会发展需求相适应，满足经济、社会和科技发展需要。专业规模与区域经济发展要求相匹配，专业口径符合改革和发展需要。 ◆专业定位、口径、布局符合学校自身条件、专业发展规划与学校办学特色定位，有利于发挥学校的专业优势和辐射作用

（3）专业设置与调整。

专业设置与调整标准的内涵如表1-9所示。

表 1-9 专业设置与调整标准的内涵

三级指标	标 准 内 涵
专业设置与优化	◆专业设置要体现职业属性，有相应的职业岗位（群）；专业设置要体现生产属性，满足市场和行业、企业的生产需求；专业设置要体现社会属性，满足人们的生存发展需求。 ◆专业设置的针对性、灵活性和适应性强，面向地区、行业企业急需和紧缺的人才设置专业，并以人才市场需求变化为导向适时调整，专业特色鲜明。 ◆有明确、充分的专业设置依据和论证，有相应行业作为依托，专业口径、布局符合学校发展定位。 ◆紧紧围绕本地区经济建设、行业企业的发展需要，沿产业价值链开发和设置专业。 ◆专业设置紧贴地方经济社会发展的需求，主动适应经济、社会发展需要，围绕行业企业对应职业岗位（群）的变化，每年都进行行业或区域人才需求分析预测、职业岗位要求的调查分析（包括人才数量和质量规格的要求）、人才需求调研和毕业生跟踪调研，开展专业论证，进行专业优化
专业设置的动态适应性	◆紧跟产业发展和就业市场需求变化，及时关注与专业相关产业的新岗位、新要求，实时跟踪最前沿、最关键技术，调整专业人才培养规格，形成适应产业结构优化升级的专业动态调整机制。 ◆专业设置具有动态适应性，专业对市场需求变化有快速反应能力，能以就业岗位（群）需求变化动态优化专业内涵，增强复合性，提高毕业生就业竞争力，使专业充满活力。 ◆能及时调整专业培养方向和相应的教学内容，必要时调整专业方向或停办专业，提高毕业生的就业竞争力，使专业充满活力
专业建设诊断与改进机制	建立专业建设诊断与改进机制，定期对专业设置、课程开发、教学过程、教学质量、毕业生质量评价进行诊断，及时改进其中存在的问题

3. 人才培养方案与课程体系

（1）人才培养目标与要求。

人才培养目标与要求标准的内涵如表 1-10 所示。

表 1-10 人才培养目标与要求标准的内涵

三级指标	标 准 内 涵
人才培养目标	◆全面贯彻党的教育方针，明确培养高素质劳动者和技术技能型人才培养目标，人才培养目标定位准确、适当、科学、可行，符合学校定位与总体发展规划，适应经济与社会发展需求的培养目标，适应现实职业岗位对人才培养的需求，具有明确的服务面向。 ◆培养目标包括了学生具有"实用的理论、精湛的技能、创新的思维、良好的人格和健康的体魄"等内容，知识、能力、素质结构合理。 ◆定期评价培养目标的合理性，并根据评价结果对培养目标进行修订，评价与修订过程有行业或企业专家参与
培养目标的调整	专业有明确的培养目标修订制度，能够依据社会需求、学校及专业自身发展变化对培养目标进行定期评价与修订。修订过程能吸纳业界专家和毕业生代表意见
培养目标的要求	◆深入行业企业调查研究，厘清学生的初始就业岗位、职业迁移岗位和职业发展岗位，准确描述岗位对从业者的能力和素质要求，结合学生的身心发展需求，构建两种能力（就业能力、学习能力）和四种素质（政治思想、身体心理、科学人文、创新创业）协调发展的人才培养目标体系。 ◆培养目标定位准确、符合时代要求、符合社会发展需要、符合学校发展定位、具有区域产业特色，能依据职业与岗位，准确定位人才素质、人才能力结构和知识结构等目标，培养高素质技术技能型专门人才。 ◆专业培养目标与培养要求明确、具体、准确，专业教学改革思路清晰，以培养适应生产、建设、管理、服务第一线需要的高素质技术技能型人才为目标。突出以职业素质和职业能力培养为主线，体现以促进就业为导向，工学结合特色鲜明

续表

三级指标	标 准 内 涵
培养目标的要求	◆培养目标与国家要求、经济发展需求适应度高。 ◆培养目标的符合度高。人才培养目标、培养质量与学校办学定位、职业岗位（群）工作需要的符合度高。 ◆培养要求与培养目标的匹配度高，体现学生知识、能力和素质要求，培养要求支撑培养目标的达成。 ◆培养方案各要素（培养目标、培养方式、培养要求、专业定位、课程设置等）之间的匹配度高

（2）人才培养规格与毕业生质量标准。

人才培养规格与毕业生质量标准的内涵如表 1-11 所示。

表 1-11　人才培养规格与毕业生质量标准的内涵

三级指标	标 准 内 涵
知识、能力、素质结构	◆建构并实施了以应用能力为主线的知识、能力和素质结构。毕业生的知识、能力和素质对培养目标的支撑程度高。 ◆知识、能力、素质规格表述明确，与目标定位一致，具有可操作性。对知识、能力、素质概念把握准确、分解清晰，知识、能力、素质结构科学；体现了以素质教育和职业能力培养为主线，能满足预期就业岗位（群）的要求，结构合理
培养规格	◆人才培养规格准确、科学，专业培养规格符合预期就业岗位对知识、能力、素质的要求。 ◆学生具有一定的人文社会科学知识、自然科学知识和较深厚的专业知识等。学生具备满足工作、生活以及专业发展的能力，具备独立解决专业问题的能力。 ◆学生具有良好的道德素养、心理素质和强烈的社会责任感，第二课堂能满足学生兴趣爱好发展的需要
毕业生质量标准	毕业生质量标准明确、具体、可检测、可操作、可实现，符合社会需要和国家规定
职业资格证书	根据国家（或行业）职业资格标准，分析职业认证要求，确定与本专业培养方向对接的职业资格证书

（3）人才培养方案的制订与优化。

人才培养方案的制订与优化标准的内涵如表 1-12 所示。

表 1-12　人才培养方案的制订与优化标准的内涵

三级指标	标 准 内 涵
人才培养方案的要求	◆教学改革思路清晰，形成一套科学、规范的专业人才培养方案。人才培养方案科学、规范、可行、稳定，具有先进性、针对性、创新性、科学性、可操作性，实施效果好。 ◆人才培养方案符合培养目标、培养规格的要求，能很好地反映培养目标对知识、能力及素质的要求，通识教育和专业教育相结合，注重知识、能力、素质协调发展，有利于推进人才培养模式改革，有利于学生创新精神和实践能力的培养，执行情况好。 ◆培养方案内容全面系统，对应的职业岗位（群）明确，素质、知识、能力结构合理，人才培养规格明确，形成了理论与实践相结合的课程体系。教学内容符合专业与职业要求并不断更新，传授最新知识和实用技能。 ◆人才培养方案体现工学结合、校企合作、顶岗实习等人才培养模式和全面推进素质教育要求；培养方案具有示范性、可操作性和可借鉴性；充分体现专业与产业对接、课程内容与职业标准对接、教学过程与生产过程对接、学历证书与职业资格证书对接。教学安排体现以学生为中心，能够满足技术技能型人才培养需求，能够体现校企共育的特点。 ◆质量保障体系健全有效，质量标准明确，从培养计划上落实了质量标准，能将毕业生质量标准分解落实到课程结构上，教学进程安排合理，可操作性强，有一定的弹性和选择性，体现了培养模式创新，教学进程安排科学、合理，体现了高职教育的特色，形成人才培养模式定型化范式。 ◆人才培养方案更新及时，实施效果好

续表

三级指标	标 准 内 涵
人才培养方案的形成过程	◆依据职业岗位能力要求和技术标准，校企共同确定专业教学标准，科学制定人才培养目标与规格，共同制订人才培养方案 ◆人才培养方案有相关行业企业专家参与，制订程序规范严谨，社会调研和方案论证充分，审批程序严密，并逐步优化。能够根据产业和经济结构变化适时调整、更新人才培养方案
专业课程设置与培养目标的衔接状态	课程设置能和培养目标分解相衔接，注意课程设置与职业资格证书考试要求接轨；课程教学文件齐全、完备，课程标准明确、具体，能促进学生个性特长发展

（4）课程体系构建与课程设置。

课程体系构建与课程设置标准的内涵如表1-13所示。

表1-13　课程体系构建与课程设置标准的内涵

三级指标	标 准 内 涵
课程体系构建	◆课程体系构建从教学和职业岗位需要的实际出发，与企业人员、兼职教师共同完成。坚持理论联系实际，注重知识、能力、素质的协调发展，有利于科学素质和人文素质的提高，以及实践能力、创业能力和创新精神的培养。 ◆课程体系的构建要根据学校办学定位和专业建设目标，吸收用人部门参与研讨，合理确定基础课程与专业课程、必修课程与选修课程、理论教学与实践教学的比例，厘清课程的目标定位、教学进程、教学学时及其资源需求，形成结构合理、特色鲜明的课程体系
课程体系要求	◆按照高职特点和人才成长规律，构建以能力培养为主线，以项目课程为主体，理论实践一体化，与职业资格标准、行业规范相融合的专业课程体系。按国家和省相关要求，开齐、开足、开好国家和省规定的公共基础课，确立专业主干课程。 ◆专业设置的课程体系能够支撑本专业学习成果要求的达成，教学内容与课程体系改革符合高素质技术技能型专门人才的培养要求。 ◆教学内容与课程体系改革符合创新人才培养要求，能集成、整合、深化已有教学改革成果，重视对学生创新精神、实践能力和创业能力的培养。 ◆课程体系体现以职业素质为核心的全面素质教育培养，并贯穿整个教学过程始终，分解落实到各个教学环节。课程体系整体优化，课程衔接合理，能够支撑人才培养目标；教师与学生充分了解课程计划，执行情况好。 ◆课程体系结构合理，注重人的全面发展，体现基于职业岗位分析和典型工作任务的设计理念，符合知识、能力、素质结构要求，素质教育和创新创业教育已纳入课程体系
课程体系结构	◆课程体系制定科学合理，符合培养目标，课程设置优化，学分数恰当，体现德、智、体、美、劳全面发展，有利于人文素养、科学素质的提高，以及实践能力、创新精神和创业精神的培养，执行情况好。课程结构设计合理，符合高职教育培养技术技能型人才的目标。 ◆专业课程与培养要求的对应关系清晰合理。 ◆公共课、专业课、实践课等类型课程学时比例合适。 ◆课程群（或模块）方向明确，设置合理，相关性强。 ◆课程学时、学分的设置合理。 ◆专业课程与培养要求的对应关系明确。 ◆专业主干课程和主要专业课程对知识和能力要求的支持度高。 ◆专业核心课程时序关系合理。 ◆按国家要求开设人文素养、创新创业类课程。 ◆课程体系设置对培养计划中的毕业生知识、能力和素质要求的支持度高

续表

三级指标	标准内涵
课程设置	◆课程设置充分体现本专业培养目标的要求并有自己特色，课程设置合理，满足使培养对象具备合理的知识结构和能力结构、良好的心理素质与高尚的职业道德等要求，注重职业道德的培养和职业素质的养成，体现德、智、体、美、劳全面发展，有利于人文素养、科学素质提高，以及实践能力、创新精神和创业精神的培养，符合培养复合型、创新型人才的要求。 ◆课程设置符合人才培养目标要求，与质量标准相衔接，与职业资格证书要求接轨，基础课针对高等职业教育特点，注重与后期专业课的衔接，适应高技能人才可持续发展要求；专业课程体现职业核心能力的培养，突出职业能力培养，以真实工作任务或典型产品为载体，组织教学内容，与国家职业资格标准相衔接，体现了高等职业教育特色。 ◆专业基础课和主干课的开设合理，专业核心课程设置合理，理论与实践教学的安排基本合理，专业理论、实践技能比例适当，必修课与选修课课时比例合理。选修课不少于 3 门，覆盖面较广，能促进学生个性、特长发展
理论与实践教学体系	◆课程体系理论与实践密切结合，按照突出应用性、实践性的原则，对主干课程进行重组或整合。 ◆明确理论教学体系和实践教学体系的主要构成、组成部分之间的关系及对人才培养的作用。实践课程体系突出，符合技术技能型人才培养规律

（5）理论教学体系与实践教学体系。

理论教学体系与实践教学体系标准的内涵如表 1-14 所示。

表 1-14 理论教学体系与实践教学体系标准的内涵

三级指标	标准内涵
与培养目标相适应的理论教学体系	◆形成了与实践教学体系和素质教育体系有机结合的理论教学体系与课程结构，注重人文社会科学与技术教育的相互渗透与结合。 ◆以应用为主旨和特征构建教学内容和课程体系，基础理论教学以应用为目的，以"必需、够用"为度；专业课教学加强针对性和实用性，反映先进技术水平和职业岗位资格要求；教学内容组织与安排融知识传授、能力培养、素质教育于一体，基础课、专业课、人文社科课程、选修课程安排合理，针对专业培养目标，进行必要的课程整合
与培养目标相适应的实践教学体系	◆建立了与理论教学体系相辅相成的科学的实践教学体系，实践教学在教学计划中所占比重合适，职业基本技能和综合实践能力的训练环节齐备，衔接合理。 ◆实践性教学体系设计科学合理，有培养学生创新意识、创新能力和实践能力的培养措施，积极开展第二课堂。 ◆实践教学内容更新及时，及时吸收高科技和社会文化等最新成果，充实和更新实践教学内容，改进实践环节的考核方法

（6）素质教育与创新创业教育体系。

素质教育与创新创业教育体系标准的内涵如表 1-15 所示。

表 1-15 素质教育与创新创业教育体系标准的内涵

三级指标	标准内涵
素质教育	全面落实素质教育，加强文化基础教育，加强人文素养、科学素养和安全意识的培养，建构学生发展核心素养。学生核心素养要求渗透人才培养全过程
创新创业教育	建立了创新创业教育工作机制和课程体系；建立了创新创业教育实践基地；设立了创新创业基金，扶持学生创新创业；创新创业教育课程与活动纳入学校教育教学评价体系；每年在省、市创新创业大赛中有学生获奖

4. 师资队伍建设

师资队伍是专业建设的重要保障。要优化师资队伍结构，围绕专业建设需要，建设一支以专业带头人为骨干，教学和科研综合水平高、结构合理的教师队伍。

师资队伍建设相关指标定量计算公式如表 1-16 所示。

表 1-16 师资队伍建设相关指标定量计算公式

三级指标	计 算 公 式
生师比	$L = \dfrac{S}{T}$，式中，S 为学生数，T 为专任教师数
专任教师中双师型教师所占比例	$L = \dfrac{S}{A}$，式中，S 为双师型教师数，A 为专业教师总数（含企业兼职教师数）
兼职教师数量与结构	$L = \dfrac{J}{A}$，式中，J 为企业兼职教师数，A 为专业教师总数（含企业兼职教师数）
青年教师发展	$L = \dfrac{G}{S}$，式中，G 为当前年龄不足45周岁的专业教师近3年实施教师培养项目的教师数（同一教师实施多个项目时，不重复计算），S 为专业教师总数

（1）专业带头人。

专业带头人标准的内涵如表 1-17 所示。

表 1-17 专业带头人标准的内涵

三级指标	标 准 内 涵
培养机制	◆学校建立了专业带头人选拔培养机制，专业带头人聘任、培养和考核制度健全、实施有效，能力提升明显。 ◆本专业建立了校企"双带头人"制，并有效开展工作，校内专业带头人为省级专业带头人或为省级专业技能大赛获奖者
整体素质	◆专业带头人善于整合社会资源，在行业有一定影响，能够及时跟踪产业发展趋势和行业动态，准确把握专业教学改革方向，指导专业建设和改革；专业水平高，管理及科研能力强、层次高。 ◆专业带头人具有较高的教学、科研水平，思想观念先进，师德高尚，专业知识扎实，学识水平、实践能力、执教能力强，有一定的科技研发创新能力，专业教研成果丰富。在同等水平的高校专业领域或相关行业有一定的影响，取得较为突出的学术成果；已被列为校级以上学术带头人。 ◆注重培养良好的团队文化、技术研发与推广能力、教研科研能力，引领专业和教学团队的持续发展。重视教学梯队建设，自觉指导和帮、带青年教师
基本条件	具有高职学历、教授职称或者硕士以上学位、副教授职称，从事本专业教学 5 年以上，具有与专业相关的技师职业资格或非教师系列中级技术职称执业资格，熟悉行业产业和本专业发展现状与趋势，经常参加行业企业的相关活动
企业工作经历	具有一定行业企业经历，并在行业企业具有一定影响力，企业研修经历不低于 1 年
教科研水平	◆专业带头人具有较高的教科研水平。近 3 年主持省级以上科研课题研究并结题，或在省级刊物发表专业论文 3 篇以上；主持或参与省级以上教学改革课题 1 项。 ◆主持或参与技术研发或技术服务并获得市以上奖项，或在省级以上竞赛中获三等奖以上奖项，或市级专业带头人；有省级以上优秀教学成果或地市级以上鉴定的科技成果。 ◆主编或主审公开出版的教材；辅导学生参加技能大赛获省级以上奖项；参加国家级或国外师资培训

（2）师资队伍的数量与结构。

师资队伍结构主要观测专任教师的职称结构、学历（学位）结构、双师素质教师的比例、教学梯队的形成情况。教师队伍由本专业的专业基础课和专业课教师及实践教学教师组成。

师资队伍的数量与结构标准的内涵如表 1-18 所示。

表 1-18 师资队伍的数量与结构标准的内涵

三级指标	标准内涵
专业师资队伍结构	师资队伍的总体数量与年龄、职称、学历、学缘等结构合理，形成了合理的教师梯队，能满足专业教学要求，有良好发展趋势
生师比	教师数量足够，生师比（本专业在籍学生数与专任教师数比）合理；学生：专业教师≤20：1
学历	专任专业教师高职及以上学历为100%，研究生学历或硕士及以上学位比例≥35%，其中45岁以下教师具有研究生学历、硕士及以上学位（不含在读）的比例≥50%
职称	专任专业教师中，具有高级职称的教师人数比例≥35%；其中，副教授不少于2人
青年教师	青年教师中研究生学历或硕士及以上学位比例达到30%以上
行业企业工作经历	专业课教师与实习指导教师有企业工作经历或实践经验，专业教师保证每3年到企业实践锻炼不少于6个月。具有行业经历专任教师比例达到70%以上
双师型教师所占比例	除了"两课"、公共课教师及助教外，专业基础课和专业课中双师素质教师比例达到≥90%。每名专任专业教师都有紧密合作企业经历。双师素质教师所上专业课比例≥80%
主讲课程情况	◆符合岗位任职资格的主讲教师不低于95%，高职称教师开课率为100%。 ◆由高级技术职称教师担任主讲的主干课程比例≥30%。 ◆由双师素质教师和来自企业的兼职教师上课的比例≥80%
实训指导教师	◆实训指导教师数量和素质较好地满足实践教学要求。 ◆专职实训指导教师均具有专科以上学历或中级以上技术职称；实训实习指导教师中具有中级职称或高级技工的人数≥40%
兼职教师	◆有兼职教师管理制度并有效实施。建立数量充分、品德优良、稳定的兼职教师队伍，教师队伍专兼比例协调，充分发挥兼职教师在人才培养方案、专业理论课程、实训实习课程建设中的作用。 ◆兼职教师一般具有中级以上职称或技师以上职业资格证书，其中高级职称或高级技师职业资格占比≥40%，专业结构与学校专业设置相适应；行业企业的兼职教师数占专业课与实训指导教师合计数之比≥30%，承担专业课时比例达到20%以上；兼职教师的教学效果好

【说明】计算学生数与教师数之比时，学生数按各类全日制学生的自然人数计算；教师数计算范围除专任教师外，还包括校内"双肩挑"的教学行政人员和校外聘请的兼职教师及返聘教师，按学校的教学工作量定额进行折算。

（3）师资队伍的能力与水平。

师资队伍的能力与水平标准的内涵如表 1-19 所示。

表 1-19 师资队伍的能力与水平标准的内涵

三级指标	标准内涵
整体水平	◆热爱高职教育事业，教育理念先进，熟悉高职教育教学规律，掌握和应用现代教育技术，治学严谨，教学水平高、业务能力强。 ◆教师教学改革意识和质量意识强，教学水平高，科研成果丰硕。 ◆专任教师企业经历丰富，具有较强的学识水平、实践能力、执教能力、信息技术应用能力。 ◆具备较强的职业培训、技能鉴定、技术服务、协同创新能力。 ◆具备较强的教学研究与改革能力，承担了省部级以上教学研究或改革项目。近几年内在高职教育专业建设、课程建设、教材建设、教学改革等方面有公开发表的研究论文或高职教育研究课题，教研促进教学成效显著

续表

三级指标	标准内涵
荣誉与奖励	◆有教学能手、领军人才培养对象、职业教育教科研中心组成员或名师工作室，有市级以上专业带头人和骨干教师。 ◆教师获得市级以上技能大赛或创新大赛、创业大赛奖项，获得市级以上教学成果奖或发明专利。在市级以上教学大赛中获得奖项
教学质量评价	◆教师明确自己在学生学习成果达成中的责任，并能够不断改进教学工作，提高教学质量。 ◆教师教学质量评价平均95分以上，本专业教师考核结果全为称职及以上，有30%以上的教师考核优秀，90%的教师的得分高于校平均分，不满意率低于2%
教学能力	◆教学能力、学术水平满足教学需要并能够有效支持专业学习成果要求的达成，且有国内外同行及业界专家参与教学活动。 ◆胜任理论实践一体化教学和信息化教学，课堂教学目标和技能实训目标达成度高，教师积极参加教学改革课题研究和各种竞赛，具有熟练应用信息化教学设计的能力。80%以上的教师具有教学设计能力
教研、科研情况	制订专业教研、科研工作方案，人均主持或参与市级以上教研和科研项目1项以上、获得市级以上教研和科研获奖成果1项以上、在省级以上刊物发表论文1篇以上；教师教研及科研的参与率≥50%，在省级以上竞赛中获奖
教学改革与实践	◆学校和专业有明确的制度和措施确保教师有足够的时间和精力投入到课堂教学和学生指导，促进教师积极参与教学研究与改革。 ◆承担省部级以上教学研究或改革项目；有省部级以上教学成果或获得相应教学奖励；教学改革有创意，通过对外技术服务与合作，促进教学改革与实践，成效明显
生产、技术服务项目	专任教师具有一定的行业企业经历或较强的实践能力；有主持或参与的来自相应行业企业的横向课题或生产、技术服务项目；通过鉴定的市级以上技术研发、咨询或服务项目不少于1项
课程开发	课程开发与实施能力强，具有全部专业课程的高质量的课程设计（含整体和单元设计）
指导学生参加技能竞赛	指导学生在市级以上技能大赛或创新大赛、创业大赛中获得二等奖以上奖项

（4）师资培养。

师资培养标准的内涵如表1-20所示。

表1-20　师资培养标准的内涵

三级指标	标准内涵
师资队伍建设规划、培养制度与措施	◆建立了有利于提高教师质量的机制与政策，制定了符合专业实际的师资队伍建设发展规划及措施、政策，并有年度工作计划，师资队伍建设规划科学合理、切实可行，措施得力且得到落实，实施效果显著。 ◆探索学校与社会联合培养教师的新途径，建立校内专任教师到相关产业和领域一线学习交流、相关产业和领域的人员到学校兼职授课的制度和机制，建立教师培训、交流和深造的制度。积极推动校内专任教师到相关产业领域开展产学研合作，同时聘请相关产业领域的优秀专家、资深人员到学校兼职授课，形成交流培训、合作讲学、兼职任教等形式多样的教师成长机制。 ◆有鼓励教师（尤其是青年教师）担任教育、教学工作，提高教学质量的政策和有力措施，青年教师培养和教师教学发展效果明显，教学效果优良。 ◆加强教师队伍建设，建设一支熟悉社会需求、教学经验丰富、热爱教学工作、专兼职结合的高水平教师队伍。 ◆加强专业带头人、骨干教师培养，形成合理的队伍梯次

续表

三级指标	标 准 内 涵
教师培养与培训	◆学校和专业有促进教师职业发展的制度和措施，为教师特别是青年教师提供业务培训、学术交流、在职进修等职业发展机会，提升教师教学能力。 ◆制定了教师培养规划和年度师资培训实施计划，培养制度健全，培养经费有保障。 ◆普遍开展校本教研和校本培训，每年40%以上专任专业教师参加市级以上培训和进修；培训可采取校企合作、工学交替、线上线下相结合、专业教师进企业实践等形式；培训内容主要有专业带头人领军研修、"双师型"教师专业技能培训、青年教师跟岗访学、管理人员专题培训等。 ◆年培训工作有总结，教师培训以五年为周期，总学时不低于360学时。 ◆建立并实施教师继续教育和知识更新制度，专业教师能够有效利用优质教学资源和现代信息技术开展教学。 ◆围绕师德师风、专业知识、专业技能、教育教学技术和科研能力等要素，结合专业实际，有计划、有步骤、有针对性地开展教育、培训和教研活动，促进教师的专业化发展
企业实践	建立并实施专任教师到企业实践制度，专任专业教师每3年要有6个月到相关企业或生产服务一线实践锻炼
青年教师培养	有切实可行的青年教师（新教师）培养规划，措施有效。培养项目指近3年教师从事以下活动之一：获得博士学位、去国外（境外）参加三个月及以上的学术访问、去国内高校参加三个月及以上的学术访问或课程进修、去企业参加三个月及以上实践锻炼、省青年骨干教师培养对象或省专业带头人培养对象验收合格等

（5）团队建设。

团队建设标准的内涵如表1-21所示。

表1-21　团队建设标准的内涵

三级指标	标 准 内 涵
团队建设目标	◆教学团队建设目标明确，培养、培训和引进相结合，不断优化队伍的年龄结构、学历结构、职称结构、"双师"比例和生师比例。专业教师队伍年龄、职称、学历、学缘结构合理。 ◆形成了一支有专业带头人领衔的、专兼比例协调、各种结构合理的"双复合型"教学团队；专业带头人师德高尚、专业理论扎实、操作技艺精湛、教学成果丰富、在行业企业有较高知名度
团队建设	◆围绕课程建设、项目开发及技术服务，组成有行业企业专家参与的专业教学团队，形成教师合作发展机制，有效提高教学质量。 ◆制定教学团队的建设与发展规划，建设方法和措施有力。 ◆专业教研室有年度教科研计划，教科研活动深入开展、成效明显

（6）师德师风建设。

师德的核心内容是爱岗敬业、严谨治学、教书育人、为人师表。师德师风建设标准的内涵如表1-22所示。

表1-22　师德师风建设标准的内涵

三级指标	标 准 内 涵
师德建设与教师成果	◆师德建设成效显著，教师师德高尚、教书育人、严谨治学、从严执教，教师教学改革意识、质量意识、创新精神强。 ◆教学水平普遍较高，学生评价满意率高；有省级以上优秀教学成果或地市级以上鉴定的科研成果

5. 教学条件与实训条件建设

教学条件与实训条件建设相关指标的计算公式如表 1-23 所示。

表 1-23　教学条件与实训条件建设相关指标的计算公式

三级指标	计 算 公 式
教学仪器设备生均值及使用率	$L=\dfrac{K}{N}$，式中，K 为教学仪器设备以及单独购置的教学专用软件总值，N 为折合学生数
生均学年校内实践基地使用时间	$M=\dfrac{1}{3}\sum_{i=1}^{3}N_i$，式中，$i$ 为年度序号，N_i 为第 i 年校内实践基地使用时间
校外实训基地生均数	$M=\dfrac{\frac{1}{3}\sum_{i=1}^{3}S_i}{N}$，$G=\dfrac{M}{S}$，$Q=\dfrac{G}{G_0}\times 100$ 式中，N 为专业校外实习基地数，S_i 为近 3 年第 i 年在校外实训基地实习的学生数，M 为近 3 年在校外实训基地实习的学生累计数，S 为专业学生总人数

（1）教学经费投入与使用。

教学经费投入与使用标准的内涵如表 1-24 所示。

表 1-24　教学经费投入与使用标准的内涵

三级指标	标准内涵
经费投入	专业建设经费投入机制健全，用于专业调研、师资队伍建设、实训室建设、课程建设、教材建设、教学方法及现代教育技术等专项的建设经费足额到位、使用高效，近 3 年专业建设经费持续增长，教学经费全部用于专业建设与教学改革。教学经费充足，能够有效地支持本专业学习成果要求的达成

（2）教学设备仪器购置与使用。

教学设备仪器购置与使用标准的内涵如表 1-25 所示。

表 1-25　教学设备仪器购置与使用标准的内涵

三级指标	标准内涵
教学仪器设备状况	◆能充分依托学校各类教学资源，有满足教学计划规定的主要实验实训项目的教学设施设备，设施设备先进，数量和工位与办学规模相适应。教学设施能为区域内同类学校所共享。 生均仪器设备值：达到国家基本要求的 120% 以上，理工科、医科类专业实训设备总值 260 万元以上（生均≥8000 元），其他类专业实训设备总值 150 万元以上（生均≥5000 元）。 ◆教学仪器设备利用率高：实训室的数量、生均面积、仪器设备能满足学生进行独立操作的要求，自制开发仪器设备多，使用效果好。 ◆能广泛应用现代教学技术和手段
教学仪器设备值及使用率	◆教学设施、公共基础设施在数量和功能上能够满足学生学习及教师日常专业教研需要。建有良好的管理、维护、更新和共享机制，并能够有效实施，保证学生和教师能够方便使用。 ◆教学仪器设备利用率高，实训、实习开出率达 100%
校内实践基地及利用率	校外实习基地 5 个以上，有协议、有计划，行业企业实习指导人员数量、素质、结构满足学生顶岗实训要求，实训基地平均利用率达到 70% 以上

（3）实训实习基地建设。

实训实习基地建设标准的内涵如表 1-26 所示。

表 1-26 实训实习基地建设标准的内涵

三级指标	标准内涵
校内外实训基地建设规划	◆有实训基地的建设规划且能按年度落实。 ◆实训基地管理制度完善并严格执行，运行良好，充分保障实训教学的有序有效开展
实训基地建设	◆建设有稳定、充足的校内外实训、实习基地，实训基地能满足学校所设专业学生实训实习和其他与职业学校使命相吻合的工作需要，能够在教学过程中为学生的实践活动和创新创业活动提供有效支持。 ◆实训条件建设功能与专业教学和课程改革需求相匹配，职业能力训练内容与培养目标一致，实训内容与职业标准对接，实训过程与生产过程对接；有翔实的实训教学计划，以及定期检查、考核的记录；实训开出率100%，设备利用率达95%以上；能发挥社会培训、技能鉴定及技术服务等多种功能。 ◆实训基地建筑面积：理工医类专业不低于1500m^2，其他类专业不低于1000m^2。按照所服务专业的学生数计算，生均不低于2.5m^2。 ◆实训场所布局合理，安全设施完备，能满足理实一体化教学和生产性实训要求，具有真实（仿真）的职业氛围，具有与专业对应的企业文化氛围和专业特色的育人环境，实训基地管理科学，能融合企业管理理念，渗透企业文化；积极探索校内生产性实训基地建设的校企合作新模式；充分利用现代信息技术，开发虚拟工厂、虚拟车间、虚拟工艺、虚拟实验。 ◆设施设备配置合理，设备种类、台套数（工位数）能满足专业教学需要，每年按计划完成新增设备购置；设备水平达到行业企业先进标准，具备实践教学、职业资格鉴定、技能竞赛、社会服务等功能。以装备水平高、优质资源共享的高水平生产性实训基地为依托，进行开放式教学，能够有效地利用教学仪器设备创造性地开展内容先进的实训项目。 ◆设立专门的实训基地管理机构，人员配置合理，职责分工明确，考核、评价、奖惩制度健全，有设施设备、实训耗材等物资管理制度，实训教师、学生等人员管理制度，劳动保护、安全操作等生产管理制度，技能教学研究、产学研等科研管理制度。管理制度执行规范、有效，实施信息化管理。设备采购程序规范，资产管理账物相符、处置规范，实训室及设备使用与维护有计划、有记录。耗材领取、产品入库等登记。 ◆有规范完备的实践教学计划、课程标准、技能教学教材等教学资料。 ◆能主动承接企业生产服务"订单"，推进企业生产和学生实训实习有效对接。 ◆依托实训基地开展技能教学理论和实践研究，推广技能教学研究成果。深化校企合作，积极申请和承担科研项目、课题研究、学生创业孵化项目
校内实训条件	◆加强校内实训基地建设，建立了系列的满足学生职业技能训练需要的、设施实用、技术含量高、具有职业岗位工作环境氛围的校内实验实训基地，实训基地场地、设施、设备和环境符合课程标准关于实践教学的要求，彰显"生产性"特质。 ◆建立了具有真实或仿真的职业氛围、设备先进、技术含量高、软硬配套，具有融实训、培训、技能鉴定于一体的生产性实训基地，利用率高，能满足学生校内职业技能、能力训练需要，在同类学校中居先进水平，实训效果好。 ◆实行"校中厂""厂中校"等实训实习基地建设模式，设备设施条件与专业学生规模适应，建设水平应在省内外具有示范带头作用
校外实训基地	◆加强校外实习基地建设，选择管理较规范、设备设施较先进的行业以及企事业单位进行合作，共建实训实习教学基地；实习指导教师、管理教师责、权、利明确；实习过程有效监控。 ◆建有稳定、运行良好、有保障机制、能满足学生实习要求的校外实训基地，实习岗位充足，校外实训、实习效果好，有不少于8个、合作协议满3年的校外实训实习基地，其中品牌企业不少于3个。 ◆有健全的校外实训实习基地管理制度并严格执行。校外实习基地的数量与质量满足教学要求，校企共建共管，校外实习基地均有合作组织机构、合作协议、有计划、有教学效果好的企业兼职实训指导教师，企业实习指导人员数量、素质、结构、责任感满足实训要求
实训教师	实训教师培养纳入专业团队建设规划和计划，实训教师的素质、能力不断提升，为学生认可和认同

（4）图书资料与校园网。

图书资料与校园网标准的内涵如表 1-27 所示。

表 1-27　图书资料与校园网标准的内涵

三级指标	标准内涵
图书馆及校园网状况	生均面积、馆藏册数、开放时间达到有关规定；馆藏适应专业发展的要求，有现代化的管理手段；图书流通率较高，图书有计划地逐年增加；校园网信息畅通
生均专业纸质图书资料册数	◆图书馆的专业图书藏量≥1 万册，专业期刊≥20 种。生均专业图书 8 册以上，并有计划地逐年增加，每年新购专业图书生均 0.5 册以上，订阅专业期刊在 10 种以上。 ◆有年度图书资源建设计划，包括纸质图书、专业期刊以及电子图书、电子期刊和影视视频等
数字化教学资源	充分利用学校数字化学习资源管理和应用平台，积极研发和引进数字化教学资源，本专业主干课程至少有 5 门配有数字化教学资源；数字化教学资源丰富，能反映最新学术动态，资料管理好，师生查阅方便

6. 课程开发和教学资源建设

课程开发和教学资源建设相关指标的计算公式如表 1-28 所示。

表 1-28　课程开发和教学资源建设相关指标的计算公式

三级指标	计算公式
教材建设	$L = 40 \times G + 15 \times S + 5 \times C$，式中，$G$ 为国家级规划教材数（同一单位多人参与时不重复计算），S 为省级优秀教材（由政府部门组织立项或评审，并以正式文件公布）数，C 为其他公开出版发行的教材数。这里除国家规划教材统计前三编者外，其他只统计第一主编的教材，其他主编、副主编或参编的教材都不统计

（1）课程建设。

课程建设标准的内涵如表 1-29 所示。

表 1-29　课程建设标准的内涵

三级指标	标准内涵
课程建设要求	◆以专业培养目标和培养规格为依据，符合高职教育的特点，充分体现教学思想的先进性、课程设置的科学性和教学内容的实用性、前沿性。 ◆课程建设有规划、有措施、有成效；课程改革与建设体现课程理论创新和应用。 ◆校企合作开发专业课程，能够跟踪市场变化及时调整课程设置和课程内容，积极开发反映社会需求和专业发展的新课程。根据技术领域和职业岗位（群）的任职要求，将国家职业标准嵌入相应的专业课程中
校本课程与精品课程建设	◆本专业能自主开发 3 门以上或者参与开发 5 门以上校本课程。校本课程凸显本学校的专业特色，并为区域内同行学校课程资源共享，开发的课程或教材被省级以上教育行政或教研部门推广使用。 ◆加强精品课程建设，制定了专业的精品课程建设规划，自主开发出符合培养目标、体现高职教育特点的精品课程。主干课程建设成校级精品课程，校级以上精品课程占核心课程的比例达 40%以上，省级以上精品课程不少于 2 门
课程标准	◆根据课程在人才培养中的功能定位开发课程标准，厘定和描述课程目标，选择和序化课程内容；注重课程标准与行业职业标准、职业资格标准对接，注重融入"绿色人才"理念；明确课程教学在教材与学习资料、教师与实践资源配备等方面的要求。 ◆规范执行国家和省公共基础课程标准，学生思想品质、文化素养目标达成度高；规范执行国家和省已有的专业课程标准，联合行业企业共同开发其他专业课程标准和教学基本要求，有机渗透技能大赛标准，构建突出职业能力培养的课程标准

续表

三级指标	标 准 内 涵
课程标准	◆将职业资格证书纳入专业人才培养方案,使职业资格标准与专业课程标准有效衔接。 ◆每门课程都有完整的课程标准,课程标准制定的程序规范,符合课程目标要求,目标明确、要求具体。 ◆课程标准齐备,结构完整、体例规范、内容具体,能依据高职教育学习对象和学习形式确定教学内容和教学学时。 ◆建立课程标准滚动修订机制,及时收集、整理和完善课程标准实施过程中出现的新情况和新问题
课程内容	◆改革课程教学内容,教学内容改革要深入研究社会对人才知识、能力、素质结构的要求以及行业、专业发展的需求,课程内容要充分反映相关产业和领域的新发展、新要求,要将行业与产业形成的新知识、新成果、新技术引入教学内容,及时把最新研究成果和学生实践中遇到的问题引入课程之中。着力减少课程间教学内容简单重复问题,减少陈旧内容。 ◆教学内容科学、先进,符合专业培养目标的实际需要,正确处理课程内容系统性与实用性的关系,内容的整体性与个体的适应性有机统一
课程管理	◆有科学规范的课程管理制度,并严格执行。合理确定公共文化基础课程、专业技能课程、实践性课程的学时比例,选修课程的所占课时比例达到10%。 ◆按照国家和省相关要求,开全课程,开足课时,教学进程安排科学有序。规范执行国家和省公共文化基础课程、专业技能课程、实践性课程标准
课程评价	建立课程评价机制,解决课程中所存在的问题,使课程达到尽可能完善的程度

(2)教材开发。

教材开发标准的内涵如表1-30所示。

表1-30 教材开发标准的内涵

三级指标	标 准 内 涵
教材建设机制与建设规划	建立了校企合作开发教材机制,制定教材建设规划及工作计划,措施得力
校本教材开发	◆教材建设要反映教学内容改革的成果,积极推进教材建设,联合行业企业及时更新、补充教学内容,与企业人员共同编写了满足教学内容改革和职业岗位需要的、具有工学结合特色的校本教材。教材整合在内容取舍、重点、难点、体例等方面有自己的特色,符合高职教育学生学习实际,使用效果好。 ◆充分利用现代教育技术手段,建设一体化设计、多种媒体有机结合的立体化教材。 ◆有条件并有需要的学校要引进、消化和使用国际优秀教材,努力与国际主流教材建设保持同步,拓宽学生国际视野,增强学生国际竞争力
教材建设成效	◆重视特色教材的开发工作,主编国家规划教材或省级优秀教材1本以上;选用近3年出版的高职高专教材不少于80%。 ◆鼓励自编教材,具有高职特色的高质量的校本教材3本以上

(3)教学资源建设。

教学资源建设标准的内涵如表1-31所示。

表1-31 教学资源建设标准的内涵

三级指标	标 准 内 涵
教学资源建设机制	◆制订专业教学资源建设计划和实施方案,形成了可持续开发、应用机制。校企合作、共建共享课程资源,根据行业产业的发展以及专业特点,联合行业企业及时更新、补充教学内容,积极开发活页讲义、学习手册、多媒体课件和校本教材等教学资源

续表

三级指标	标准内涵
教学资源建设机制	◆积极开展教学标准、课程体系、教学内容、实训实习项目、教学指导、学习评价等教学资源的建设及数字化工作。教学资源应充分反映专业发展趋势与建设水平，致力于教学改革，在专业标准、课程标准、教学内容、教学方法、实践教学等方面具有优势和特色
教学资源建设	◆建设有形式多样、内容丰富、能够共享的数字化课程资源，有利于学生以多种形式开展自主学习。 ◆积极开发多媒体课件、微课、慕课（MOOCs），信息化教学资源类型丰富、数量多，专业教学资源先进、丰富，应用效果好。 ◆重视优质教学资源和网络信息资源的利用与共享，主干课程有配套的数字化教学资源，利用率高、成效明显。积累了丰富的、来自行业企业的实际案例。 ◆有满足需求的优质专业教学资源库、网络课程、模拟仿真实训软件和生产实训教学案例等，做到共建共享。 ◆专业教学资源库建设成效显著，建成广泛共享的专业教学资源库，能够切实辅助教学过程、丰富教学手段、提高教学质量。 ◆精品资源共享课程、在线开放课程等信息化课程资源建设成效显著，使用效果良好
平台运行管理	确保网络教学资源的合理性、易用性和可扩展性，资源能够广泛共享，形成适合职业院校教师教学、学生探索知识、自主学习的便捷平台，协同建立网络在线课程共享平台，实现网络资源共享

7．教学质量保证与监控

（1）构建质量保障体系。

构建质量保障体系标准的内涵如表1-32所示。

表1-32　构建质量保障体系标准的内涵

三级指标	标准内涵
质量监控目标	师生质量意识强，对学校质量理念的认同度高，质量保证工作全员参与，学校质量文化氛围浓烈。质量监控目标与学校发展目标、人才培养目标一致
教学质量监控体系	教学质量监控体系建设规划科学明晰、符合实际、具有可操作性，实际执行效果明显。质量监控体系健全、反馈及时、指导有效
教学质量保障与监控机制	教学质量保障、监控、评价、反馈和改善机制完善，重视教育质量的过程控制，建立涵盖标准建立、监测、评价、分析、反馈、改进等方面完善的、可行的教学质量保障与监控体系，形成质量监控网络并运行良好
质量监控与评价机制	教学质量评价机制健全，建立了完善的质量评价机制、信息反馈系统，形成了涵盖教学过程主要环节的质量要求和常态质量监测机制，实现了预防为主、多角度评价、持续改进，强化了人才培养全过程的质量控制体系
质量监控机构设置和监控队伍建设	◆建立了教学督导机制和专门的质量监控机构，岗位设置科学合理，分工与职责权限明确，学校和院（系、部、中心）两个层面配备专、兼职工作人员，能实质性、制度性参与教学全过程的检查、监督和指导，督导效果显著。 ◆质量监控队伍建设符合质量保证体系建设规划要求，人员配备符合岗位职责要求，对质量监控机构、人员有具体的考核标准与考核制度；学校、院系、专业、课程、教师、学生层面的质量保证制度具有系统性、完整性与可操作性
各主要教学环节质量标准	◆主要教学环节质量标准完善、合理，影响教育质量的所有因素在教育过程中的全部环节中均能得到控制，教学质量保证和监控体系运行良好。 ◆教师备课、授课、辅导答疑、批改作业、考核和指导实践教学等主要环节均建立明确具体、科学可行的质量标准和相关人员的工作规范，并能认真执行，实施效果好

（2）质量监控与改进。

质量监控与改进标准的内涵如表 1-33 所示。

表 1-33　质量监控与改进标准的内涵

三级指标	标准内涵
教学质量监控与评价	◆教学质量保障和监控体系运行良好，对各教学环节的质量进行定期监测与评价，切实开展教学督导、领导听课、学生评教、教师评教和教师评学等活动，成效显著，促进教学质量不断提高。专业指导委员会能实质性、制度性参与人才培养全过程。 ◆依据质量标准和质量监测结果对各主要教学环节的质量进行分析与评价，依据可靠、数据翔实、评价科学、分析得当。 ◆人才需求调研和毕业生质量跟踪调查制度化、经常化，了解专业有关信息，及时反馈到专业教学改革实践中，有效调控教学。专业定期收集内外部评价信息进行综合分析，并能够将分析结果用于专业的持续改进
毕业生质量调查	具有完备的毕业生跟踪反馈体系，有毕业生质量跟踪调查与反馈制度，形成了毕业生对人才培养工作的反馈机制和用人单位满意度调查等外部评价机制，每年进行一次毕业生跟踪调查，有统计、分析资料和相应的改进措施，能够对培养目标的达成情况进行定期评价，评价的结果用于本专业系统和持续的质量改进
人才需求调查	社会人才需求调研、学生满意度调查和新生素质调研制度化、经常化，调查抽样率≥10%；能通过对所获信息进行系统分析，促进专业结构调整和人才培养方案的优化
教学质量预警机制	学校建构了以师资队伍状况、学生就业质量为重点的教学质量预警机制，定期发布信息，并对工作改进情况进行评价
教学过程管控	学校对教学过程进行系统而有效的管控。学校能有效开展督导听课、领导听课、学生评教、教师评学、教师互评等活动；建有教学事故认定、调查、追究、处理制度和机制；建立多方参与的质量评价与反馈机制，注重教学过程、教学质量和办学成效动态数据的采集与分析，每年进行新生素质调研和毕业生跟踪调查
教学质量监测与评价信息反馈机制	有完善的信息反馈机制，信息反馈系统既包括校内教学信息系统，也包括每年进行的社会需求调研和毕业生跟踪调研制度的建立与实施，信息反馈及时、准确，很好地发挥了反馈调控作用。持续改进的机制完善、措施得力、方法有效，改进的效果明显
质量改进	◆定期开展课程设置和教学质量评价，包括学生对课程和学习的反馈。 ◆定期对专业培养目标及其达成度进行评价，通过教学质量保障体系和质量监控的评价，促进毕业要求的达成。 ◆教师以及校企合作单位能及时反馈评价结果，不断改进和提高教学质量

8．教学实施与管理

（1）教学实施。

教学实施标准的内涵如表 1-34 所示。

表 1-34　教学实施标准的内涵

三级指标	标准内涵
课程教学	依据课程标准，编制授课计划和编写教案，将专业前沿理论和技术融入课程教学；采用切合学生认知特点、突出学生"主体"地位、突出能力培养、能有效实现教学目标的教学方法
综合素质培养	注重工学结合、知行合一，注重综合素质培养。采取切实措施培育学生良好的学习态度，形成学生正确的学习认知，培养学生健康的学习情感，训练学生科学的学习行为
学业评价	◆选用能有效反映学生态度、知识和技能达到课程目标要求的学业评价方法，把握合理的时间节点，合理安排课堂考核、单元或项目测试、期中考查和期末考试。 ◆理论课程、实训课程、实际技能、综合训练等均有考核标准，并采取灵活多样的考试形式，如笔试、面试、操作等

(2) 教学管理工作。

教学管理工作标准的内涵如表 1-35 所示。

表 1-35 教学管理工作标准的内涵

三级指标	标准内涵
管理理念及方法	◆教学管理理念先进、组织机构健全、方法手段科学、队伍结构合理、教学管理制度完备、教学基本文件齐备、教学档案规范，执行严格，教学管理改革力度大、效果好，形成良好的教风、学风和考风。 ◆树立了高职教育教学管理理念，管理与服务并重；管理方法科学、合理、有创新，有利于学生完成学业；教学管理改革力度大、效果好
教学中心地位的体现	校领导经常深入实际解决问题，指导教学工作及时有效；对教学工作的专项资金、人力资源投入和政策倾斜力度大，奖励及时兑现，激励强度大、效果好
教学管理机构与人员	◆教学管理组织机构健全，管理组织与队伍包括学校、院系两级教学、学生管理、就业服务三个方面，管理队伍人员的数量和结构合理。 ◆组建了学生就业服务与指导工作的专门机构，有符合工作要求的专职人员，学生就业服务与指导工作经常化、制度化，效果显著。 ◆管理人员的素质高，服务意识和创新精神强，工作绩效好，有改革创新意识和教育管理研究成果（指经过立项、研究及结题验收的校级以上的研究成果），管理工作在国内同类院校中居先进水平
管理文件、规章制度建设与执行	◆教学、学生、就业管理文件和规章制度健全、严谨，并能严格执行，积极采用现代管理技术，实现了计算机辅助教学管理。 ◆专业教学计划、各课程和实践环节课程标准、学期授课计划等教学文件完备、规范，具有明显的高职高专特色，可操作性强，手段先进，执行严格；各项运行记录完整规范
专业教学质量监控制度的建立与执行	教学管理组织体系完善、制度健全，教学过程管理规范、有序，教学资源配置合理，能充分保证专业教学质量。制度实施严格、有效，日常管理规范，记录详细
教学运行和管理	◆各专业的人才培养计划、各门课程的课程标准完整、规范。按照人才培养计划和课程标准要求严格组织理论教学和实践教学，能依需求变化快速调整运行计划，能根据实际情况及教学质量评价及时更新教学计划和课程标准。人才培养方案严肃执行，没有随意性，效果明显。 ◆毕业设计制度明确，管理严格，执行有效，毕业设计质量高。 ◆深化教学管理改革，以学生为中心，以服务促管理，教学过程管理科学、规范。常规教学管理规范，教学管理信息化程度高；在教学、学籍、考试管理等方面实施信息化、网络化管理，适应高职教育管理需要。 ◆加强日常教学管理，经常性检查和指导课堂教学、实验实训实习教学、毕业设计、作业布置与批改、课外辅导、考核考试等教学常规工作，检查和指导教风学风建设，及时发现和改进工作中的问题。 ◆加强期初、期中和期末教学质量检查和专项督导，期初着重检查教学资料的准备情况，期中重发现并落实教师、学生对提高教学质量的意见、建议，期末着重检查和指导年度重点教学任务的进度和质量建设，对检查和督导过程中发现的问题及时整改
教学档案的建立和管理	教学运行档案完整、规范、齐备。近 3 年内的授课计划、教案讲稿、试卷、成绩分析、学生实验实习报告、课程设计报告、毕业设计报告、教研活动记录、教师业务档案等各类教学档案资料完整、清楚、规范
实训管理	实训管理制度健全，岗位职责明确；重视安全教育，有完善的安全操作制度和应急预案；有完整的设备使用记录和学生实训手册
企业实习管理	◆有健全的工学结合、企业实习管理制度，完善的管理机制和配套措施并严格执行，执行有力，运行规范有效。 ◆企业实习教学计划、课程标准、实习指导书等教学文件齐备，企业实习岗位与专业面向岗位群基本一致，顶岗实习专业对口，工作、学习内容科学、合理；校企共同承担实习指导，顶岗实习累计时间原则上以半年为主，实行校企共同管理，企业指导技师和学校专业教师对学生全程跟踪指导与管理，过程管理到位

续表

三级指标	标 准 内 涵
企业实习管理	◆学生顶岗实习责任保险、信息通报等安全制度落实到位，全面落实学生顶岗实习责任保险制度，实习责任保险投保率达到100%，学生能按时获得合理的实习报酬，学生对顶岗实习的满意度较高
学分制管理	积极推行学分制管理，并取得一定成效

（3）教材管理。

教材管理标准的内涵如表1-36所示。

表1-36　教材管理标准的内涵

三级指标	标 准 内 涵
教材管理、选用、开发制度	◆优先选用反映先进技术发展水平、特色鲜明，并能够满足高等职业教育培养目标要求的规划教材。 ◆有规范、完善的教材管理、选用和开发制度，并严格执行，不使用盗版教材
教材选用	◆优先选用国家优秀或规划教材，全部课程选用近5年内出版的教材，其中必修课选用国家级规划教材、省级重点教材、校企合作开发使用的校本教材或讲义等优秀教材比例≥80%。 ◆选用近三年出版的高职高专教材（或自编教材）的比例≥70%
自编教材或讲义	重视自编教材，有一定数量、较高水平的自编特色教材，自编教材或讲义内容的改革力度大，使用效果好

（4）教风与学风建设。

教风与学风建设标准的内涵如表1-37所示。

表1-37　教风与学风建设标准的内涵

三级指标	标 准 内 涵
教风建设的规划及实施状态	◆坚持教风学风建设，教师具有从事高职教育、全面素质教育和一切为了学生"教书育人"的积极性和主动性；充分调动了学生学习的积极性与主动性。 ◆积极推进教风建设、制度完善、规划合理，教学事故比例低（有教学事故的教师数低于教师总数的10%）
教风建设	◆坚持把教风建设作为教学改革成功的支撑条件和前提，制定了激励教师的政策，教师参与教改的积极性高，教风好。 ◆教学准备充分，教学环节安排规范，组织科学严谨，无教学事故和差错发生。 ◆能运用多种形式、多种手段对学生的学习进行指导，能为学生提供学习计划、方法等有关指导和帮助。 ◆课堂讲授、作业、辅导、答疑等教学环节制度化、规范化、效果好。 ◆实践教学安排合理，组织规范。 ◆重视考试内容和方法改革，注重学生的知识能力和素质的全面考核
学风建设	◆重视学风建设，工作有计划，坚持把学风建设作为教学改革成功的支撑条件和前提来抓，制定了激励学生勤奋学习、主动参与教学改革的政策，学生课内外学习的积极性、主动性高，参与教学改革的积极性高。 ◆采取对应措施，调动了学生学习的主动性，学生学风端正，遵守校规校纪好，迟到、旷课现象少，杜绝了考试作弊、违纪行为。 ◆学籍管理严格、规范，考风建设得力，学生考试纪律好

9．教学改革与创新

按照学校发展定位和人才培养目标要求，不断深化教学改革，优化课程体系，加强教材建设，更新教学内容，加强教学方法和手段等方面的改革，切实提高教学各环节的质量，具有一定的示范作用。教学改革与创新相关指标的计算公式如表1-38所示。

表 1-38　教学改革与创新相关指标的计算公式

三级指标	计算公式
课程改革	$L = \dfrac{K}{N}$，式中，K 为实施课程改革的课程门数，N 为专业课程总数。 【说明】实施课程改革的课程应符合以下所有条件： ◆课程有完整规范的课程标准，以行为导向、工学结合为指导进行全面课程内容重构，并取得了较好的改革成效。 ◆课程能以学生为中心，改革了教学方法和教学手段，体现启发式和参与式教学，有效设计"教、学、做"一体、任务驱动的教学方法，教学手段灵活多样，能有效应用现代信息技术进行教学，有 20%的课时利用信息化教学手段和网络教学资源进行教学。 ◆课程有符合能力培养的考核标准，考核形式多样、恰当。 ◆课程开发与课程教学有企业兼职教师实质性参与。 ◆有 50%以上的学生普遍认为课程改革提高了学习兴趣和学习效果

（1）人才培养模式改革。

人才培养模式改革标准的内涵如表 1-39 所示。

表 1-39　人才培养模式改革标准的内涵

三级指标	标准内涵
专业人才培养模式的改革与创新	◆紧跟行业动态发展趋势，构建了有利于实现专业培养目标的人才培养模式。人才培养模式创新机制完善，人才培养模式运行的保障机制健全。 ◆以教学过程的实践性、开放性和职业性为切入点，推动人才培养模式改革。人才培养模式契合专业特点，遵循人才成长规律，适应区域经济特点，产教深度融合，培养目标达成度高。 ◆积极探索人才培养模式改革与创新，校企共同积极推行订单培养，努力探索工读交替、任务驱动、项目导向等有利于增强学生学习能力的教学模式。 ◆人才培养方案设计思路清晰，突出了职业素质和职业能力主线，较好地体现了以培养技术应用能力为重点和全面推进素质教育的要求，结构科学合理，整体优化，建立了统一的课程体系和实施体系，改革力度大，方案可操作性强，有一定的弹性和选择性。培养目标、规格、专业定位、课程设置等要素之间的匹配程度高。 ◆积极开展现代学徒制人才培养模式和中高职衔接人才培养模式

（2）课程体系改革与创新。

课程体系改革与创新标准的内涵如表 1-40 所示。

表 1-40　课程体系改革与创新标准的内涵

三级指标	标准内涵
课程体系重构	◆教学改革有思路、有计划、有措施。校企联合进行课程体系建设和教学内容改革，课程体系和教学内容的改革力度大，对接行业标准和岗位规范，打破专业体系，重构课程体系，成效显著。 ◆课程整合后，构建了以职业能力为核心，实用性、实践性强的课程体系，有利于考取国家职业资格证书和进行素质教育，促进学生个性特长发展
创新创业教育	按照创新创业教育的新要求，优化了人才培养方案和课程结构；将创新创业教育融入人才培养全过程，创新创业课程资源丰富

（3）教学模式改革与课程改革。

教学模式改革与课程改革标准的内涵如表 1-41 所示。

表 1-41　教学模式改革与课程改革标准的内涵

三级指标	标准内涵
教学模式改革	◆遵循职业教育规律和高职人才成长规律，树立"行动导向"的教学观，积极推行订单培养、工学交替、任务驱动、项目导向、课堂与实训地点一体化等有利于增强学生能力的教学模式改革。广泛应用项目教学、案例教学、场景教学、模拟教学、多媒体教学和岗位教学等教学模式，效果明显。 ◆建立学生深入社会开展实践实习的有效机制，形成教学、实训和社会实践有机结合的人才培养模式。 ◆积极开展实训实习和社会实践活动，有效利用技能训练、生产实习、社会实践、毕业实习、毕业设计等各种形式，探索工学结合的教学模式。 ◆积极进行教学模式和教学方法的创新研究，制订实施方案，形成教学模式改革阶段性成果
课程改革	◆课程改革深入，突出学生的主体地位，紧贴专业发展和技术更新，推行"教、学、做"一体，注重工学结合，实现知行合一，强化职业能力、创新创业能力培养。 ◆进行课程改革的门数占专业课门数比例>70%，因材施教，教学效果好，学生满意度高
教学内容重构	◆教学内容改革力度大，课程目标明确、具体，内容的深广度要求适当，理论与实践紧密结合，形成了实用性、实践性强的课程。 ◆课程内容对接职业标准，课程标准融合岗位能力需求，课程内容能够反映当前社会先进技术水平和最新岗位资格要求，有创新特色，重新整合或新开发的课程在 5 门以上。 ◆教学内容改革与教学方法、手段改革相结合

（4）教学方法与手段改革。

教学方法与手段改革标准的内涵如表 1-42 所示。

表 1-42　教学方法与手段改革标准的内涵

三级指标	标准内涵
教学方法与手段改革	◆积极推进教学方法手段的改革和创新，专业教学过程对接生产过程，有效地培养学生的技术应用能力。 ◆教学方法和手段的改革要在保证实现培养目标的前提下，突破以知识传授为中心的传统教学模式，探索以能力培养为主的教学模式，创新与推广使用现代信息工具的教学方法，教学方法多样、教学手段灵活，推进启发式、讨论式教学，采用探究式、研究性教学等新的教学方法，使学生主体作用和创新精神得到较好发挥，培养学生的思考能力和创新能力
教学方法改革	◆教学方法灵活多样，符合课程特点、学习形式，能有效调动学生积极思考、参与学习过程，促进学生学习能力的发展，提高教学效果。注重运用多元智能理论、建构主义理念，以工学结合为切入点，根据课程内容和学生特点，恰当地处理传授知识和培养能力的关系，合理设计教学方法，因材施教，积极采用现场、直观教学和多媒体教学。 ◆突出学生主体地位，坚持理论与实践结合，教、学、做相结合，注重学生校内学习和与实际工作的一致性，突出"做中学、学中做、做中教、做中练"的职业教育教学特色，灵活运用多种恰当的教学方法，有效调动学生学习兴趣，促进学生积极思考与实践，强化学生能力和素质培养。 ◆改变单向灌输式教学方法，实行启发式、多样化教学方法，广泛使用任务驱动、项目导向、项目教学、理实一体、"教、学、做"一体等新型教学方法，开展体验性学习，鼓励学生独立思考，引导学生研究性学习，激发学生的学习兴趣和自主学习的潜能，促进学生职业能力发展
运用现代教育信息技术	◆充分利用现代信息技术，搭建校企互动信息化教学平台，探索将企业的生产过程、工作流程等信息实时传送到学校课堂和企业兼职教师在生产现场远程开展专业教学的改革。 ◆以提高教学效果为目标，广泛运用信息技术手段推进现代化教学方法与手段改革，恰当运用现代信息技术、网络技术等手段进行教学，重视优质教学资源和网络信息的利用，实现优质教学资源的共享，改善教学效果

续表

三级指标	标准内涵
运用现代教育信息技术	◆50%以上教师能恰当地应用现代信息技术，使用信息化教学手段教学的课时数占总课时的比例≥40%，教学效果好。 ◆网络教学资源建设初具规模，并能经常更新，运行机制良好，在教学和学生自主学习中发挥积极的、实际的作用
网络学习空间	全面开通"网络学习空间"应用服务，教师普遍应用网络学习空间进行备课授课、网络研修、师生互动；学生应用网络学习空间进行自主学习、网络选修、完成作业、拓展学习；家长应用网络学习空间与学校、教师沟通、互动，共同关注学生学习成长过程
虚拟仿真实训教学	◆积极开发与应用虚拟仿真实训教学、远程实时互动教学平台，提供信息化实训教学服务，完善基于优质资源的校企合作、工学结合人才培养模式。 ◆开发虚拟流程、虚拟工艺、虚拟生产线等，利用数字化技能教室、仿真实训虚拟环境、数字化职业体验馆及技能教学资源库，开展实训实习活动，改进技能学习和训练方法，提升实践教学和技能训练的效率和效果。 ◆扩大信息化实践教学资源应用的覆盖面，优质资源连接到每一台设备、每一个工位、每一位学生

（5）考核评价改革创新。

考核评价改革创新标准的内涵如表1-43所示。

表1-43 考核评价改革创新标准的内涵

三级指标	标准内涵
学生评价模式	◆建立以贡献和能力为依据，以学生综合职业能力为核心的学业考核评价体系；按照行业用人标准，构建学校、行业企业和其他社会组织等多方共同参与的学生考核评价机制，形成以能力为核心的学生评价模式。 ◆建立促进学生发展、科学多元的评价方式，积极推行综合性、多形式、多阶段考核，考核评价方式多元、灵活、恰当。 ◆各类课程均有符合能力培养的考核标准，考核形式多样，专业主干课程采用了过程性评价和终结性评价相结合的方式，考核方式契合课程教学特点，突出能力培养，注重综合评价，成绩评定科学、合理，效果良好
考试模式改革	◆对校内外考核方式进行了改革，考试模式新、改革力度大，积极探索适合本专业特点的考试模式，效果好，能根据课程特点，采取多种考核方法，科学评价学生的知识、能力水平。 ◆全面实施教考分离或采取了其他有利于提高学生综合素质且行之有效的考试考核手段，较好地发挥了考试的导学促教、信息反馈、质量检测控制与鉴定的功能

（6）实践教学创新。

实践教学创新标准的内涵如表1-44所示。

表1-44 实践教学创新标准的内涵

三级指标	标准内涵
实践训练体系	◆建立了与理论教学体系相辅相成的实践教学体系，实践教学内容与体系设计科学合理，符合培养目标要求，并有自己的特色。 ◆校内外实践课程的开设计划、实习训练标准、考核标准等教学文件齐全，训练内容符合培养目标要求，能满足培养目标对职业能力培养标准的要求，并能根据技术发展的实际予以更新，实训时间累计原则上不少于半年。 ◆实训课程设置合理，必修实践实训课开出率达到100%，全部由符合要求的指导教师上课，每个专业均有综合性实践训练课。 ◆实践教学以技术技能训练为基础，凸显学生职业态度与综合素质培养

续表

三级指标	标 准 内 涵
实践教学	◆改革实践教学，推进人才培养与生产劳动和社会实践相结合。建立学生到工厂、企业、农村等实践教学基地开展实践实习的有效机制。 ◆注重加强实践教学，改革创新实践教学内容和实验教学方法，建立基本技能培养、单项技能训练、综合技能训练、真实任务训练等多层技能训练构成的实践教学体系。帮助学生扩展知识视野，增强团队协作精神，培养科学思维方法，提高实践动手能力
实践教学条件	◆创新教学环境，构建具有鲜明职业教育特色的实践教学环境。 ◆校内外实践教学条件能够满足教学要求；以装备水平高、优质资源共享的高水平生产性实训基地为依托，进行开放式教学；能够有效地利用教学仪器设备创造性地开展内容先进的实训项目；积极探索校内生产性实训基地建设的校企合作新模式。 ◆充分利用现代信息技术，开发虚拟工厂、虚拟车间、虚拟工艺、虚拟实验
实践教学项目	◆实践教学项目经过系统设计，训练内容、考核标准与实际岗位一致，或以典型产品和服务为载体设计实践教学项目、内容。 ◆实训教学项目目标指向明确，实训教学环节设置科学、合理，内容与实际需求结合密切，计划性强，过程管理严格
实践训练课时	实践教学比重合适，保证足够的实训时间，实训时间累计一般不少于半年，教学效果好
毕业顶岗实习	毕业顶岗实习时间不少于半年；由具有行业企业经历或实践能力较强的专任教师，以及来自生产、建设、管理、服务第一线的兼职教师指导；毕业顶岗实习实施与管理效果好
毕业设计	毕业设计选题结合本专业的实际问题，学生具有行业意识、协作精神以及综合应用所学知识解决实际问题的能力；毕业设计的指导和考核有企业或行业专家参与

（7）素质教育与职业能力培养创新。

素质教育与职业能力培养创新标准的内涵如表 1-45 所示。

表 1-45　素质教育与职业能力培养创新标准的内涵

三级指标	标 准 内 涵
形成德育工作和素质教育工作体系和工作机制	◆大学生思想政治教育工作成效显著，建立全员育人、全过程育人、全方位育人的工作机制；"两课"教学针对性强，效果好。 ◆职业素质教育体现在教学计划及其执行过程中，贯穿整个教学过程，职业道德教育成效显著
全面推进素质教育的工作状态和效果	◆以职业素质教育为核心全面推进素质教育，建立了课内外结合、知行合一、教化和养成并重的职业素质教育体系，措施得力，效果显著。 ◆结合专业教学进行职业素质教育，开足、开齐素质教育课程，素质教育课程教学管理严格，做到课程标准、教材、教师、课时和考核"五落实"；开设素质教育专题的地方课程和校本课程，学生安全教育进课堂、进教材；编写具有地方特色的素质教育校本教材 1 本以上，每年开设 2 次以上专题讲座和特色素质教育活动
思想道德素质培养	◆学生的思想品德与文化素质总体情况良好，学生的行为符合规范要求。 ◆任课教师为人师表，结合教学内容有目的、有计划地进行素质教育，主渠道作用发挥好。 ◆"两课"教学改革力度大，针对性强，效果好；日常德育工作针对性和实效性好，定期举办职业道德教育讲座，突出职业道德教育，重视诚信意识培养。能以公民基本道德规范和职业道德为标准开展日常思想道德素质教育工作，德育工作有效果

续表

三级指标	标准内涵
文化素质培养	开设一定数量的文化素质教育必修课或选修课；定期举办人文、社会科学、自然科学素质教育讲座；有组织、有计划地开展内容丰富、形式多样的课内外科技、文化、体育活动和社会实践活动，学生全员参与；校园文化品位高
身体心理素质培养	◆改革体育课教学方法，认真组织学生开展课外群体活动，体育课教学和学生课外群体活动效果较好。 ◆建有一支心理健康教育团队，积极开展心理咨询指导工作，至少配备 1 名具有国家二级心理咨询师资格证书的专职教师，建有符合标准的心理辅导中心或心理咨询室，建立学生心理健康档案、心理危机干预应急预案，重视学生心理健康教育、心理咨询工作，积极开展心理健康教育和心理辅导，关心学生的心理健康，学生身心发展良好，学习、生活以及社会适应性好
第二课堂活动	积极开展第二课堂活动，建立各种课外兴趣小组和社团，积极开展适合学生特点、健康有益的活动，精品社团 10 个以上，参加社团学生人数占全校学生比例达 20%以上；积极开展课外活动及社会实践活动，内容丰富，效果好
职业关键能力培养的状态	专业关键能力突出专业特点，并满足学生专业知识、专业能力和专业素质的需求。学生核心素养要求渗透入才培养全过程，将职业关键能力与素质的培养贯穿于学校教育的始终和各方面
职业能力、专业技能培训与考核	◆职业能力、专业技能培养体系系统完整，训练内容、考核标准与实际岗位一致，职业能力、技能训练时间满足职业能力标准要求。 ◆专业技能培养的方法措施得当，在具有真实或仿真职业氛围的校内外实训基地内，由具有行业企业经历或实践能力较强的双师型专任教师，以及来自生产、建设、管理、服务第一线的兼职教师精心指导，学生主动动手、动脑顶岗实践体验，教学做结合，工学结合，实效性好，能高效率地达到培养方案设计的职业技能、能力目标，实现了职业技能、能力培训模式创新。 ◆重视学生技能训练，有效开展职业技能培训，每个专业均有综合性实践训练课，训练内容能满足培养目标对职业能力培养标准的要求，并能根据技术发展的实际予以及时更新。 ◆技能考核与职业资格证书接轨，全面实施"双证书"制度，学生获得与专业相对应的职业资格证书的比例高
技能竞赛	◆积极参与技能竞赛，以赛促教，效果良好；技能竞赛与专业教学紧密结合，切实培养学生的专业能力，各级各类大赛成绩优异。 ◆具有完善的学生选拔、培训、奖励机制，技能竞赛培训方法有效，学生受益面广

（8）教学管理创新。

教学管理创新标准的内涵如表 1-46 所示。

表 1-46　教学管理创新标准的内涵

三级指标	标准内涵
管理制度创新	建设鼓励教师积极参与教学的政策措施。从制度层面吸引和保证高水平教师从事教学工作，鼓励和支持本专业骨干教师与相关企业进行合作、交流和学习
管理手段创新	学校、院系二级质量管理组织健全、职责明确，使用数字化、网络化管理手段
管理方式创新	适应学分制和弹性学制的需求，整合专业教育教学平台，实现教学资源全时空开放
合作机制创新	围绕教学项目开发、精品资源共享课程、精品在线课程建设、技术服务等，组成 2 个以上的教师工作团队，形成教师合作发展机制

（9）学业指导创新。

学业指导创新标准的内涵如表 1-47 所示。

表 1-47　学业指导创新标准的内涵

三级指标	标准内涵
学业指导创新	建立学院学业指导中心，具有完善的学生指导制度和措施，能够持续跟进学生在整个学业过程中的表现，具有对学生进行学习指导、职业规划指导、就业创业指导、心理辅导等方面的措施并能够很好地执行落实，保证学生毕业时满足专业制定的学习成果要求
平台创新	为学生搭建良好的科技创新活动和社会实践平台，积极开展相关活动，鼓励广大学生积极参与。充分利用现代教育技术手段提供有利于学生自主学习的导学、助学等学习支持服务，促进教学活动开展

10. 教科研成果与社会服务能力

教科研成果与社会服务能力相关指标的计算公式如表 1-48 所示。

表 1-48　教科研成果与社会服务能力相关指标的计算公式

三级指标	计 算 公 式
科研论文发表	$L=(10\times Y+5\times G+2\times S)/T$，式中，$Y$ 为 A 类刊物论文数，G 为 B 类刊物论文数，S 为 C 类刊物论文数，T 为专业教师总数。 专业教师独立或以第一署名单位在省级以上公开出版的学术期刊上发表本专业的学术论文，分为以下三个层次统计： A 类：本专业权威期刊发表科研论文（SCI、EI、SSCI、A&HCI、《中国科学》、《新华文摘》、《中国社会科学文摘》等全文转载），权威期刊每篇计 10 分。 B 类：本专业核心期刊发表科研论文（含 CSCD、CSSCI 核心库来源期刊，《中国人民大学复印报刊资料》《职业院校文科学报文摘》等全文转载），核心期刊每篇计 5 分。 C 类：本专业一般期刊发表的教研专业论文，每篇计 2 分
教研项目情况	$L=\dfrac{1}{T}(10\times G+7\times B+5\times S)$，$Q=\dfrac{L}{L_0}\times 100$ 式中，T 为专业教师数，G 为国家级项目数，B 为教育部项目数，S 为省级项目数，10 为国家级项目权重，7 为教育部项目权重，5 为省级项目权重，多专业共享的项目按实际共享专业数平均分配。 省级及以上立项的高职教研项目，包括特色（示范）专业、精品（视频公开、资源共享）课程、示范实训基地、校企合作人才培养示范基地、虚拟仿真实验教学中心、大学生创新训练中心等教育部、省教育厅发文立项的项目。同一项目多次立项的，就高统计，不重复
教研论文	$Q=10\times H+5\times Y$，式中，H 为中文核心期刊及以上刊物教研论文数，Y 为一般刊物教研论文数。 教研论文是指以第一署名单位发表的与本专业教学研究相关的论文，且独立或以第一作者在省级以上公开出版的学术期刊上发表。不包括学术研究有关的论文
校企合作项目到账经费	$L=\dfrac{K}{N}$，式中，K 为校企合作项目已到账经费累计，N 为学生数
技术培训	$L=\sum g_i k_i$ 式中，i 为第 i 个技术培训班，g_i 为每个技术培训班的基本得分，为 5 分；k_i 为每个技术培训班的系数，培训收入以 1 万元为基数，系数为 1，1 万元以上每增加 2000 元，系数增加 0.1。专业教师参与企业员工技术培训，技术培训收入以到账经费为准
教学成果奖	$Q=\dfrac{1}{T}\sum g_i k_i s_i$ 式中，i 为奖项序号，g_i 为获奖层次系数，k_i 为等级系数（特等奖为 1.2，一等奖为 1.0，二等奖为 0.7，三等奖为 0.5），s_i 为排名系数（排名第一为 1.0，排名第二为 0.6，排名第三为 0.4，排名第四为 0.2，排名第五及以后为 0.1）），T 为专业教师总数。获奖层次系数计算方法如下： ◆ 国家级特等奖第一名计 25 分，其他有效名次计 10 分；

续表

三级指标	计 算 公 式
教学成果奖	◆国家级一等奖第一名计15分，其他有效名次计8分； ◆国家级二等奖第一名计10分，其他有效名次计4分； ◆省（部）级一等奖第一名计10分，其他有效名次计3分； ◆省（部）级二等奖取前5名，第一名计6分，其他第2至5名计2分； ◆省（部）级三等奖取前3名，第一名计3分，其他第2至3名计1分； ◆市（厅）级一等奖第一名计2分，其他名次不计分。 同一项目不累加计分，只计算该项目该年度的最高级别分，所有的参与校级项目同等条件下优先。获得省级及以上教学成果奖，包括国家级教学成果特等、一等、二等奖，省级教学成果一等、二等、三等奖
专业教师获得市厅级以上的各项奖励	$L = \dfrac{1}{T}\sum g_i k_i s_i$ 式中，i 为奖项序号，g_i 为获奖层次系数（国家级计25分，省部级计12分，市厅级计6分，同一获奖项取最高级别的一项计分），k_i 为等级系数（特等奖为1.2，一等奖为1，二等奖为0.7，三等奖为0.5），s_i 为排名系数（排名第一为1，排名第二为0.6，排名第三为0.4，排名第四为0.2，排名第五及以后为0.1）），T 为专业教师总数。 国家级是指国家行政部门主办的全国性表彰奖励（含全国黄炎培奖）；省（部）级是指省（部）级行政部门主办的全省性表彰奖励（含省级黄炎培奖），市（厅）级是指市（厅）行政部门主办的全市性表彰奖励

（1）教师科研能力。

教师科研能力标准的内涵如表 1-49 所示。

表 1-49　教师科研能力标准的内涵

三级指标	标 准 内 涵
科研团队和科研带头人	有计划、有步骤、有措施培育科研团队和科研带头人，发挥"科研能人"在专业科研能力发展中的引领和表率作用
科研方向与科研平台	◆专业有明确科研方向，整合政府、行业、企业、科研院所力量，建设技术与科学研究机构或平台。 ◆组织教师深入到行业企业调查研究，寻找行业企业在产业升级、技术转型中的课题线索，协同学校、行业企业合作开展课题研究，攻克技术难关。 ◆开展技术与科学研究成果的转化工作，引导教师申报专利，争取将研究成果转化为现实生产力
科研成果	◆80%以上专业教师能参加院级及以上立项科研，有科研成果和公开发表的科研论文每学年1篇/人（项）以上。 ◆近3年专业教师独立或以第一署名单位在省级以上公开出版的学术期刊上发表本专业的学术论文。 ◆近3年专业教师获得市厅级以上的各项科研奖励。 ◆近3年专业教师主持科研项目，有省部级以上政府科研计划项目或大型企业横向科技协作项目，工作成效明显

（2）教师教研能力。

教师教研能力标准的内涵如表 1-50 所示。

表 1-50　教师教研能力标准的内涵

三级指标	标 准 内 涵
公开发表教学研究论文	◆教师积极参加教学研究，公开发表教学研究论文，近3年教师以第一署名单位发表的教研论文，分一般刊物、中文核心期刊及以上刊物两个层次统计。 ◆教师教改论文是指结合本专业教学特点撰写的教学研究及改革论文，且独立或以第一作者在省级以上公开出版的学术期刊上发表。教师人均年公开发表教研论文不少于1篇

续表

三级指标	标准内涵
编写本专业教材情况	本专业教师有主编的公开出版的本专业教材
参加教学改革及成果情况	专业教师积极参加教学改革研究，有院级或院级以上立项研究项目，并取得实际成效
主持省级以上教研项目情况	◆有从专业实际出发的教学改革思路和省以上教学改革研究项目，工作成效明显；有鼓励教学改革和研究的政策和措施，工作有进展、有力度；有省以上教学改革成果并推广应用。 ◆近5年荣获省级及以上立项的高职教研项目
教学研究活动	教师参加国内外大型学术交流活动≥3人次/年；本专业教授、副教授每年为学生做学术报告不少于8次；专业教学研讨活动≥1次/月，效果好，并有详细记录

（3）社会服务能力。

社会服务能力标准的内涵如表 1-51 所示。

表 1-51 社会服务能力标准的内涵

三级指标	标准内涵
参加技术研发与服务	◆主动服务地方经济社会发展，积极开展多种形式的社会服务。紧贴产业行业发展与技术革新前沿，参与行业企业技术项目研发与服务，专任专业教师参加应用科技研究或技术服务人数比例≥60%。 ◆教师主持省级科技研究或大型技术服务项目不少于1个，承担企业技术革新、工艺改造、应用技术研发等横向课题2项以上，每年参加技术服务或科技推广活动5次以上。取得良好的经济效益和社会效益，既为企业创造了效益，又提高了教师创新能力和实践能力，促进了教学内容改革
社会培训	◆与行业企业进行联系与沟通，了解企业管理人员及职工继续教育、技能培训与鉴定的需求，合作开发和实施培训项目。 ◆面向社会积极开展各种形式的职业培训，广泛开展企业员工培训。每年社会培训3000人次以上，培训质量高，创收10万元以上。 ◆广泛开展新型职业农民、农村转移劳动力、在职职工、失业人员、残疾人、复转军人及退役士兵等群体的职业教育培训，满意度高，年培训人次不少于全日制在校生人数
校企项目合作	学校建有技术应用和服务团队，能与行业企业紧密合作积极开展应用技术研究与新产品、新工艺开发；每年参与生产、咨询和技术服务的项目不少于5个
社会服务	◆专业资源能广泛应用于技术研发和服务、职业资格鉴定、专业技能竞赛等，取得良好的经济效益和社会效益；参与行业企业技术项目研发与服务，成效明显。 ◆正常向社会免费开放社区教育服务设施和数字化教育资源；服务企业，服务新农村建设，每年开展送科技进企业和下乡等活动不少于2次
承办比赛或活动	参与政府、行业协（学）会重要项目、政策的研究工作，每年至少1项；承办各级各类比赛，每年至少1项；承办各级各类教育教学活动（含兄弟单位的考察学习），承担本地区职业教育或行业部门职业技能鉴定等任务
对口支援	以人才培养为中心，在人才培养模式创新、专业建设、课程建设、教材建设、师资队伍建设、信息化建设、学校管理和体制机制创新等方面开展对口支援和合作。签订有对口支援协议，每年开展对口支援活动不少于2次

（4）教学成果与竞赛获奖。

教学成果与竞赛获奖标准的内涵如表 1-52 所示。

表 1-52　教学成果与竞赛获奖标准的内涵

三级指标	标准内涵
教学成果获奖	近 5 年教师获得省级及以上教学成果奖，包括国家级教学成果特等、一等、二等奖，省级教学成果一等、二等、三等奖
教师教学竞赛获奖	◆近 3 年专业教师参加由政府机构组织的教学技能竞赛、信息化教学竞赛等各类教学及专业技能竞赛活动，获得等级奖励。 ◆近 3 年专业教师获得市厅级以上的各项奖励。国家级是指国家行政部门主办的全国性表彰奖励（含全国黄炎培奖）；省级是指省部级行政部门主办的全省性表彰奖励（含省级黄炎培奖），市厅级是指市厅行政部门主办的全市性表彰奖励

11．招生、就业与创业状况

招生、就业与创业状况相关指标的计算公式如表 1-53 所示。

表 1-53　招生、就业与创业状况相关指标的计算公式

三级指标	计算公式
录取新生报到率	$Q = \dfrac{\sum_{i=1}^{3} F_i}{\sum_{i=1}^{3} S_i}$，式中，$i$ 为近3年年度序号，S_i 为第 i 年本专业报到学生总数，F_i 为第 i 年本专业学生录取数
毕业生的就业率	$Q = \dfrac{1}{3} \sum_{i=1}^{3} S_i$，式中，$S_i$ 为近3年第 i 年毕业生初次就业率，以教育厅公布的就业率为准

（1）招生录取情况。

招生录取情况标准的内涵如表 1-54 所示。

表 1-54　招生录取情况标准的内涵

三级指标	标准内涵
生源质量及录取情况	◆招生计划落实，招生区域广，生源充足，生源质量高。有吸引优秀生源的制度和措施，录取分数高，招生录取分数线列全校前 20%或比上年提高 10%。 ◆实际招生数≥计划招生数的 95%，近 3 年第一志愿考生数与专业招生计划数之比均在 90%以上，第一志愿考生分数均高于省最低控制线，录取分数高
录取新生报到率	近 3 年录取新生平均报到率≥95%；居省内同类院校同类专业的领先水平
招生规模	连续招生 6 年以上，近 3 年招生形势好，连续稳定招生且招生规模适度，符合社会需求；年招生 120 人以上，在校生规模 360 人以上

（2）毕业生就业状况。

毕业生就业状况标准的内涵如表 1-55 所示。

表 1-55　毕业生就业状况标准的内涵

三级指标	标准内涵
毕业率	专业培养达到人才培养目标和社会需求
就业质量	毕业生广泛受到用人单位欢迎，毕业生就业质量高，用人单位的综合评价好，就业对口率高，质量、起薪、满意度高

续表

三级指标	标 准 内 涵
就业率、签约率	就业率高，社会需求大，近3年本专业毕业生初次平均就业率在90%以上，当年度劳动合同签订率在80%以上
对口就业率	专业对口率较高，对口就业率达85%以上
就业待遇	毕业生就业待遇较好，起薪较高，转正后工资收入高于本地区平均值
岗位稳定率	大多数毕业生在本专业所对应的岗位（群）工作，且较稳定，岗位稳定率（2年以上）均在全省同类专业中名列前茅

（3）就业服务与指导。

就业服务与指导标准的内涵如表1-56所示。

表1-56 就业服务与指导标准的内涵

三级指标	标 准 内 涵
就业服务	积极开拓就业市场，建立并不断扩大就业信息网，推荐工作好
就业指导	开展职业生涯指导和创业教育，毕业生受到了良好的职业生涯设计和就业指导教育，全学程抓就业指导，促进了学生择业观念转变，扩大了就业门路，毕业生中有就业和创业成才典型

12．人才培养质量和社会声誉

人才培养质量和社会声誉相关指标的计算公式如表1-57所示。

表1-57 人才培养质量和社会声誉相关指标的计算公式

三级指标	计 算 公 式
近3年学生参加国家级、省级技能竞赛获等级奖	$Q = \frac{1}{\sum_{i=1}^{3} S_i} \sum g_i$ 式中，i为竞赛项目序号，S_i为近3年本专业第i年学生数，g_i为获奖得分。获奖得分计算方法如下： ◆获国家级一等奖表彰奖励第一名计10分，其他有效名次计5分； ◆获国家级二等奖表彰奖励第一名计6分，其他有效名次计3分； ◆获国家级三等奖表彰奖励第一名计4分，其他有效名次计2分； ◆获省（部）级一等奖表彰奖励第一名计5分，其他有效名次计3分； ◆获省（部）级二等奖表彰奖励第一名计3分，其他有效名次计1分； ◆获省（部）级三等奖表彰奖励第一名计1分，其他名次不计分； ◆获市（厅）级一等奖表彰奖励第一名计3分，其他名次不计分
创新创业训练项目	$Q = \frac{1}{\sum_{i=1}^{3} S_i}(10 \times G + 5 \times S)$ 式中，G为国家级项目数，S为省级项目数，S_i为近3年本专业第i年学生数
双证书率	$Q = \frac{\sum_{i=1}^{3} T_i}{\sum_{i=1}^{3} S_i}$ 式中，S_i为近3年本专业第i年学生数，T_i为近3年本专业第i年获取双证书人数。双证书是指毕业证书和技能等级证书
学生对专业教学的满意度	$Q = \frac{1}{3}\sum_{i=1}^{3} S_i$，式中，$S_i$为近3年第$i$年本专业学生对专业教学的满意度

续表

三级指标	计算公式
用人单位对毕业生的满意度	$Q = \frac{1}{3}\sum_{i=1}^{3} S_i$，式中，$S_i$ 为近3年第 i 年用人单位对本专业近四届毕业生的满意度

(1) 学习成果与学生发展。

学习成果与学生发展标准的内涵如表 1-58 所示。

表 1-58 学习成果与学生发展标准的内涵

三级指标	标准内涵
学习成果	◆专业有明确、公开、可衡量的学习成果，学习成果能够支撑本专业培养目标的达成。专业有学习成果达成评价体系，能够对本专业学习成果的达成情况进行评价。 ◆专业制定的学习成果要求能够体现专业特色并完全覆盖以下内容： ☆掌握通识教育类、专业基础类和专业类知识，能将所学知识用于解释本专业领域现象。 ☆能够应用本专业基本原理、方法对本专业领域问题进行判断、分析和研究，提出相应对策和建议，并形成解决方案。 ☆能够恰当使用现代信息技术和分析工具，对本专业领域数据信息进行收集和分析处理，完成所从事的专业任务。 ☆能够使用书面和口头表达方式与业界同行、社会公众就本专业领域现象和问题进行有效沟通与交流。 ☆具有团队协作意识，能够在本专业及多专业团队活动中发挥个人作用，并能与其他团队成员合作共事。 ☆具有自主学习和终身学习意识，有创新创业能力及不断学习与适应发展的能力。 ☆具有人文素养、科学精神和社会责任感，在本专业领域实践活动中能够理解并遵守职业道德和职业规范
学生发展	专业有明确的转学、转专业、学分认定、学习年限等学籍管理制度，并能够有效执行

(2) 知识、能力、素质水平。

知识、能力、素质水平标准的内涵如表 1-59 所示。

表 1-59 知识、能力、素质水平标准的内涵

三级指标	标准内涵
学生掌握与应用必备知识的程度	◆学生具备的知识、技能、素质达到培养目标要求，学生能够较好地掌握必备的理论和专业知识，能够理论联系实际，能应用所学的知识去分析、解决实际问题。 ◆近3年学生学业考试效度、信度较高，大多数课程的成绩呈正态分布。 ◆学生对本专业的基础理论和专业知识的掌握与应用程度优良率≥60%，合格率≥90%。 ◆专业非常重视毕业实践环节的工作，学生毕业实践质量较高
专业基本能力	◆素质教育进入第一课堂，逐步培养了学生"学会学习、学会合作、学会做事、学会改善"的能力。 ◆学生职业技能、能力达到培养目标要求，学生的职业能力或专业基本技能的优良率≥70%，合格率≥90%，有学生在省级及以上技能大赛中获奖。 ◆学生职业关键能力评价结果良好，收集处理信息能力、自学能力、语言文字表达能力、合作协调能力、计算机应用能力等良好。 ◆学生实训实习报告、课程设计与毕业设计等成果，综合评价高
学生基本素质状况	◆学生遵纪守法，自觉践行公民基本道德规范和职业道德规范，具有良好的伦理道德、社会公德和职业道德修养，形成了良好的文明氛围。 ◆学生课内外学习的积极性、主动性高，遵守校规校纪好，学风好，考风考纪好，杜绝了考试作弊行为

续表

三级指标	标 准 内 涵
学生基本素质状况	◆树立了健康思想，能积极、广泛地开展多种文体活动，有效地促进学生参加体育锻炼，认真实施《大学生体质健康标准》，全部学生身体素质达到《学生体质健康标准》及格要求。 ◆有针对性地开展了心理咨询活动，加强心理健康教育，学生普遍身心健康，职业素质符合设定的培养目标要求
毕业设计	◆毕业设计选题符合培养目标要求，综合性、实践性强，与实际结合紧密、质量高，具有一定的学术水平和应用价值，难度、工作量适宜，能达到综合训练要求，结合社会、生产实际的题目占80%以上。 ◆毕业设计管理制度健全，指导认真、要求严格、管理规范。 ◆毕业设计成绩优秀率≥20%
毕业生合格率	培养目标达成度高，学生的专业知识、职业素养、能力水平达到毕业资格标准，正常毕业率≥98%

（3）思想道德表现。

思想道德表现标准的内涵如表1-60所示。

表1-60　思想道德表现标准的内涵

三级指标	标 准 内 涵
思想道德表现	学生政治思想素质好，树立了正确的思想政治意识、政治观点、理想信念和价值观念，思想上进。具有社会责任感和良好的道德行为，能遵纪守法、诚实守信、乐于奉献，积极参加公益活动和社会实践活动
课程思政	充分挖掘各专业课程蕴含的"德育元素"和所承载的德育功能，有具体措施将思想政治工作贯穿人才培养全过程，且实施效果好

（4）创新创业能力。

创新创业能力标准的内涵如表1-61所示。

表1-61　创新创业能力标准的内涵

三级指标	标 准 内 涵
创业意识培养	本专业学生有较强的创业意识、行为和就业竞争力，有创新创业实践基地和创业项目，毕业生就业创业典型多
创新精神及实践能力	◆有大学生创新创业体制机制，学生的综合素质、创新精神和实践能力普遍较强，有一定数量的学生参加市级及以上的创业竞赛项目。近3年参加创新创业活动及参与创业竞赛项目和学生人次数与专业在校生总数的比值达到30%。 ◆毕业设计结合实际，具有一定的应用价值，学生参与技术服务、成果转化、社会实践等方面制度健全，在校期间学生参加校级及以上各类竞赛并获奖

（5）职业技能鉴定与双证书。

职业技能鉴定与双证书标准的内涵如表1-62所示。

表1-62　职业技能鉴定与双证书标准的内涵

三级指标	标 准 内 涵
双证书	◆学生的"双证书"（毕业证和职业技能证书）获取率高，98%以上的毕业生获得本专业中级工及以上职业资格证书或相关行业职业资格证书，其中80%以上的学生获得高级工证书。 ◆毕业生具有较强的计算机应用能力、语言表达能力、社会交往能力、语言学习能力，相关应用水平等级考试取证率达到90%以上

续表

三级指标	标准内涵
职业能力考核与职业技能鉴定	◆建立并开发了与本专业培养目标相匹配的职业技能考核鉴定制度，或与社会职业资格证书制度接轨，社会已开展职业资格考试的，学生全部参加考试，与专业相对应的职业资格证书的通过率达到90%以上。通过强化校内外的职业技能、能力测试的作用，促进了教学改革，调动了学生主动实践的积极性。 ◆社会尚未开展适当的职业资格鉴定的专业，校内有考核标准和办法。社会已开展职业资格鉴定的专业，学校设有职业资格鉴定培训点或职业技能鉴定站

（6）学生获奖情况。

学生获奖情况标准的内涵如表1-63所示。

表1-63　学生获奖情况标准的内涵

三级指标	标准内涵
技能竞赛获奖	积极组织学生参加各级各类技能大赛、创新创业大赛，学生参赛率达到100%。本专业学生在教育或行业部门组织的技能大赛、创新创业大赛中荣获二等奖及以上奖项
优秀学生宣传	培养的人才为经济建设和社会发展做出突出贡献，有杰出的毕业生事例，有突出的创业、创新和先进模范事迹。认真总结和宣传优秀学生、优秀毕业生典型事迹

（7）社会声誉。

社会声誉标准的内涵如表1-64所示。

表1-64　社会声誉标准的内涵

三级指标	标准内涵
用人单位对毕业生的满意度	◆本专业在行业、企业知名度较高，辐射影响力不断增强，赢得行业、企业大力支持。 ◆毕业生在就业市场具有较强竞争力，企业对毕业生的岗位职业能力和职业素质满意度高，用人单位对专业培养质量的认可度高、综合评价高，对毕业生综合评价满意度≥90%，优良率≥80%，在省内或本地区处于较高水平。 ◆毕业生受社会欢迎，社会声誉好，社会满意度问卷调查满意率达90%以上
学生对专业的满意度	毕业班学生对本专业教学质量的整体评价好，毕业生对本专业的教学质量满意度≥90%，在校学生对本专业的整体满意度≥90%
学生专业认同度与环境满意度	◆学生专业转进与转出情况良好，专业思想稳定，认同度高。 ◆学生对本专业的教学资源、教学管理与服务、专业文化等方面的满意度在80%以上

13．专业建设成果与特色创新

（1）示范和引领作用。

示范和引领作用标准的内涵如表1-65所示。

表1-65　示范和引领作用标准的内涵

三级指标	标准内涵
合作示范作用	◆专业具有标志性成果，在全省乃至全国同类院校中形成了良好品牌。专业与其他院校联合建立了教学资源共享平台，能互相取长补短、联合培养学生，提高了教育质量和效益。 ◆专业建设成果处于国内领先地位，在人才培养模式改革、教育教学改革、课程改革、社会服务等方面有创新、有特色，在省内外产生广泛影响，成果示范辐射作用明显，能发挥教学的示范和引领作用
资源共享	利用本专业的设施、设备、师资等资源，承担本地区行业部门或职业学校技能大赛、职业资格鉴定，开展校企合作、校校合作，发挥示范和引领作用

续表

三级指标	标准内涵
改革创新	遵循教育教学规律，提升办学理念，主动服务于经济社会发展，主动对原有的办学模式、育人模式、教学模式和管理模式进行改革与创新

（2）专业建设特色与创新。

专业建设特色与创新标准的内涵如表 1-66 所示。

表 1-66　专业建设特色与创新标准的内涵

三级指标	标准内涵
专业特色、实施过程和效果	◆专业特色鲜明、育人效果显著，建成为国家级或省级品牌专业。 ◆人才培养对接国家新兴战略产业，对区域支柱产业和社会发展紧缺人才的培养贡献度大，专业发展对接行业优势明显，能服务区域经济转型、产业升级需求
专业发展前景	专业建设优势明显、特色突出，在全国有较大影响，发展前景好

1.3　高等职业院校新增专业的建设标准与评价指标

教育部《普通高等学校高职高专教育专业设置管理办法》中指出：高等职业院校设置专业要以社会实际需求为依据，对人才需求进行广泛深入调查研究、预测和可行性论证，努力减少粗放性和盲目性；把专业发展规律和市场经济发展规律结合起来，正确处理适应需求变化多样性和保持专业的相对稳定性的关系；设置专业应符合专业发展和建设规划，应与本校的办学方向、层次、特色和规模相适应；应该具备相应的办学条件，有科学、合理的人才培养方案。根据教育部专业设置管理文件基本要求，构成新增专业的建设标准与评价指标体系。

1. 专业结构与专业布局

专业结构与专业布局标准的内涵如表 1-67 所示。

表 1-67　专业结构与专业布局标准的内涵

二级指标	标准内涵
专业设置布局	◆新增专业设置符合区域产业发展需要，对接区域优势产业、支柱产业、特色产业。 ◆新设置专业属于新兴专业，符合国家或者地区重点支持产业发展规划。 ◆新设置专业属于全国或者省内紧缺专业，围绕国家产业发展重点。 ◆新设置专业符合经济社会发展需求，符合社会产业结构以及产业升级变化趋势，适应科学技术创新发展的需要。 ◆新专业的设置符合教育资源优化配置的原则，不会形成教育资源浪费，有利于不断优化专业结构和布局。 ◆新设置专业有利于区域内、行业内高职教育校际专业布局的优化。 ◆近年来报考率低、就业率低的专业，教育部门明令限制招生专业，重复设置过度的专业都不能作为新增专业
学校办学定位	◆学校服务面向定位是否明确，坚持一贯的办学方向，找准学校在服务区域经济和行业发展中的位置。 ◆专业设置紧贴与适应区域经济发展和社会进步的需求，与学校发展的地域属性定位一致。 ◆专业设置符合该学校的行业属性与性质，具有鲜明的行业属性

续表

二级指标	标准内涵
专业发展思路与策略	◆学校专业建设与发展思路清晰，专业布局合理，对学校专业建设定位准确、科学。 ◆新专业设置符合学校既有的专业布局战略，具有可持续性和生命力，有利于发挥学校特色和人才培养专长。 ◆新设置专业有利于本校专业结构优化与专业互补，有利于学校专业之间协调发展，有利于推动学校专业建设，有利于学校、院系办学实力的增强。 ◆专业设置不会加剧校际人才培养领域趋同、专业结构趋同，销蚀本校的人才培养特色。不会导致学校专业铺点太多，分散学校专业建设精力
专业建设规划	专业建设规划科学、合理，建设措施得力，能有效指导专业建设

2. 专业人才需求调研与论证

专业人才需求调研与论证标准的内涵如表 1-68 所示。

表 1-68　专业人才需求调研与论证标准的内涵

二级指标	标准内涵
人才市场需求	◆主动适应经济、社会发展需要和人才市场需求，对区域或行业专门人才需求进行深入调查研究。 ◆专业设置有行业、社会背景和人才需求调查预测依据，专业人才市场需求旺盛。 ◆紧紧围绕行业企业对应职业岗位（群）的要求，拓展专业面向
人才需求调研	◆专业设置紧贴地方经济和行业产业发展的需求，与学校发展定位一致，学校坚持每年开展市场调研。 ◆人才需求调研论证过程中，深入调查研究了地方经济发展现状及趋势，行业、产业发展现状及趋势。 ◆人才需求调研论证过程中，深入调查研究了行业、产业现有的人才结构现状，对该专业人才的社会需求、高技能人才需求情况、需求岗位群、区域人才需求状况，新兴产业或新兴科学技术对特定专业人才在知识、能力、素质等方面规格要求等方面进行了深入调查，对人才的知识、能力和素质及数量要有较深入的分析，并以此作为制订专业培养计划的重要基础。 ◆有对该专业毕业生就业前景分析、就业岗位分析、薪资水平分析。 ◆人才社会需求调研中进行了考生需求、考生与家长报考意愿分析
专业需求论证	◆专业社会需求论证、市场调研充分，调研资料数据翔实，调研态度与结论客观，调查与论证方式科学。 ◆组织专业教师与行业企业的专家共同开展市场调研，对专业所对应行业企业发展的社会背景、行业背景、人才需求现状、企业技术及装备现状、行业企业人才需求等进行研究分析。 ◆准确把握与专业相关的技术领域发展现状和变化趋势，准确把握专业所对应的职业岗位（群）对知识、能力、素质等的要求

3. 相关专业办学经验

相关专业办学经验标准的内涵如表 1-69 所示。

表 1-69　相关专业办学经验标准的内涵

二级指标	标准内涵
专业群建设	◆在骨干专业长期教学积累的基础上，辐射带动相关相近专业滚动发展，相关相近专业相互影响、相互支撑、相互促进、相互推动，逐步形成优势专业群。 ◆新设置专业是依据建设专业群思路滚动开发的新专业，有利于加强现有专业群人才培养实力
相关依托专业条件	◆相关专业办学历史长，积累了比较丰富的专业办学经验，形成了特有的专业人才培养机制，在社会上有较大影响。 ◆有相关国家示范性专业、重点专业、试点专业、精品专业为依托；或者有相关省级示范性专业、重点专业、试点专业、精品专业为依托；或者有本校相关专业为依托

续表

二级指标	标准内涵
相关依托专业条件	◆相关专业办学为新专业设置提供了专业师资积累，实训实习等条件积累，校企合作、顶岗实习等便利条件。 ◆无相关专业办学经验，但该专业属于市场急需的新兴技术专业。 ◆学校积极筹备，新专业设置具备了基本的师资条件、理论与实践教学的基本条件。对尚不成熟的办学条件已经有了具体可行的建设措施与方案，具备了边开设专业边建设的条件

4．人才培养模式与培养方案

人才培养模式与培养方案标准的内涵如表 1-70 所示。

表 1-70　人才培养模式与培养方案标准的内涵

二级指标	标准内涵
专业建设思路	◆专业建设思路明确、思路清晰，教育教学理念先进，专业建设目标明确，办学模式符合高职教育特点与规律。 ◆树立了高职教育的人才观、质量观和教学观，形成了以服务为宗旨、以促进就业为导向的高职教育特色的专业建设理念
人才培养模式创新	◆人才培养模式和专业建设结合本校专业基础并形成特色。人才培养模式或专业设置有利于学校的专业之间的协调发展和学校竞争力的提高。 ◆专业人才培养方案突出以基本素质和职业能力培养为主线，产学研结合特色鲜明。形成以行业、企业积极参与校企合作办学的体制和机制，教学、科研与生产结合密切，在技术研究、开发、推广、服务应用中有明显成果或效益。 ◆积极推行订单培养，探索校企合作、任务驱动、项目导向、顶岗实习等工学结合的人才培养模式改革
专业定位与目标	◆专业定位适应国家和区域经济社会发展需要或行业企业发展需求，符合学校发展定位。 ◆人才培养定位准确，对应的职业岗位（群）明确，符合高职教育人才培养要求。 ◆人才培养目标符合专业定位，培养目标充分体现适应区域经济、社会发展需要，能够遵循人才成长规律和教育教学规律，实施科学、合理的人才培养模式
人才培养方案	◆与行业（企业）共同制订专业人才培养方案，实现专业与行业（企业）岗位对接。 ◆人才培养方案符合目标要求，体现德、智、体、美、劳等全面发展，有利于学生素质的提高，有利于创新精神和实践能力培养。 ◆人才培养方案先进、规范、可操作性强。人才培养方案能很好地反映培养目标对知识、能力及素质的要求。 ◆人才培养方案思路清晰，突出了职业素质和职业能力培养主线，形成了理论与实践相结合的课程体系
课程体系	◆构建了以职业能力培养为重点的专业课程体系，充分体现职业性、实践性和开放性的要求。 ◆理论教学体系与实践教学体系与培养目标、人才培养规格相适应。基础理论教学以应用为目的，以"必需、够用"为度；专业课教学加强针对性和实用性；教学内容组织与安排融知识传授、能力培养、素质教育于一体
素质教育	◆重视思想政治理论与职业道德教育，文化素质教育课程与专业课程相互融合。 ◆将现代企业优秀文化理念融入人才培养全过程，强化学生职业道德和职业精神培养，加强实践育人。 ◆重视学生全面发展，推进素质教育，增强学生自信心，满足学生成长需要，促进学生人人成才。 ◆重视学生职业生涯规划，就业指导贯穿于专业教学全过程，帮助学生树立正确的择业观念

5．专业设置硬件条件

专业设置硬件条件标准的内涵如表 1-71 所示。

表 1-71　专业设置硬件条件标准的内涵

二级指标	标准内涵
学校基本办学条件	具备教育部《普通高等学校基本办学条件指标（试行）》中所规定的学校基本办学条件。 教育部"关于印发《普通职业院校基本办学条件指标（试行）》的通知"（教发〔2004〕2号）
专业建设经费	专业建设经费落实到位，能够满足专业建设需要
校企合作	◆教学与生产结合密切，形成专业主动为行业企业服务、行业企业积极参与专业人才培养的校企合作办专业的体制、机制。 ◆系统设计、实施生产性实训和顶岗实习，探索建立"校中厂""厂中校"等形式的实践教学基地模式，强化教学过程的实践性、开放性和职业性
校内实训实习教学条件	◆建设了能够满足专业教学需要的专业实训室，与主干专业课程配套的校内实训实习基地完备，设备先进，现代技术含量高，功能明确，具有真实（仿真）的职业氛围和产学研一体化的功能。 ◆实训设备及台套数能够满足学生专业教学需要，能实施项目教学、行动导向教学、理实一体化教学模式的专业课程，具备相应的教学环境和软硬件配套设备
校外实训基地校企合作条件	◆重视校外实践教学基地建设，有稳定的校外实训基地，能满足全体学生顶岗实习要求，能为学生提供真实的工作环境，有助于学生了解企业实际、体验企业文化。 ◆企业实习指导人员数量、素质能够满足实学生实习要求
其他硬件条件	◆网络学习条件能够满足学生学习要求。网络教学资源丰富，架构合理，硬件环境能够支撑在线网络课程的正常运行，并能有效共享。 ◆教学资源丰富，专业图书、专业报刊资料满足教学需要。 ◆其他必须的硬件教学条件能够满足专业教学要求

6．师资队伍条件

师资队伍条件标准的内涵如表 1-72 所示。

表 1-72　师资队伍条件标准的内涵

二级指标	标准内涵
专业带头人	◆专业带头人具有高级职称，师德高尚、治学严谨，为人师表。 ◆近三年来，专业带头人主要承担与该专业相关的课程教学，教学效果好。 ◆专业带头人具有较高教学、科研水平，主持过与本专业相关的校级（含）以上教研或科研项目，教学、科研成果在同类院校或相关行业有一定影响。 ◆与企业联系密切，参与校企合作或相关专业技术服务项目，成效明显
师资数量与结构	◆建设了一支稳定的、专兼结合的专业师资队伍，70%以上专任教师专业背景与该专业相近，专业教育所需要的公共课、专业基础课教师能够满足教学需要。 ◆专业教师（含实训教师）数量上能够很好地满足教学需要，学历、学缘、年龄、知识和职称结构合理，能满足专业教学（含实践教学）和发展的需要。 ◆生师比＜27:1；专任专业教师均为高职及以上学历，其中 40 岁以下教师具有研究生学历、硕士及以上学位（不含在读）的比例≥25%；专任专业教师中，高级职称比例≥25%；其中，副教授以上者不少于 2 人，形成合理的教师学术梯队；"双师型"教师比例≥60%；行业企业的外聘教师不低于专任专业教师的 20%，一般应具有中级以上职称，其中高级职称占 30%以上。 ◆专任教师有相关行业从业经历，每 3 年要有 6 个月到企业或生产服务一线实践，能够保证实践教学质量。 ◆实训教师队伍合理，满足实践教学（实验）要求。 ◆专业教师团队整体评价能满足专业教学需要

续表

二级指标	标 准 内 涵
师资能力与水平	◆主干专业课程教师具备相关课程的教学经验，对相关课程教学有一定研究，并有相关研究成果或技术成果。 ◆专业教学团队整体科研水平高，具备承担各级纵向课题的能力，主持或参加省部级以上科研课题研究。 ◆专业教师有明确的科研计划，科研促进教学效果好
师资培养	◆依据专业建设规划制订了科学、可行的师资培养计划并实施，效果显著。 ◆鼓励青年教师提高教学质量和业务水平的政策与措施得当、有力，并取得了一定效果

7. 课程建设与教学资源建设

课程建设与教学资源建设标准的内涵如表 1-73 所示。

表 1-73　课程建设与教学资源建设标准的内涵

二级指标	标 准 内 涵
课程建设	◆课程和教学内容与专业相应的职业资格鉴定要求接轨，实现专业课程内容与职业标准对接。 ◆引入企业新技术、新工艺，校企合作共同开发专业课程和教学资源
课程标准	◆专业课程标准齐全规范，课程目标明确具体，体现能力本位教育理念，主干专业课程的标准经过教师和行业企业专家论证。 ◆实践教学方案设计合理，满足职业能力培养
教学资源建设	课程标准、教材、多媒体教学课件、教案、讲稿等教学资源建设符合培养目标要求，科学、合理、可行；专业图书文献资源能够满足教学需要

8. 教学质量保障

教学质量保障标准的内涵如表 1-74 所示。

表 1-74　教学质量保障标准的内涵

二级指标	标 准 内 涵
质量监控制度体系建设	建立了比较完善的教学质量监控制度体系，对教学各个环节的质量监控措施有力，教学秩序、教学质量有保障
质量评价与反馈	建立了涵盖教学各个环节、多角度的教学质量评价与反馈机制，质量评价措施有力，实施效果好

1.4　专业群建设的标准与评价指标

专业群建设是以专业建设为核心的资源整合活动，是优化专业结构、打造专业品牌、凝练专业特色、服务区域经济、提升学校核心竞争力的重要手段。从专业群的建设路径来看，需要从深化专业内涵建设出发，从人才培养模式、师资队伍、课程体系、教学资源、实践基地以及组织管理和评价体系等多方面进行系统设计和协作建设，全面深化校企合作，在高等职业院校的内涵建设中，显著提高专业群的人才培养质量，提升专业群服务产业集群的能力。

1. 专业群构建

专业群构建标准的内涵如表 1-75 所示。

表 1-75　专业群构建标准的内涵

二级指标	标 准 内 涵	诊 断 依 据
目标定位	◆学校专业建设规划有效对接区域主导产业、支柱产业、战略新兴产业，尤其是现代农业、先进制造业、现代服务业等重点领域，专业群建设在学校专业建设规划中地位凸显。 ◆专业群构建思路清晰，群内各专业定位明确，适应行业和地区经济发展需求，面向特定的"服务域"。 ◆建设目标明确，措施得力，充分体现专业特色和专业优势	地方产业发展规划、学校"十三五"专业发展规划、学校年度工作计划和总结、专业建设计划、专业群设置调研报告、论证报告及过程性资料
结构组成	◆专业群由3个及以上专业或专门化方向组成，其中至少1个专业连续招生6年以上，专业组合科学、结构稳定，适应职业岗位迁移。 ◆核心专业为学校重点建设专业，与产业对接紧密，在专业群中具有引领和核心作用，近6年内荣获省级及以上专业建设与教学改革荣誉、奖励或立项。 ◆群内相关专业与核心专业优势互补，促进专业间合作与共享，形成合力，提高专业群的建设水平，增强服务能力	专业群设置和资源配置情况、专业[专业方向、对应职业（岗位）、职业资格证书]一览表、专业获得荣誉奖项有关文件、反映专业群设置科学合理的相关材料
建设机制	◆建立校企双方参与的专业群组织体系，配备群负责人、专业负责人、群课程负责人，职责明确，运行高效。 ◆具有健全的教学管理制度和督查考核机制，适应专业群的需求，运用信息化管理手段，整合专业教育教学平台，实现教学资源共享与互补	组织机构相关文件、管理制度汇编及制度实施情况的有关材料、反映实施成效的相关材料

2. 培养模式改革

培养模式改革标准的内涵如表 1-76 所示。

表 1-76　培养模式改革标准的内涵

二级指标	标 准 内 涵	诊 断 依 据
培养方案	◆校企共同制订科学、规范的群内各专业的实施性人才培养方案，体现产业岗位细化新特点，并具有一定前瞻性。 ◆加强以"工学结合、知行合一"为切入点的人才培养模式改革，积极推进校企联合招生、联合培养的"现代学徒制"培养模式，实行校企一体化育人。 ◆围绕专业群培养目标，加强职业道德和职业素养教育，突出职业精神培养，为学生多样化选择、全面发展与多路径成才、终身发展搭建"立交桥"	专业开发机制、人才培养机制；专业群建设调研、论证与剖析等过程性材料；人才培养方案、专业教学标准、课程标准、岗位标准、企业师傅标准、质量监控标准及相应实施方案
教学模式	◆探索符合专业群特点的多样化教学方式，坚持"做中学、做中教"，推行项目教学、案例教学、情景教学、工作过程导向教学等。广泛运用启发式、探究式、讨论式、参与式等教学方法，注重因材施教，完善分层教学制、学分制和导师制。专业教学过程对接生产过程，教学过程实践性、开放性和职业性强。 ◆行业企业参与人才培养全过程，校企共建群内外生产性实训基地、技术工艺和产品开发中心、技能大师工作室等，充分体现专业群的技术创新能力和技术技能积累能力。 ◆构建信息化环境下的教育教学新模式，现代信息技术在教学实践中广泛应用，教师和学生全部开通网络教学空间和学习空间。 ◆职业技能竞赛成果显著，技能竞赛活动与日常教学工作紧密结合、良性互动	教学模式改革各项管理制度、实施方案与考核标准以及教学模式改革阶段性成果

续表

二级指标	标准内涵	诊断依据
评价模式	◆以学习者的职业道德、技术技能水平和就业质量为核心,系统制定专业群人才培养质量评价标准。 ◆实现质量评价方式多元化,广泛吸收学生、家长、行业企业、研究机构和其他社会组织参与质量评价,积极探索第三方参与的教学质量评价机制,建立毕业生就业质量跟踪调查制度。 ◆广泛应用信息技术,对学生学习过程与结果进行诊断与指导,为科学评定教师教学工作提供依据	人才培养质量评价标准、多元化评价机制、就业质量跟踪调查制度以及建设性成果;评学、评教的过程性材料

3. 课程体系建设

课程体系建设标准的内涵如表 1-77 所示。

表 1-77 课程体系建设标准的内涵

二级指标	标准内涵	诊断依据
体系构建	◆围绕特定的"服务域",开展职业岗位调研,进行职业能力分析,形成专业群岗位能力分析报告。 ◆围绕岗位群工作领域,构建"群平台课程""专业方向课程""群选修课程",形成各专业间彼此联系、共享开放的课程体系。 ◆遵循技术技能人才成长规律,尊重学生认知特点,科学设置课程内容。 ◆群专业平台课程门数占全部专业课程门数(不含综合实践课程与专业技能拓展课程)比例达到50%以上,群选修课程门数占全部选修课程比例达到50%以上	专业群建设调研报告、专业群岗位能力分析报告、专业群课程体系建设论证报告、人才培养方案流动修订的过程性资料、审批报告等
课程开发	◆建立校企合作、共建共享的课程和课程资源开发机制,及时更新课程内容,调整课程结构,深化多种模式的课程改革。 ◆联合行业企业共同开发课程标准或教学要求,所有课程均有完善的课程标准或教学要求。 ◆根据技术领域和职业岗位(群)的任职要求,引入职业资格证书或技术等级证书,把职业岗位所需要的知识、技能和职业素养融入相关专业课程。 ◆建设涵盖教学设计、教学实施、教学评价的数字化专业教学资源,超过70%的群平台课程有数字化教学资源;建成的群资源库课程占全部群平台课程比例50%以上。 ◆重视特色教材的开发工作,形成专业群内各专业相互渗透、共享开放的教材体系,开发校本专业课程教材3本以上	课程开发制度;课程开发过程性资料;在线课程网站、网络学习平台、校本资源库、校本教材等
课程实施	◆规范执行课程标准和课程教学要求,学生思想品质、文化素养、职业素养目标达成度高。 ◆有科学规范的课程管理制度,开齐开足开好国家和省规定的课程,教学进程安排科学有序,教学资源配置合理高效。 ◆有完善的教材选用和开发制度,公共课统一使用国规、省荐教材,专业课、实践课按要求使用国规、省荐教材,使用率达到80%以上。 ◆建立了完善的校、院(系)二级教学质量监控体系,有效把控教学质量。 ◆充分利用信息技术和信息资源推进课程实施,优化教学过程,提高教学效果	课程标准、课程管理制度;课程表、教学进程表、授课计划;教材选用和开发制度、教材选用及发放清单;网络学习平台、信息化教学过程性材料等

4. 教学团队建设

教学团队建设标准的内涵如表 1-78 所示。

表 1-78　教学团队建设标准的内涵

二级指标	标准内涵	诊断依据
核心专业带头人	◆相关专业高职以上学历，副高以上职称，从事本专业教学6年以上。 ◆具有技师以上职业资格或非教师系列本专业中级以上技术职称，熟悉行业产业和本专业发展现状与趋势，每学年参加行业企业的相关活动4次以上。 ◆主持省级以上课题研究并结题，或主持或参与技术研发或技术服务并获得市级以上奖项，或有3篇以上论文在省级以上刊物公开发表，或主持并获得省级以上教学成果奖，或参加或指导学生参加省级以上技能大赛、信息化教学大赛并获奖。 ◆在省内本专业领域具有较高知名度，市级以上专业带头人，或省职业教育领军人才，或省高层次人才培养工程培养对象，或省、市名师工作室领衔人	教师业务档案、相关材料证明
团队结构	◆群专业教学团队成员数与本专业群在籍学生数比达到1:27以上。 ◆群专任专业教学团队成员高职以上学历达到100%，研究生学历（或硕士以上学位）达到40%以上。 ◆群专任专业教学团队成员高级职称达到30%以上；获得高级工以上职业资格达到90%以上，获得技师以上职业资格或相关专业非教师系列中级以上技术职称达到50%以上；或获得有关行业执业资格达到80%以上。 ◆行业、企业兼职教师占群专业教师比例20%~30%，均具有中级以上技术职称或技师以上职业资格证书，40%以上具有高级职称或高级技师职业资格	教师业务档案、兼职教师名册及相关资料
团队素质	◆学校或院（系）围绕专业群建设单独制定群专任专业教学团队（含兼职教师）规划，明确专业群教学团队目标任务、政策保障、经费保障和考核评价。 ◆群专业教学团队年均师资培训经费占教师工资总额的10%以上。 ◆群专业教学团队成员积极参加或指导学生参加省级及以上各类教学或技能竞赛并获奖。 ◆群专业教学团队成员积极参加教学成果奖评比，参与市级以上课题，参与市级以上创新大赛，省级以上刊物发表论文，与企业合作研发取得专利。 ◆群专业教学团队成员具有先进职教理念，出国培训教师比例达到5%以上	相关文件、财务报表、教师业务档案、学校网络学习空间

5. 实训基地运行

实训基地运行标准的内涵如表1-79所示。

表 1-79　实训基地运行标准的内涵

二级指标	标准内涵	诊断依据
基础条件	◆本专业群校内实训基地生均教学仪器设备值：工科和医药类10000元以上，其他类8000元以上。 ◆实训（验）室建成数字化教学环境，实现信息点全覆盖，计算机数量满足实训教学和管理需要，有与专业群教学配套的信息化实训资源平台	学校资产管理系统、数字化教学环境
运行管理	◆融合企业管理理念，设立专门管理机构，人员配置齐全，管理制度健全；利用信息技术，实现实训（验）资产管理、计划安排、数据采集、考核评价信息化管理。 ◆实验实训开出率100%，专业群各实训（验）室平均利用课时超过500课时/学年（含社会培训、技术服务）。 ◆实训（验）室共享率达到60%以上［共享率计算办法：各实训（验）室平均服务专业数/本专业群专业数］	学校资产管理系统、学校实训基地管理系统或办公系统

6. 专业群建设成效

专业群建设成效标准的内涵如表1-80所示。

表 1-80　专业群建设成效标准的内涵

二级指标	标准内涵	诊断依据
办学规模	◆核心专业连续招生 6 年以上，年招生 120 人以上，专业群在籍学生规模 360 人以上。 ◆每年承担专业群相关领域的社会培训人次达到在籍学生数的 90%以上	在籍学生统计表及可供核对的学籍管理信息库；培训通知、花名册、培训计划、考勤考核资料等
培养质量	◆毕业生 95%以上取得本专业群相应的中级工以上职业资格证书，80%以上获得本专业群相应的高级工以上职业资格证书；或 80%以上获得相关行业执业资格证书。 ◆毕业生具有较强的计算机应用能力、语言表达能力、社会交往能力，相关应用水平等级考试取证率 80%以上。 ◆开展校级技能大赛、创新创业大赛，本专业群学生参赛率到 100%，本专业群学生在技能大赛、创新大赛中获得省级三等奖以上奖项。 ◆毕业生就业质量高、起薪较高，就业满意度较高，毕业生就业率达到 95%以上，对口就业率达到 80%以上，本地就业率达到 75%以上，开展职业生涯指导和创业教育，有本专业学生创业实践基地和创业项目。 ◆在校学生对本专业的满意度到 90%以上，用人单位对毕业生综合素质满意度达到 90%以上	毕业生名册、职业（执业）资格证书获得情况统计表及证明资料；应用水平等级考试相关资料及统计表等；校级技能竞赛、创新大赛方案及实施资料、参加省级以上技能大赛或创新大赛获奖情况及证明资料等；毕业生就业情况统计表；劳动合同复印件；就业创业教育、创业实践基地和项目的相关资料；就业创业典型事迹、反映就业满意度的资料等；学生满意度调查表、用人单位对毕业生满意度调查表及相关统计表等
社会服务	◆参与行业企业技术项目研发与服务，取得良好的经济效益和社会效益，实际到账资金 30 万元以上。 ◆利用专业群的设施、设备、师资等资源，承担本地区行业部门或职业学校技能大赛、职业资格鉴定，开展校企合作、校校合作，发挥示范和引领作用	技术项目研发与服务取得效益的证明资料；收入凭证；反映专业资源共享和发挥示范、引领方面的资料等

7．专业群特色与创新

专业群特色与创新标准的内涵如表 1-81 所示。

表 1-81　专业群特色与创新标准的内涵

二级指标	标准内涵	诊断依据
特色与创新	◆专业群建设各项改革创新成效显著，充分体现出专业群建设的信息化、国际化、终身化、个性化和多样化，并形成原创性的范式和经验，在省内乃至国内同行中有重要影响，主要体现在：专业群与产业群及产业链的对接度，人才培养模式、课程体系构建、教学内容方法与手段改革、产学研结合、现代学徒制、订单式培养、学生能力培养、教学管理制度等方面。 ◆凝练 1～2 个建设成果，并示范推广	有推广示范意义的专业群建设示范案例

【概念解析】

1.5　相关概念的内涵解析

1．教育思想与育人模式

（1）校企合作。

校企合作是指专业与企业通过多种形式结成的合作育人、合作办学关系，主要表现在教师下企业锻炼、学校聘任企业技术人员担任兼职教师、实行现代学徒制、企业参与学校人才培养等方面。

（2）育人氛围。

育人氛围是指学校为更好地育人所营造的积极健康的人文环境，主要体现在学校德育工作的重视程度，学校全员、全方位、全过程育人的激励举措，学校文化宣传的工作策略。

（3）文化育人。

文化育人是指结合专业（群）特色，根据高等职业教育人才培养的要求，建设与企（行）业文化相融合的精神文化、物质文化、行为文化、创新文化、职业文化和技能文化，通过相应的载体和活动等方式，发挥专业文化在价值导向、精神陶冶、规范约束、群体凝聚、调动激励、教育塑造、强技精艺和社会服务等方面的作用。

（4）文化活动。

文化活动是指学校开展的融学生思想道德教育和综合职业能力培养于一体的校内外教育教学活动，包括科技文艺体育活动，结合重大节庆日、典礼仪式、参观等开展的主题教育活动，技能竞赛、文明风采竞赛等活动，社团和课外兴趣小组活动、公益活动、志愿服务等社会实践活动以及网络文化活动。

（5）文化特色。

文化特色是指学校在践行社会主义核心价值观，传承中华优秀传统文化和现代职教思想，弘扬"劳动光荣、技能宝贵、创造伟大"的时代风尚，推进产业文化进教育、行业文化进校园、企业文化进课堂的过程中所形成的，以育人为主导，以精神文化、环境文化、行为文化和制度文化为内容，体现鲜明地域或学校特点的文化特质。

（6）文化环境。

文化环境是指学校建构的校园自然环境和人文环境。自然环境包括功能齐全、安全有序、节能环保、室外绿化、室内美化、环境净化的校园整体环境。人文环境包括反映学校精神和办学理念的校训、校徽、校歌；体现地域文化、学校历史和职业精神的标语、雕塑、碑铭、板报、橱窗、图书馆、校史馆、陈列室等；具有体现核心素养、工匠精神、职业特点、企业文化和专业特色的教学场所。

（7）国际合作。

国际合作是指专业与境外院校及相关机构通过多种形式开展的合作办学，特别是对接国际通用职业能力标准方面的合作。

2．专业规划与专业定位

（1）专业运行机制。

专业运行机制是指为促进专业发展、保障专业教育教学正常运转的组织机构、制度规范、监控体系和工作流程的融合。

（2）专业建设规划。

专业建设规划是指学校依据办学基础条件，适应地方经济社会发展需求，对学校专业设置与改造所做出的整体性、前瞻性安排。

（3）专业群。

专业群是指由一个或多个重点建设专业为核心，专业基础相通、技术领域相近、工作岗位相关、教学资源共享的多个专业的集合。

（4）专业定位。

专业定位主要指专业人才培养目标与服务面向的职业岗位（群）定位。

3．人才培养方案与课程体系

（1）人才培养方案。

人才培养方案是指在现代教育理论、教育思想指导下，按照特定的人才培养目标和人才规格，制定的关于人才培养规格、教学内容、课程体系、教学过程组织、教学任务安排等总体设计和实施的纲领性文件。人才培养方案一般包括指导思想、培养目标、规格要求、修业年限、毕业条件、课程设置、教学进程安排以及必要的说明等。

（2）人才培养方案设计。

人才培养方案设计包括社会调研、企业参与、方案论证和审批，着重评价以职业素质和职业能力为主线，落实人才培养模式的创新。

（3）人才培养方案修订。

人才培养方案修订是指学校在现场调研的基础上，依据社会对人才的素养要求、技能要求和发展要求，按照职业教育规律和技术技能人才成长规律，对人才培养方案进行的更新和完善。

（4）人才培养方案实施。

人才培养方案实施是指学校按照人才培养方案的要求组织教学、管理、评价的过程。

（5）人才培养方案状态。

人才培养方案状态着重观测以基本素质和职业能力培养为主线，质量标准、实践训练比例和双证书制度在方案上的落实状态和人才培养模式创新情况。

4．师资队伍建设

（1）师资队伍。

师资队伍是指本专业各种类型教学人员的集合，按教师性质可以分四类：校内专任、校内兼课、校外兼职、校外兼课（人数及比例）。其中：

①校内专任教师是指具有教师资格，专门从事教学工作的人员，可包括正式签约聘用的非在编的全职教师；

②校内兼课教师是指学校非专任教师岗位的，有教学能力、能承担教学任务的行政人员、教辅人员、辅导员等；

③校外兼职教师专指聘请承担学校实践教学或实训实习指导，来自行业企业的一线管理、技术人员和能工巧匠；

④校外兼课教师是指聘请来校兼课的教师，聘期2年或以上，在近2学年承担实际教学任务，其所在单位是学校。

（2）专任教师。

专任教师是指具有教师资格、专门从事教学工作的人员。专业的"专任教师"特指为高职学生讲授专业基础课、专业课的专任教师。

（3）专业教师。

专业教师是指编制在专业院（系、部、中心）并承担专业基础课和专业课教学工作的专业教师。

（4）师资队伍数量与结构。

师资队伍数量与结构是指学校专任教师数量以及教师在职称、年龄、学历和专任专业教师"双师型"等方面的比例。

（5）专业生师比。

专业生师比是指专业在校生数与专兼任教师总和之比。

（6）兼职教师。

兼职教师是指学校正式聘任的，已独立承担某一门专业课教学或实践教学任务的校外企业及社会中实践经验丰富的名师专家、高级技术人员或技师及能工巧匠。

（7）兼职教师比例。

兼职教师比例是指来自行业、企业的兼职教师数与本专业教师队伍总数之比。

（8）双师素质教师。

双师素质教师是具有讲师（或以上）教师职称，又具备下列条件之一的专任教师：

①有本专业实际工作的中级（或以上）技术职称（含行业特许的资格证书）。

②近五年中有两年以上（可累计计算）在企业第一线本专业实际工作经历，或参加教育部或教育厅组织的教师专业技能培训获得合格证书，能全面指导学生专业实践实训活动。

③近五年主持（或主要参与）2项应用技术研究，成果已被企业使用，效益良好。

④近五年主持（或主要参与）2项校内实践教学设施建设或提升技术水平的设计安装工作，使用效果好，在省内同类院校中居先进水平。

（9）教师素质状况。

教师素质状况是指教师从事学校教育教学活动的师德修养和教育教学能力，特别是学习、育人和开展信息化教学的能力。

（10）优秀教师。

优秀教师是指在区域内具有良好道德品质、职业素养、育人能力、教学能力，得到学生认可和同行称赞的教师。

（11）优秀团队。

优秀团队是指由数位教师组成的具有共同愿景、共同任务，富有团队精神、创新意识，具有发展潜力的共同体。

5．教学条件与实训条件建设

（1）实训、实习基地。

实训、实习基地须满足下列条件：具有稳定的场所，有明确的实践教学目的和内容，有稳定的教师和辅助人员队伍，有科研和技术生产活动，有开展因材施教、开发学生潜能的实训、实习项目。

（2）校外实习实践基地。

校外实习实践基地是指近3年有学生实习且签有协议的校外实习实践基地。

（3）实训基础条件。

实训基础条件是指学校必备的实训场地及设施设备，能满足学生实训实习、技能教学研究、社会培训、技能鉴定、生产与技术服务及创业孵化项目等方面的需要。

（4）实训基地运行管理。

实训基地运行管理是指学校对实训基地建设、使用过程的管理，主要包括制度建设以及执行情况的检查和评价。

（5）图书资源。

图书资源是指学校拥有的用于教育、教学、教研、科研和师生提升素养、拓展才能等方面的图书和多种类型资料，主要包括馆藏纸质图书、专业期刊、电子图书、电子期刊和影视视频等。

（6）电子图书资源。

电子图书资源是指以数字代码方式将图、文、声、像等信息存储在磁、光、电等介质上，通过计算机或类似设备使用，并可复制发行的大众传播体。

（7）期刊。

期刊是指专业类期刊，统计时，须按种类和年度装订成合订本，1本算1册。

6．课程开发和教学资源建设

（1）课程开发。

课程开发是指基于需求分析，经过计划、实施、评价、修订等流程，确定课程目标、教学内容和相关教学活动。

（2）课程实施。

课程实施是将编制好的课程计划付诸实践的过程。

（3）课程标准。

课程标准是课程建设的依据，也是评价课程质量的尺度。课程标准要求具备科学性、先进性、规范性和实用性，能与行业职业标准对接。

（4）课程评价。

课程评价是指对照课程标准检查课程目标的实现程度。

（5）数字资源。

数字资源是指经过数字化处理，可以在多媒体计算机、移动终端及网络环境下运行的教学资源，包括通用性基础教学资源、数字化仿真实训资源、数字化场馆资源和数字图书资源等。

7．教学质量保证与监控

（1）教学质量保证与监控体系。

教学质量保证与监控体系包括目标确定、各主要教学环节质量标准的建立、教学信息的收集（统计与测量）以及评估、反馈和调控等环节。

（2）质量监控机构。

质量监控机构是指学校为保证教学秩序规范、教学质量稳步提升所设立的检查、反馈、评价机构。

（3）质量监控制度。

质量监控制度是指学校建构的以规范教学秩序、提高教学质量为目标的完整有序的检查、反馈、评价制度。

（4）质量监控运行。

质量监控运行是指以规范教学秩序、提高教学质量为目的，进行的教学质量检查、评价、反馈、预警。

（5）质量标准。

质量标准是指知识、技能、能力、素质等结构及预期目标、基本学制（学分或学年）、双证书制建立情况及其符合社会需要和国家规定的程度。

（6）主要教学环节。

主要教学环节包括理论教学（如课堂教学）和实践教学（如实验、实训、实习、社会实践、毕业设计等）两个方面，具体包括学期课程授课计划制订、备课（含教研室集体备课）、教案编写、作业布置与阅改、课后辅导答疑、考试命题、考场监控、阅卷评分与试卷分析、实验和实训指导、实习指导，以及毕业设计选题、指导、答辩等环节。

（7）教学文件。

教学文件包括学校转发的教育部或省教育厅有关教学工作的文件、学校制定的教学文件（含教学规章制度、人才培养方案、课程标准、实训与实习课程标准、学期教学进程计划、课程表、学期教学工作计划、学期授课计划和工作总结等）。

（8）教学档案。

教学档案是指在高职教学实践和管理活动中形成的并具有保存价值的文字、数字、声像等信息资料。其内容一般包括教学文件档案、教务工作档案、教师业务档案、学生学习档案等。

（9）学校年度质量报告。

学校年度质量报告是指学校紧扣人才培养工作，全面展示人才培养状况、教育教学、学生德育、学校党建等情况，总结提炼教育教学改革的经验做法、分析存在的困难和问题、提出改进的措施和办法，按年度编制和发布的报告。

8. 教学实施与管理

（1）教学管理。

教学管理是指学校依据相关制度对教学全过程进行的管理，包括研制人才培养方案和课程标准、教材管理、教学行政管理、教学过程管理、教师业务管理、学生实验实训实习管理、教学研究和信息管理、教学设施管理等。

（2）学生管理。

学生管理是指学校依据相关制度对在籍学生进行的教育与管理，包括理想信念、遵纪守法、职业道德、文明礼仪、心理健康等方面的教育，以及日常行为、活动、生活、安全、奖惩、档案等方面的管理。

（3）多媒体教学。

多媒体教学是指利用多媒体技术授课。多媒体技术是指利用计算机综合处理文字、声音、图像、图形、动画等信息的技术。

（4）综合实训。

综合实训是指实训内容涉及本课程的综合知识或与本课程相关课程知识的实训。

9. 教学改革与创新

（1）教育教学创新。

教育教学创新是指学校在教育教学活动中，围绕提高人才培养质量，积极改革，大胆创新，根据高职高专教育人才培养规律和趋势所做的前瞻性的研究和实践，取得具有原创性意义的范式和经验，并在人才培养的实际中得到应用，产生明显的效果，在省内高职高专教育中具有应用和推广价值。

（2）信息化课堂教学。

信息化课堂教学是指以现代职业教育教学理念为指导，根据教学内容和教学对象的特点，以信息技术环境和数字教学资源为支持，创设或优化学习情境，突破时间与空间等传统条件限制，应用现代教学方法开展的教学活动。

（3）信息化实践教学。

信息化实践教学是指利用多媒体技术、网络通信技术、虚拟仿真技术等，将实践教学的各类硬件资源、软件资源、人力资源等进行有效融合，全面推进实践教学的情境化，全面提升学生职业实践能力，以实现职业学校实践教学的现代化、开放化和高效化。

（4）核心素养建构。

核心素养建构是指通过教育活动，形成一系列可迁移、多功能、适应个人终身发展和社会发展的知识、能力和态度集合的过程。

（5）安全教育。

安全教育是指为提高学生的安全意识、增加其安全技术知识、强化其安全操作技能而开展的教育活动。

（6）学生社团。

学生社团是指按照学校相关规定，由学生根据共同意愿和满足个人兴趣爱好的需求，自愿组成的、按照其章程开展活动的群众性学生组织。

（7）心理健康教育。

心理健康教育是指以普及心理健康基本知识、树立心理健康意识、了解心理调节方法、认识心理异常现象等为主要内容的课程和相关活动的教育。

10．教科研成果与社会服务能力

（1）教科研成果。

教科研成果是指教师通过观察、调查、实验、分析等系列研究活动，获得被教育行政部门或相关社会组织认可的，具有一定学术价值、实用价值或社会意义的创新性成果。

（2）科研奖励。

科研奖励是指获得国家自然科学奖、技术发明奖、科技进步奖、教育部高校科研成果奖（科学技术、人文社科）；省政府自然科学奖、技术发明奖、科技进步奖、社科优秀成果奖。

（3）社会服务。

社会服务是指学校通过技术应用和服务团队，开展应用技术研究与新产品、新工艺开发；承担社区教育（文化）中心功能，向社会免费开放服务设施和数字化教育资源；积极参与生产、咨询和技术服务的项目，服务企业，服务新农村建设，正常开展送科技进企业和科技下乡等活动。

（4）社会培训。

社会培训是指学校开展的面向企业和社会的职业培训。

（5）对口支援。

对口支援是指学校参与东西部对口帮扶、校际帮扶、对口扶贫等活动。

11．招生、就业与创业状况

（1）签约就业。

签约就业包括签定协议书或劳动合同以及灵活就业，其中灵活就业包括自主创业和自由职业两种。自主创业是指创立企业（包括参与创立企业），或是新企业的所有者、管理者，包括个体经营和合伙经营两种类型。自由职业是指以个体劳动为主的一类职业，如作家、自由撰稿人、翻译工作者、中介服务工作者、某些艺术工作者等。

（2）录取报到率。

录取报到率是指报到学生数与发录取通知书或与招生计划数之比。

（3）毕业生就业率。
毕业生就业率包括签约率、上岗待签约率、自主创业率和升学、出国率。

12．人才培养质量和社会声誉
（1）人才输出。
人才输出是指学校通过推荐、双向选择等举措，向行业企业输送具有良好的职业素养与职业技能的技术技能型人才。
（2）创新创业教育。
创新创业教育是指以培养学生创新意识、创业能力为目标的教育课程与实践。
（3）创新创业活动。
创新创业活动是指国家、省、校三级"大学生创新创业训练计划"。
（4）职业专门技术能力。
职业专门技术能力是指完成主要职业岗位工作任务所应具备的专门技术能力，主要是运用专门技术和技术基础知识从事基本的职业工作的能力。
（5）职业关键能力。
职业关键能力是指除职业专门技术能力以外，职业人才所应具备的跨行业、跨专业、跨岗位的基本能力，包括计划和组织活动的能力、交往与合作的能力、学习和运用技术的能力、心理素质和承受能力。
（6）学生素质状况。
学生素质状况是指学生在文明礼仪、职业道德、文化素质、科学素养、信息化素养、综合职业能力和可持续发展能力等方面的基本状况。
（7）学生技能水平。
学生技能水平是指学生专业技能达到的技能等级。
（8）学生就业能力。
学生就业能力是指学生获得和胜任工作岗位的能力。
（9）学生就业质量。
学生就业质量是指学生就业状况及满意情况，主要通过对口就业率、就业薪酬、就业满意率等体现。
（10）社会声誉。
社会声誉是指学校办学绩效获得社会各界的评价情况。
（11）业内影响。
业内影响是指学校办学绩效在同类学校中的认可度，学校教育教学成果在同类学校的推广情况。
（12）企业认同。
企业认同是指学校培养的人才和学校提供的各类服务得到企业的认可和肯定。
（13）家长满意。
家长满意是指学生家长对学校教育教学质量和对学生的培养、服务的认可和肯定。

13．专业建设成果与特色创新
（1）示范辐射。
示范辐射是指学校教育教学经验对区域内同类学校发展的引领作用，学校技术技能成果对企业技术进步的指导作用。

（2）学校特色。

学校特色是指学校办学过程中，在教育教学等方面创造的个性特色，对高素质技术技能型人才培养发挥了很大的促进作用。

（3）专业特色。

专业特色是在长期专业改革和建设过程中不断丰富、创新、积淀形成的，与国内、省内其他学校同类专业相比的优势与特色。特色和创新可以体现在不同层面：人才培养理念、专业建设思路、校企合作、工学结合人才培养模式和特色、课程体系、教学方法与手段、实践能力培养、校企合作育人；解决教改中的重点问题；科学先进的教学管理制度、运行机制等，对优化人才培养过程，提高人才培养质量作用大，效果显著；有一定的稳定性并在教师和学生中有较深刻的影响，得到社会和用人单位的公认。

14. 诊断与改进

"诊断"一词来源于医学领域，其含义是对人体生理或精神疾病及其病理原因所做的判断。将"诊断"引入职业院校专业建设领域，其内涵就是通过对专业建设中的异常现象及其发展程度进行分析，及时发现潜在的"病症"及其产生"病症"的原因，并找到祛除"病症"的良方，从而确保专业建设的正常运行和健康发展。"诊断与改进"是指质量生成主体以服务发展需求为宗旨，为高质量全面达成计划目标并不断创造性地超越原定目标，以事实和数据为基础，以体系化制度为保证，根据按目标影响要素制定的指标体系对现实工作状态进行常态化自我定位、诊断，进而激发内在学习、创新动力，实现持续改进、同步提升的工作模式。

15. 专业分析方法

（1）SWOT 分析法。

SWOT 分析法是 20 世纪 80 年代由美国旧金山大学管理学教授韦里克提出来的，现已广泛应用于企业战略规划。其中，S 为优势（strength），W 为劣势（weakness），O 为机会（opportunity），T 为威胁（threats）。通过对组织的优劣势、面临的机会和威胁进行综合分析，从而制定相应的对策。借鉴 SWOT 分析法，我们不妨将专业比作一个企业，设计全面、科学、可测量的指标体系，通过数据分析、专业剖析、实地考察，综合衡量专业的优势、劣势、面临的机遇与威胁，制定相应的改进策略，进而开展质量改进活动。

（2）PDCA 质量循环。

PDCA 循环是全面质量管理的核心理念，由美国质量管理专家戴明博士提出。PDCA 是指 Plan（计划）、Do（执行）、Check（检查）和 Act（行动），具体而言就是制订计划、执行计划、过程监控（问题反馈）、落实改进行动。每一次改进行动的结束，即意味着新的计划或目标的产生，组织由此进入新一轮的 PDCA 质量循环，周而复始。值得指出的是，每一轮新的计划（目标）的产生，都比原先计划（目标）提高了一个层次。因此，PDCA 循环实际上是质量不断螺旋上升的过程。专业诊改本身可以理解为一个大的 PDCA 质量循环，其中每一个最近发展目标或数据指标的提升都可以理解为一个小的质量循环，大环套小环，每一次诊断与改进都是一次质量提升。

（3）"5W1H"分析法。

"5W1H"分析法是制订工作实施方案的一般工作思考方法，即 What（做什么）、Why（为什么做）、Who（责任者）、When（何时做）、Where（岗位、工作地点）和 How（如何开展工作）。围绕 5W1H 制订工作方案，有助于明确工作思路、职责和要求，提高工作效率，有效实现组织目标。具体应用在专业诊改工作中，应明确以下要点：

What：明确工作任务和对象，包括专业诊断要素、诊断点和评价指标体系设计，指标数据信息采集、专业剖析、专业诊改报告撰写等。

Why：明确工作目标，包括上级文件学习、指导思想和具体工作目标的确立等。

Who：成立专业诊改组织机构，明确各项工作任务分工和责任人。

When：制定专业诊改工作进程，明确 PDCA 质量循环工作周期。

Where：明确具体组织实施专业诊改的部门、岗位。

How：明确专业诊改的工作方法、技术手段、统计方法、反馈机制等。

16．专业评估与专业诊改

专业诊改与专业评估的内容差异明显。专业诊改与专业评估的对象都是职业院校内部的某一专业，由于各自角色职责不同，直接决定了具体内容不同。诊改关注高等职业院校质量生成过程，即高等职业院校内部质量保证体系运行情况及效果。同理，专业诊改也重点关注专业质量保证机制建设与运行效果等，具体包括：

（1）常态化的专业诊改、专业动态调整机制；

（2）对诊改结果的比较，如人才培养质量是否不断提高，专业服务社会能力是否不断提升，品牌（特色/重点）专业（群）辐射影响力是否不断增强；

（3）对外部诊断（评估）的运用，如是否积极参加外部专业诊断/评估/认证，其结论是否转化为质量改进举措。

专业评估关注专业建设、专业人才培养、专业社会服务3个维度，反映专业结果的产出、成果和影响等方面的质量情况，包括：

（1）专业目标定位的契合情况，如人才培养目标与产业人才需求的对接程度，课程体系与培养目标的契合度，校企合作、工学结合的体现度，教学模式的创新性和特色；

（2）专业教学资源的支撑情况，如专业师资队伍建设水平、专业实验实训条件、专业经费支持、学习资源；

（3）人才培养目标达成情况，如学生综合职业能力水平、就业水平、毕业生职业发展水平、学生创新创业能力；

（4）专业发展显示情况，如专业建设和教学改革的引领性成果和特色，社会认可度，国际化程度；

（5）社会服务的贡献情况，如技术服务成果、社会培训成果等。

专业评估的结果主要为分类排行和专业质量报告，结果可向社会发布，还可作为优化专业布局、遴选示范专业、特色专业、品牌专业的依据，亦可作为绩效考核和资源配置、总结经验、改进工作的依据，不会直接产生严重后果，但可能会作为支撑决策的依据或作为社会公众了解专业情况的依据而间接发挥影响。将专业设置、课程建设、实践教学、师资队伍、校企合作、学生培养质量和社会服务等 7 个方面的专业关注点与数据平台的表单数据项进行详细对照，提出数据平台延伸建设的建议。

专业诊改既是从市场需求方倒逼专业改革与建设，也是专业设置与动态调整对接产业发展的新机制，更是行业企业参与院校专业教学工作的新途径，是职业院校树立现代质量文化的重要方式。

通俗地讲，学校好比一个机体，它需要保持一种良好的运行状态，才能保证有质量地工作，就像汽车需要保养、计算机需要经常维护、人身体需要体检和保健一样，高等职业院校的诊断与改进就是一个体检和保健的过程，专业层面的诊改就是对学校这个机体的一个组成部分进行体检和保养。

专业诊断是以发展性评价为价值取向，在专业教学范畴内根据专业自身的需求和目标，依据拟定的实施方案和价值判断标准，以提高人才培养质量为核心，以促进和规范专业的建设和改革为主要目的，利用可行的评价手段，通过定性与定量分析，对专业的要素条件、教育教学过程、绩效结果等各方面进行诊视、分析与评价，旨在总结经验、发现特色，发挥专业优势与亮点，同时找准问题、剖析原因、提出对策，促进专业不断改进教学管理和教学方法、手段与内容，增强专业办学活力和社会发展需求适应度，促进专业、课程、教师与学生的协同发展。它既是基于目标与现实的"诊断"，又是一种发展性的前瞻，使专业、课程、教师、学生等协同发展螺旋上升。

【方法指导】

1.6 专业建设概述

1. 专业建设的指导思想

坚持以习近平新时代中国特色社会主义思想为指导，认真贯彻落实国家和省中长期教育改革和发展规划纲要、《国务院关于加快发展现代职业教育的决定（国发〔2014〕19号）》、教育部《关于深化职业教育教学改革全面提高人才培养质量的若干意见（教职成〔2015〕6号）》精神，全面贯彻党的教育方针，落实立德树人任务，引导与推动高等职业院校主动适应国家、区域经济社会发展和行业人才需求，主动适应经济结构调整和产业转型升级，根据社会实际需要，优化专业结构，突出特色发展，强化内涵建设，凝练专业特色，深化教育教学改革，健全教学质量保障体系，关注学生健康成长，切实提高建设水平和人才培养质量，加快提升高等职业教育服务经济社会发展的能力和水平，努力造就满足经济社会发展需要，信念执着、品德优良、知识丰富、本领过硬的高素质人才，为经济社会发展提供强有力的人才支撑和智力支持。积极培育和践行社会主义核心价值观，不断坚定广大师生中国特色社会主义道路自信、理论自信、制度自信、文化自信，培育德、智、体、美、劳全面发展的社会主义建设者和接班人。

2. 专业建设的原则

（1）需求导向，以人为本原则。

专业设置、建设、结构调整与发展均需遵循高等职业教育发展规律，坚持以国家、区域经济社会发展和行业需求为导向培养高素质专门人才。坚持以学生为中心，建立科学合理的人才培养体系，建立尊重学生的教学管理模式，突出师生互动，突出方法和思维训练，使学生全面而又有个性地发展。

（2）结构优化，特色发展原则。

主动适应经济社会发展对人才培养提出的新要求，进一步调整优化专业结构，加强整合与调整，构建面向创新创业的新型人才培养体系，推进优势特色专业发展，以形成布局合理、适应性强的专业结构。

（3）分类指导，重点扶持原则。

对传统专业进行改造升级优化，对新专业加强规范化建设，对基础条件较好、社会适应面广、有发展潜力、有特色的专业进行重点建设和扶持。以优势特色专业建设为核心，以新专业建设为重点，坚持专业建设与课程建设、师资队伍建设、教学条件建设等相结合。

（4）注重质量，持续发展原则。

以提高人才培养质量为核心，加强专业建设，建立多方评价教育教学质量的机制，构建以社会满意度为核心的质量评价监控体系，切实提高专业人才培养质量。要将专业建设作为长期任务，常抓不懈，要制定专业中长期建设发展规划，有步骤分阶段逐项落实。

（5）有序推进，灵活务实原则。

要注重科学预测地区经济、科技发展和产业结构调整对高素质技术技能型人才需求的趋势，做好新设专业的考察论证工作，克服专业设置工作中存在的随意性和盲目性，使专业调整既适应发展需要又具有连续性，减少调整跨度太大引起的其他问题。

3．专业建设的目标

以市场需求和促进就业为导向，不断地研究高素质技术技能型人才市场的需求变化，专业设置、调整要做到灵活性与稳定性、专门化与宽口径、社会需求与自身办学条件的有机结合。

以学校发展战略规划、办学定位、人才培养目标为指导，以各专业协调发展、相互支撑、共同提高为目标，以专业建设为龙头，以提高人才培养质量为核心，以师资队伍建设为关键，以提升教育教学、社会服务水平为重点，坚持"稳定规模、优化结构、强化特色、提升内涵、保证质量"的基本方针，加强内涵建设，优化专业结构，提高高等职业教育专业建设水平，全面推进学校的专业建设和发展工作，构建特色鲜明的专业结构体系。

（1）适度控制专业数量。

在现有专业大类相对稳定的基础上，根据社会和经济发展的需要，遵循专业发展的规律，调整和培育新专业，形成相对稳定的专业群。

（2）优化专业布局。

以专业调整、改造和重组为契机，调整技术技能型人才的知识、能力和素质结构，拓宽基础、整合课程，构建新的专业平台。柔性设置专业方向，形成强基础、宽口径的专业体系，主动适应区域经济建设和社会发展对技术技能型人才的需求。

（3）建立竞争机制。

对于办学特色鲜明、招生及就业形势好的专业，努力建设成为省级和院级重点专业，在人才培养和教学改革方面起带头、示范和辐射作用。对专业设置陈旧、社会需求不大、就业率低下的专业要及时进行调整。

（4）形成专业特色。

以培养高素质技术技能型人才为目标，根据人才需求规格的变化和岗位技能的要求，不断优化课程体系，更新课程内容，改革培养模式，强化培养的质量，形成专业特色。同时，加强重点、改革试点专业建设，逐步形成一批特色专业。

4．特色专业建设的目标

特色专业是指根据社会经济发展的需要，充分体现学校办学定位，在教育目标、师资队伍、课程体系、教学条件和培养质量等方面，具有较高的办学水平、较好的社会效益和鲜明的办学特色，专业适应面广、获得社会认同并具有较高社会声誉的专业。特色专业是经过长期建设形成的，是学校办学优势和办学特色的集中体现。

特色专业建设旨在引导高等职业院校结合自身实际，科学定位，优化专业结构与布局，发挥办学优势，推进教学改革，强化实践教学，促进高等职业院校人才培养工作与社会需求紧密联系，形成科学有效的专业建设机制，积极为国家、区域经济和社会发展服务。

通过特色专业建设，形成专业建设、人才培养与经济社会发展紧密结合的特色专业建设思路与人才培养方案，建成一批高水平、体现学校办学特色和教学质量的专业点；根据国家和省教育中长期改革和发展规划纲要等文件精神，改造提升优势传统专业，加强现代服务业、先进制造业和高技术产业等相关专业建设，集成有效经验和实践成果，形成该专业建设内容的相关参考规范，对同类专业和校内其他专业建设起到示范和带动作用。

5．高等职业院校专业设置与调整的新要求

高等职业院校的专业设置要坚持以服务发展为宗旨，以促进就业为导向，遵循职业教育规律和技术技能人才成长规律，主动适应经济社会发展，特别是技术进步和生产方式变革以及社会公共服务的需要，适应各地、各行业对技术技能人才培养的需要，适应学生全面可持续发展的需要。

经济社会和职业教育自身发生的巨大变化对高等职业院校专业设置提出了新的要求：

（1）主动适应经济发展新常态，促进经济提质增效、转型升级，实施"互联网+"行动、《中国制造2025》等国家战略，对高等职业院校专业设置和人才培养提出了新要求。

（2）战略新兴产业兴起，行业交叉发展以及新技术、新产品、新业态、新商业模式导致新的职业（群）不断涌现，急需对专业分类和设置进行补充和调整。

（3）加快发展现代职业教育，构建现代职业教育体系，改革创新高等职业教育，要求形成与之相适应的人才培养结构和专业衔接体系。

（4）加快转变政府职能，扩大学校办学自主权，推进教育治理体系和治理能力现代化，要求进一步深化专业设置管理机制改革。

6．专业建设内容

（1）制订人才培养方案。

专业人才培养方案是职业院校落实党和国家人才培养有关总体要求，依据职业教育国家教学标准，结合自身办学定位和实际需求，对专业人才培养要求和过程的总体设计，是实施人才培养和质量评价的基本依据。

通过制订专业人才培养方案，总结固化学校推进教育教学改革的最新经验成果，科学构建专业课程体系，创新人才培养模式，整合教育教学资源，创设保障条件，完善教学管理制度和运行机制，有利于促进专业建设、提高人才培养质量，更好地满足建设现代化经济体系对技术技能人才的需求。

（2）教学团队建设。

高等职业院校专业建设的关键是师资。围绕专业核心课程群，以优秀教师为带头人，建设热爱职业教育、改革意识强、结构合理、教学质量高的优秀教学团队。教学团队要有先进的教学理念和明确的教学改革目标，切实可行的实施方案，健全的团队运行机制和激励机制，特别要有健全的中青年教师培训机制。

（3）课程建设与改革。

对接最新职业标准、行业标准和岗位规范，紧贴岗位实际工作过程，将学校的教学活动与企业的生产过程紧密结合，调整课程结构，更新课程内容，深化多种模式的课程改革。

以学生获得职业行动能力和职业生涯可持续发展为目标，以职业活动为主体，形成与岗位要求相适应，知识、能力、素养有效融合的课程。

以典型的工作任务、项目、案例、工作过程、问题、活动等为线索，确定课程结构。

（4）教学资源建设。

要加强协同开发，促进开放共享，形成与人才培养目标、人才培养方案和创新人才培养模式相适应的优质教学资源。

（5）教材建设。

教材是教学内容的基本载体，是教师授课，学生学习和掌握知识的重要工具。搞好教材建设工作，是稳定教学秩序、提高教学质量、实现高职院校人才培养目标的重要保证。

教材建设应遵循思想性、科学性、先进性原则，立足学生全面发展，努力构建全员全过程全方位育人格局，形成教书育人长效机制，增强学生社会责任感、创新精神和实践能力，全面落实立德树人根本任务。

（6）教学方法手段改革。

深化教学研究、更新教学观念，注重因材施教、改进教学方式，依托信息技术，完善教学手段，产生一批具有鲜明专业特色的教学改革成果。积极探索启发式、探究式、讨论式、参与式教学，充分调动学生学习积极性，激励学生自主学习。深入开展项目教学、现场教学、案例教学、模拟教学、探究式教学，以"做"为核心，真正实现"教、学、做合一"。形成教学相长、课内学习和课外学习相结合的学习氛围，鼓励学生创造性思维。

（7）强化实践教学环节。

结合专业特点和人才培养要求，合理设置实践教学比重，确保专业实践教学必要的学分和学时。改革实践教学内容，改善实践教学条件，创新实践教学模式。加强实训室、实训基地和实践教学共享平台建设。

（8）考核评价改革。

创新评价方式，建立学校、行业企业、社会机构参与评价的多元质量评价模式。建立以学生作品、职业素养、职业技能与职业知识为评价核心，过程考核和结果考核相结合的课程考核评价体系。

（9）教学管理改革。

更新教学管理理念，加强教学过程管理，形成有利于支撑综合改革试点专业建设，有利于教学团队静心教书、潜心育人，有利于学生全面发展和个性发展相辅相成的管理制度和评价办法。建立健全严格的教学管理制度，鼓励教师在专业建设的重要领域进行探索实践。

7．专业建设的组织与管理

（1）专业建设由学校进行宏观规划、统筹和指导，以学院（系）为主，实行学院（系）领导协调下的专业建设负责人制。

（2）教务处会同各教学单位依据学校发展规划，编制学校专业建设总体规划，经学校专业建设指导委员会审定后实施。专业建设规划包括：专业建设指导思想，专业建设目标，专业定位与特色；人才培养计划；师资队伍建设规划；实训室和实习基地建设规划；教材与数字化教学资源建设规划；专业建设小组人员分工等。

教务处负责组织学校新设专业、重点专业、教学改革试点专业及特色专业的立项评审、检查和评估验收等工作。

各教学单位负责制定本单位的专业建设规划，成立专业建设领导小组，全面负责和协调本单位专业建设工作。

（3）专业建设要按建设规划进行，各教学单位专业建设规划由教务处组织学校专业建设委员会专家论证后实施。

（4）专业建设实行专业负责人制，专业建设负责人的职责是负责专业建设的申报、建设方案的制订、建设任务的分解与落实、经费预算、经费支出审批、专业评估及日常管理等。专业建设负责人应每学年对专业建设工作进行总结。

（5）学校对专业建设实行分类指导，对专业建设情况定期开展检查考核。专业建设检查考核结果作为专业发展的参考依据。对于人才需求量大、办学条件好、就业形势好、建设成效显著的专业，加大软硬件条件的扶持力度，并适度扩大招生规模；对于疏于建设和管理、社会需求量小、就业情况不好、建设成效不佳的专业，将视情况予以通报，适当压缩招生规模，及时进行整顿、改进和建设，实行隔年招生；对于办学条件严重不足、教学质量低下、就业率过低的专业，经学校专业建设指导委员会研究论证，学校将采用限期整改、撤销、合并、暂停招生等措施加强管理。

8．制定专业教学标准的基本原则

（1）坚持立德树人，促进全面发展。

遵循职业教育规律和学生身心发展规律，把培育和践行社会主义核心价值观融入教育教学全过程，合理确定公共基础课和专业课的结构比例，着力培养学生的职业道德、职业精神和创新创业能力。

（2）坚持就业导向，明确规格定位。

参照职业岗位序列和技术等级，科学合理确定专业培养目标与规格。对接最新职业标准、岗位规范，以职业能力为主线构建课程体系，提升学生职业技能水平和就业能力。

（3）坚持工学结合，注重知行合一。

以工作过程为导向创新教学模式，注重"做中学、做中教"，重视理论实践一体化教学，强调实训实习等教学环节，促进学以致用。积极吸收行业企业专家参与"专业教学标准"的制定或修订工作。

（4）坚持科学性、可行性，突出先进性、引领性。

对接产业发展中高端水平，遵循教学规律，注重吸收各地各院校职业教育专业建设、课程教学改革优秀成果，借鉴国外先进经验，推行现代信息技术条件下的教学模式。引领职业院校结合实际灵活开发人才培养方案。

1.7 专业设置与调整

专业设置是高等职业院校人才培养的基础工作，关系到人才培养目标和规格，关系到教育质量和效益，也关系到高等职业教育与经济社会发展的协调和适应。

1．专业设置与调整的基本原则

（1）主动适应国家和区域经济社会发展对专业人才的需要，适应知识创新、科技进步以及专业发展需要，更好地满足人民群众接受高质量高等职业教育需求，不断探索新领域的专业发展方向。

（2）新增专业要坚持育人为本、德育为先。把坚定理想信念放在首位，始终坚持用中国特色社会主义理论体系武装师生头脑，确保社会主义办学方向。

（3）遵循高等职业教育规律和人才成长规律，符合学校的办学定位和专业发展规划，应与学校整体发展水平和人才培养目标相适应，彰显学校办学特色，有利于提高学校教育质量和办学效益。

（4）新增专业要适应国家、区域经济建设和社会发展对人才培养的需求，优先发展与经济建设紧密结合的紧缺型、应用型专业。所设专业应具有先进性、针对性，定位准确，社会需求旺盛，有竞争实力，有职业教育特色。

（5）遵循面对高等职业教育大众化带来的教育结构和教育质量标准的多元化、教育内容和人才培养模式的多样化，调整和设置专业。

（6）新增专业要有良好的专业基础和办学条件，经过广泛深入的人才需求调查和可行性论证，并具备基本的办学条件。要以学校专业结构整体优化为出发点，有利于学校教学资源的合理配置，有利于学校专业结构的优化，有利于专业之间的相互支撑。

（7）在确定申报新专业之前，在开展广泛社会和行业、企业调研的前提下，可以先采用在已有相关专业基础上增设专业服务方向的途径，培养相关领域急需的高技能人才。

2．专业设置与调整的基本要求

（1）具有较长期、稳定的人才需求。

设置新专业必须有五年以上的人才需求量，调整专业必须有三年以上的人才需求量，需求量经过严格的论证。

（2）制定出齐全的教学文件。

依据新目录和新的专业介绍，按照德、智、体、美、劳全面发展的要求，对人才培养方案进行全面修订，修订符合专业培养目标的人才培养方案、各门课程的课程标准，以及其他必要的教学文件。

（3）有较为合理的教学梯队。

专业课教师中教授、副教授职称的教师5名以上，要至少有1名稳定的专业带头人，专业课教师的数量应大于定编教师数的80%以上，各门课程均有两名以上的教师能开设。

（4）具有开办专业的基础教学设施条件。

要有开办经费，有教室、实训室、图书资料和实习基地等教学条件，保证实验开出率达到100%。

（5）有完整的专业设置与调整论证报告。

新专业的设置必须经过一个产生、发展的过程，有筹建、发展成长的沿革，有促进本专业可持续发展的论证报告，有行业企业单位的调查资料。

（6）专业名称要科学化、规范化，要符合教育部颁布的普通职业院校高职高专教育专业目录规定的名称，目录以外的名称必须经过教育部批准后方可使用。

3．专业设置与调整的基本条件

（1）符合学校办学定位和专业发展规划，突出学校的办学优势和特色，以人才需求为导向，服务相关行业和区域经济社会发展，保证教育质量和办学效益。

（2）拟新增专业与学校现有专业相关度较高，有相关专业为依托，拟新增专业有一定的建设基础。

（3）社会人才需求量大且稳定，行业、企业有明显的岗位。新专业申报前各院（系）要针对市场和行业、企业对人才需求进行深入细致的调研，对生源状况和毕业生就业形势进行充分论证，形成论证报告。

（4）有科学、规范的专业人才培养方案和其他必需的教学文件，专业定位特色鲜明，培养目标科学合理。

（5）现有师资队伍基本能满足拟新增专业的教学需求，能按上级教育行政部门有关规定和职业教育特点，配备该专业人才培养方案所必需的合格专兼职教师及教学辅助人员。

（6）具备开办专业教学必需的、与其招生规模相适应的办学条件（含教学经费、教学用房、实训室及仪器设备、实训基地、图书资料等），拟新增专业开办初期经费投入不大，有比较稳定的校内外实训、实习基地。

（7）设置新专业时要考虑专业群的形成问题，以最大程度地利用师资、实训、图书及其他教学条件。

（8）有保障专业可持续发展的相关制度。

4．专业设置与调整的申报程序

（1）各院（系）在进行广泛调研的基础上，针对行业和职业岗位（群）对人才的需求情况，提出专业设置的意向，并附有具体的论证报告和有关证明文件及调查资料。

（2）各院（系）根据行业和职业岗位（群）对人才专业知识、能力、素质结构的要求，制订拟设专业的人才培养计划，并通过院（系）专业建设指导委员会审议。

（3）教务处按照学校专业发展规划及新增专业的基本原则和要求，对各院（系）提交的拟新增专业申报表组织校外专家论证，并提交学校专业建设指导委员会审核。

（4）学校专业建设指导委员会审核通过的拟增设专业提交学校校长办公会审定后报学校领导审批。

（5）学校审批同意增设的高职专业，学校行文上报上级部门审批。

（6）各院（系）须在教育厅专业申报规定时间前将申报材料按要求报教务处。

5．申报专业所需的材料

（1）经学院主管部门批准的院（系）专业发展规划和专业建设计划。

（2）新增专业的建设方案（包括专业主要带头人情况、教师基本情况、主要课程开设情况、办学条件情况等）。

（3）新增专业申请表。

（4）新增专业可行性论证报告（简要说明设置或调整专业的必要性和可行性，人才需求调研分析及其他情况，拟设专业与国内外相关或相近专业的分析比较，拟设专业的教学条件分析、就业前景分析等）。

（5）专业人才培养方案。

（6）新增专业校内外专家论证意见。

6．新增专业的建设内容

（1）专业定位与培养目标。

有明确的专业办学思想和准确的专业定位；专业发展规划科学合理、切实可行；专业改革思路清晰、措施得当；人才培养目标符合国家、地方经济社会发展及行业发展需求，结合学校办学定位及专业实际，充分调研，科学论证，确保定位准确，培养规格符合本专业内涵。

（2）人才培养方案。

制订人才培养方案的指导思想是主动适应本区域以及全国的经济建设、科技进步和社会发展需要，全面实施素质教育，注重学生的全面发展和个性发展，全面提高教育质量。

（3）专业建设计划书。

每个新增专业都应制订本专业的建设计划书，有计划、有重点地组织专业的建设工作。专业建设计划书的内容包括专业建设的总体目标、培养目标定位、师资队伍建设、课程体系建设、实践教学建设、教材建设等。

（4）师资队伍建设。

把建立一支素质精良、结构合理、人员稳定的教师队伍，作为搞好新增专业建设的关键抓紧抓好。

新增专业的主要必修课程至少应当配备具有讲师以上职称的专职教师担任。凡跨专业兼任新增专业课程教学任务的教师，必须经过进修、培训方能承担。通过若干年建设，使具有讲师及以上职称或具有硕士及以上学位并通过岗前培训且取得合格证的主讲教师的比例达到85%～90%。

根据本单位师资队伍建设规划，认真落实现有教师的培养计划，积极、慎重地引进新增专业的高层次人才，形成以专业教师为骨干的稳定的新增专业基础课程、专业课程教师队伍和实训指导教师队伍，形成职称、年龄结构合理的课程教学梯队，同时适当聘请兼职教师来充实新增专业的师资力量。

积极鼓励广大教师开展教学研究，有计划地组织教师就新增专业教学中的某些重点、难点进行专题研讨，及时总结教学经验，做到既出人才又出成果，提高专业教学质量。

鼓励教师在确保质量完成教学任务的同时，运用专业理论知识，参与专业相关的社会实践工作，强化实践能力。对应用性强的专业，提倡教师积极参加国家组织的与专业相关的各类岗位资格证书的考试，获得相关行业上岗资格证书，以进一步提高实践教学水平，切实培养学生实际运用知识的能力。

（5）课程体系建设。

把课程建设作为新增专业建设的中心环节，优先建设，注重实效。优化课程体系结构，在保证专业的主要课程开设的前提下，强化素质能力教育，努力拓宽新增专业的就业口径。

各门课程均需要撰写合理的课程标准，重视教学内容的改革与更新，加强课程教学方式方法的改革。优先建设作为新增专业知识能力框架的重要基础课、主干课，形成具有专业特色的高质量的课程群和课程系列，积极培育社会急需的新增专业方向生长点。

加强课程的常规建设，各门课程应有完备的教学文件，各个教学环节应按有关的质量标准要求做到规范化，建立基础课程试卷库，加快教育教学信息化建设，以保证和提高教学质量。

（6）实践教学环节建设。

重视新增专业实践教学环节建设，培养和提高学生综合运用所学的专业理论知识分析和解决本专业实际问题的能力。

根据专业教学实训室的建设计划，有重点地逐步建立专业教学所必须的设备齐全、管理规范的专业实训室，使实际开出的实验个数、时数和标准达到课程教学计划规定的要求，确保实验课的教学质量。

各新增专业都应根据自己的培养目标、专业特点，建立足够的有指导能力和实习条件的教学实习基地，对符合实习工作要求和条件的实习基地应以协议的形式予以确定，保证实习工作的正常开展。

(7) 教材建设。

教材建设应遵循思想性、科学性、先进性原则，注重创造性转化和创新性发展工作，能反映本专业国内外科学研究和教学研究的先进成果。特别是哲学社会科学教材要充分反映马克思主义中国化最新成果、反映中国特色社会主义丰富实践、反映本专业领域最新进展。

以"加强基础、精选内容、有所创新、利于教学"为原则，从思想性、科学性、先进性、适用性等方面选择本专业的教材，不断提高教材的更新率和选优率。

鼓励有条件的教师积极申报教材立项建设项目，结合新增专业的特点，编写实用的、有特色的讲义，并在经过试用后进行修订，正式出版新增专业教材。

积极组织力量，制作各类声像教学资料和多媒体辅助教学软件，编写配套的教学参考资料、习题集、实训教材或指导书，形成具有本专业特色的、吸收最新科研成果的完整教材体系。

(8) 质量监控。

根据学校的各项教学管理制度，新增专业应制定相应的配套措施，且严格执行，确保取得实效。

7．新增专业建设管理

(1) 新增专业获批准后，专业所在院（系）应进一步组织制订详细的专业建设计划，包括总体规划、师资队伍建设计划、招生计划、课程建设计划、教材选用和图书资料建设计划、实训室建设计划、经费使用计划等，并报教务处备案。

(2) 新增专业建设由学校进行宏观指导，实行学院（系）领导下的专业建设负责人制。专业建设负责人应具有高级专业技术职称，在相关专业领域及行业具有较高的学术水平和教学水平，由学院（系）负责遴选和管理。

(3) 新增专业培养计划应按照学校相关规定进行论证，参与论证专家中应有 2 名以上本专业的校外专家。

(4) 各学院（系）应积极进行新增专业建设，落实专业建设计划。在专业建设过程中，需要对专业建设计划进行修改的，经过学院（系）同意，报教务处备案后方可执行。

1.8 专业综合评价

专业综合评价是评价、监督、保障专业建设的重要举措，是衡量高等职业院校专业服务经济社会发展能力的重要手段，是高等职业教育质量保障体系的重要组成部分。

专业综合评价是新常态和新形势下，优化专业结构，主动适应经济社会发展需要，持续探索和实践、健全教学质量保障体系的重要措施。开展专业综合评价对于不断加强和改善专业建设与管理，引导和促进高等职业院校优化专业结构和人才培养结构，培养适应社会需要的高素质技术技能人才等方面具有重要意义。

专业综合评价工作在充分考虑高等职业院校及其专业办学多样性的基础上，遵循导向性、科学性、客观性、简易性、分类指导等原则，运用信息技术手段，采取定量与定性相结合、以数据定量分析为主、以专家定性分析为辅的评价方式。

专业综合评价应坚持以下原则：

(1) 导向性。

通过开展专业综合评价，促使领导精力、师资力量、资源配置、经费安排等都体现以教学为中心，不断加强专业建设和改革，努力提高专业建设水平和人才培养质量，加快提升专业服务经济社会发展的能力。

（2）科学性。

专业综合评价指标体系的设计、评价方式的选择、评价工作的开展都要遵循教育教学规律和人才成长规律，充分考虑专业建设和人才培养自身所固有的特点，把教学条件、师资队伍作为专业建设的基础，把教学过程作为专业建设的保证，把教学效果作为专业建设的根本，切实推动专业全面、协调、可持续发展。

（3）客观性。

通过开展专业综合评价，在若干个反映专业办学状态的指标中，选取具有代表性且可重复验证的指标，设计科学合理的指标体系和评价函数，客观反映专业改革和建设的真实状态。

（4）简约性。

开展专业综合评价，充分运用现代信息技术手段，主要通过网络采集、汇总、分析数据的方式进行，简化评价程序，提高工作效率。

（5）分类指导。

专业综合评价指标体系的设计和评价结果的使用都要在保证专业办学基本条件的基础上进行分类指导，引导专业办出特色。

（6）定量与定性相结合。

专业综合评价采取定量与定性相结合的评价方式，以对数据的定量分析为主，以专家的定性判断为辅，定量分析注重对现实状态的客观评价，定性判断突出对办学理念、专业定位和发展潜力的主观评价。

1.9　专业的诊断与改进

1. 专业诊断与改进的工作原则

（1）院校主体与多方参与相结合。

按照教学工作诊断与改进"需求导向、自我保证"工作方针，在专业诊改组织工作中应成立以学校为主体，企业、行业、第三方机构广泛参与的组织体系。在学校层面，专业诊改工作一般应成立包含分管校领导、职能部门和教学单位负责人、专业带头人（负责人）、教师、学生、专业建设指导委员会等成员在内的工作组织。按照全面质量管理理念，在专业诊断指标数据采集方面，教职工还应全员参与。多方参与，尤其是用人单位和第三方机构的参与，是确保专业诊断数据真实、可信、客观的有力保证。

（2）问题导向与发展取向相结合。

专业诊断就要通过深入细致的数据采集与分析，以发现专业建设与发展存在的问题，罗列问题清单，并深入剖析问题产生的内外部原因，识别可控因素。各专业应敢于自我揭短、自我暴露并正视存在的问题。

对于诊断发现的问题，应结合专业发展现状，制定专业近期发展目标，制定行之有效的、可监测的整改措施并强化落实，形成专业自我改进、自我完善的内在机制，最终促进专业可持续发展。学校质量管理部门应针对专业制定的改进措施，实时跟进，加强改进过程管理、监控、指导和服务，为专业持续改进和质量循环提升提供可靠保障。

（3）定量评价与定性评价相结合。

专业诊改中的定量评价是以测量、统计为主要手段，将诊改工作分解成一系列具体、可测量的指标，通过设计多层次评价量表，对量表数据进行信息采集、统计分析、处理测算，以此反映专业建设绩效。定性评价则强调对专业进行全面、深入、细致、真实的观察，关注专业的特性与发展趋势，使专业诊改更具个性化和真实性。高等职业院校专业诊改应以定量评价为主，辅以必要的定性评价，两者有益结合，良性互补，实现诊改工作的科学化、公平化和客观化。

（4）数据分析与专业剖析相结合。

高等职业院校应充分利用本校人才培养工作状态数据采集与管理平台、专业建设与职业发展管理平台、第三方评价数据、毕业生跟踪调查数据、职能部门统计数据等，对与专业相关的数据指标进行归类梳理。结合指导方案要求，制定符合学校"自我保证"实际的专业诊改指标体系。通过源头采集、多级审核，确保数据的信度和效度，为专业制定近期发展目标和改进措施提供可靠的依据。

2. 高等职业院校的专业诊断与改进的过程与方法

专业诊改工作体系应包含目标体系、标准体系和制度体系。其中，目标体系主要包括专业建设规划、课程建设规划、师资队伍建设规划、实践教学条件建设规划等；标准体系主要包括专业教学标准、专业人才培养方案、课程标准、专业学生毕业标准等；制度体系主要包括专业教学质量保障体系、教研活动制度、实训实习实施方案、教学管理办法等。建立系统、完整的专业诊改工作体系，专业诊改工作才能有据可依，才能顺利实施和开展，才能逐步形成常态化的工作机制。

（1）确定专业建设目标。

专业建设目标一般是由专业教学团队根据专业发展的基础和现状，经过深入研讨后确定，多以3～5年为期限，既要设定阶段性目标，也要设定长远性目标。

一般来说，专业建设目标分为专业的社会声誉和校内的地位两个方面。专业社会声誉是指专业在全国高等职业院校中、在行业企业中的知名度，具体来说，是把专业建设成全国知名的专业、品牌专业，或是省级的品牌专业、特色专业，或是校级的示范专业、特色专业。专业在学校的内部地位，是指专业在高等职业院校内部的存在感，比如说，提到学生素质高、毕业生好就业、学生竞赛成绩好，师生们就会联想到学校某些对应的专业。专业建设目标的确定既要实事求是，又要能不停地"跳起来，摘桃子"，切忌"高大上，概而全"、不切实际。定什么样的专业建设目标，就决定专业走什么样的发展道路。

（2）明确专业建设标准。

专业建设标准是将专业建设目标细化分解成具体的建设任务，形成可监测、可量化、可描述的数据或指标，是建设目标的具体化、数量化、任务化。专业建设标准既要有定量的数据，又要有定性的描述，包括预计专业学生规模、确定专业教学团队的组成与结构、明确教学资源建设的数量与质量（含课程、教材、数字化教学资源等）、建设的实践教学条件（校内实训室、校外实践基地等）、组织与开展教学活动的方式方法、实施产教融合的模式与程度等。建设标准是专业建设目标的支撑，实现了专业预定的建设标准，即初步达成了专业设定的建设目标。

（3）制定专业建设规划。

确定了专业建设目标和需要达成的建设标准，就可以制定专业的建设规划，将建设的目标和标准按条块进行系统梳理，形成专业建设的实施方案。

科学的专业建设规划要在分析专业现状的基础上，提出专业建设的目标和标准，对专业人才培养模式、课程建设、教材建设、师资队伍建设、实训实习基地建设、教学资源建设等进行系统规划，制定出相应的建设措施或改进策略。同时，还要把规划转化成具体的阶段性工作任务，形成年度实施计划，分年度组织实施，保证建设目标和标准"落地生根"。

（4）开展专业诊改。

针对专业建设的目标和标准，依据专业建设规划，就可以定期对专业建设工作进行全面的诊断，在充分分析数据的基础上，提出改进意见，修正专业建设发展方向，形成常态化、周期性的专业诊改机制。

1.10 构建一体化育人体系与课程思政

高等职业院校除了发挥思想政治理论课程育人的主阵地作用外，占比较大的专业课程育人功能同样不可忽视。如何结合高等职业院校专业课程职业性、实践性及应用性的特点，将思想政治工作"润物细无声"地融入专业课程体系的构建、专业课程的改革与课堂教学全过程，形成"各门课程都有育人功能，所有教师都负有育人职责"的工作思路，是新时期高等职业院校教育教学改革的新命题。

1. 设计一体化专业人才培养方案

高等职业院校专业课程体系是从职业需求与工作岗位这一逻辑点而来的，高职专业人才培养目标定位既要考虑作为硬件的职业技能，也要考虑作为软件的职业精神、道德规范、工匠精神、技术文化、创业精神、创新意识等职业素养，实现专业授课中技术技能与职业道德传授的有机统一。

一体化专业人才培养方案设计的总体思路是通过系统设计、系统实施、系统评价，实现职业素养培养融入人才培养目标、融入课程体系、融入课程标准、融入教学过程。

（1）在专业人才培养目标定位上明确社会主义核心价值观、职业道德、创新创业素质等素质素养的目标、规格和能力要求。

（2）在课程体系设计中，融入典型企业文化，体验和熏陶一个典型企业的技术文化与企业精神。

（3）在课程标准中，将职业素养、企业文化、工匠精神等有机融合到具体的典型案例中，植入课程目标设计、课程资源建设、项目内容要求、实训实习条件、教师能力要求之中。

（4）在教学过程中，把教师、教材、教案、教室、教风五个课堂要素嵌入一体化育人体系中。

（5）在人才培养质量评价中，突出素质素养评价，评价内容上注重专业能力与职业精神的全覆盖，评价权重上强化职业素养、工匠精神、创新创业能力，评价主体上实现企业、教师的全程参与，评价过程实现专业课程、创新创业课程、项目课程的全覆盖，将职业精神评价嵌入专业教育全过程。

2. 三个"融入"促进课程思政

（1）专业课程中融入职业素养。

专业课程目标的设计，注重学生职业能力、创新创业精神和可持续发展能力的培养，使高职教育实现"更高质量、更有效率、更加公平、更可持续的发展"。专业课程的建设过程中，将社会主义核心价值观与职业岗位有机结合，在潜移默化中帮助学生树立崇高的职业理想和正确的职业态度。在教学体系、课程设置、实训练习和顶岗实习等教学环节中融入职业规范与职业要求，完善人才培养方案，坚持职业标准，增强专业认知，提升专业课程在思想政治教育中的个性化品质和吸引力。

（2）专业课程中融入企业文化。

高等职业院校将企业中的先进管理理念、管理文化等积极因素导入校企合作开发的专业课程中，让学生在掌握岗位技术技能要求的同时，切实体会现代企业的先进文化。同时，将校企合作开发的专业课程延伸到实训基地、企业车间，使教学过程和生产过程深度对接，让学生在实践操作中加深对企业生产方式、组织模式和管理流程的了解，直接接受企业核心文化的熏陶，进而实现企业文化进课堂。

（3）专业课程中融入工匠精神。

高等职业院校要实施工匠精神培育融入专业课程计划，充分发挥职业教育专业课程教学培育工匠精神的作用，把工匠精神作为技术技能人才的核心素养，列入各类专业课程的教学目标；对接企业和行业规范，细化学生核心素养体系和教学质量标准；增强专业课和专业实践教学环节培育工匠精神的有序性与有效性，大力开发专业课程中蕴含的工匠精神教育资源，激发学生信仰和践行崇尚劳动、敬业守信、精益求精、敢于创新的精神。

3．五个"嵌入"将"一体化育人"课程思政落到实处

课程是一切教学活动的核心要素，一体化育人的主要场所在课堂。教师、教材、教案、教室、教风是课堂教学的五个关键要素，充分发挥企业和教师的育人主体作用，在专业课程教学全过程中嵌入思想政治教育，将"一体化育人"课程思政落到实处。

（1）教师教学嵌入核心价值观。

专业课程教学规范，从起立、师生问好、上课再到下课，遵循仪式感，把爱家爱校爱国精神培养融于日常行为。

（2）教材内容嵌入职业素养。

教材中既要有"技术技能人才"工程项目的技术实现与系统性工程思维方法的习得，也要嵌入"劳动者和接班人"的工匠精神与精益求精职业素养习得。

（3）教案编制嵌入工匠精神。

专业教师要研究和分析本专业学生必须具有的职业素养，以促进就业能力为导向，在课程教学的目标、过程和评价等环节渗透工匠精神。

（4）教室使用嵌入企业文化。

充分利用与发挥校内外实验实训场所、创新创业基地、技术研发中心等阵地，大力倡导企业文化与企业创新的宣传。

（5）教风建设嵌入职业精神。

增强专业课和专业实践教学环节培育工匠精神的有序性与有效性，大力开发专业课程中蕴含的工匠精神教育资源，激发学生信仰和践行崇尚劳动、敬业守信、精益求精、敢于创新的精神。

4．充分发挥企业和教师的育人主体作用，保障五个"嵌入"的顺利实施

（1）引企入教。

在课程目标设计时，将企业的先进管理理念、管理文化等积极因素导入其中，让学生在掌握岗位技术技能要求的同时，切实体会现代企业的先进文化。

（2）引企入校。

在课程资源、课程内容与实训实习条件建设中，将校企合作开发的课程延伸建设到实训基地、企业车间，使教学过程和生产过程深度对接，进而实现企业文化进课堂。

（3）提高素养。

让每一名教师拥有培养社会主义合格建设者与接班人的家国情怀，联系一家长期合作的典型企业，使用一本融入职业规范的教材，开发一套嵌入工匠精神的教案，共建一个嵌入企业文化的实训室或技术研发中心，掌握一套精益求精的课程教学流程，拥有一批爱上课的学生。

【诊断改进】

1.11 获取专业建设数据

参考如表 1-82 至表 1-119 所示的各个表格结构、格式或模板、内容，收集、整理、统计一个专业的专业基本情况、学生数据、教师数据、教学资源数据、教学过程数据、社会服务数据、质量管理与监控数据、能力表现与学习成果 8 个方面的数据，作为专业诊断的依据。

1.11.1 专业基本情况

1. 专业概况

专业概况数据如表 1-82 所示。

表 1-82　专业概况数据

数　据　项	数　据
专业名称	
专业代码	
专业开设批复年份	
专业首次招生年份	
专业负责人姓名	
专业负责人职称	
联系电话	
专业简介	包括专业历史及现状、培养定位及目标、师资力量、专业优势、专业特色等基本情况（800 字以内）
人才培养方案	专业人才培养方案（800 字以内）
专业发展规划	"十二五"和"十三五"学校专业发展规划
定期评价培养目标的合理性	提供当前执行培养目标合理性、达成度及质量跟踪制度报告（800 字以内）
专业人才培养需求调研报告	本专业人才培养需求调研报告（800 字以内）
专业培养方案改进措施（要点）	专业人才培养模式改革的主要措施（800 字以内）

2. 专业特色

提交在实践中培育和凝练出的专业特色与效果报告（800 字以内）。特色可从专业建设目标、人才培养模式、课程体系、教学内容、实验实训、产学研结合、师资队伍、社会服务等方面体现。

1.11.2 学生数据

1．本专业在校生数据

本专业在校生数据如表 1-83 所示。

表 1-83　本专业在校生数据

学　年　度	在籍学生数（人）	当年转进（人）	当年转出（人）	退学人数（人）

2．本专业招生录取情况

本专业招生录取情况如表 1-84 所示。

表 1-84　本专业招生录取情况

学　年　度	招生计划数	实际录取数	第一专业志愿录取数	实际报到数	报到率（%）

3．本专业学生学习成果

本专业学生学习成果如表 1-85 所示。

表 1-85　本专业学生学习成果

数　据　项	数　据
市级及以上技能竞赛获奖（项）	
参加市级及以上创新训练计划（项）	
市级及以上创新创业竞赛获奖（项）	
市级及以上文艺、体育竞赛获奖（项）	
学生发表学术论文数（篇）	
学生发表作品数（篇、册）	
学生获准专利数（项）	
英语 A 级考试累计通过率（%）	
英语四、六级考试累计通过率（%）	
体质合格率（%）	

4．毕业生就业情况统计数据

毕业生就业情况统计数据如表 1-86 所示。

表 1-86　毕业生就业情况统计数据

毕业年度	就业总人数	其中：签就业协议、劳动合同		其中：升学		其中：自主创业		其中：其他形式就业		其中：未就业学生	
		人数	%	人数	%	人数	%	人数	%	人数	%

1.11.3　教师数据

1. 专业带头人简介

专业带头人简介如表 1-87 所示。

表 1-87　专业带头人简介

教师性质	姓名	性别	出生日期	学历	学位	工作单位名称	职务	担任专业带头人年限（年）	专业技术职称	代表性教学、科研成果（最高）			
										项目名称	获奖等级	获取日期	合作情况

【说明】

（1）教师性质（单一选项）：校内专任/校内兼课/校外兼职/校外兼课；

（2）学历（单一选项）：博士研究生/硕士研究生/大学/专科/专科以下。

（3）学位（单一选项）：博士/硕士/学士。

（4）专业技术职称是指教师获得的人事部门认定的职称，包括教师系列职称、工程系列职称、研究员系列职称等。

（5）代表性教学、科研成果（最高）：是指个人获得的最高奖项教学、科研成果，或最能代表个人专业水平的成果。

（6）获奖等级（单一选项）：国家级/省级/地市级/校级。

（7）合作情况（单一选项）：独立完成/合作完成。

2. 本专业专任教师信息

本专业专任教师信息如表 1-88 所示。

表 1-88　本专业专任教师信息

序号	姓名	性别	出生年月	入校时间	专业技术职称	最高学历	最高学位	获最高学位的专业名称	是否双师型	是否具有行业企业背景

3. 本专业师资队伍结构数据

本专业师资队伍结构数据如表 1-89 所示。

表 1-89　本专业师资队伍结构数据

师资类型	总数	年龄结构			职称结构				学历结构				具有半年以上行业、企业经历人数
^	^	35岁及以下	36至45岁	46岁及以上	正高级	副高级	中级	初级	博士研究生	硕士研究生	本科	本科以下	^
专任教师													
兼职教师													
其他人员													

4. 本专业专任教师发展情况

本专业专任教师发展情况如表 1-90 所示。

表 1-90　本专业专任教师发展情况

数　据　项	数　据
专任教师中在职攻读博、硕士学位人数（人）	
其中：博士	
硕士	
专任教师中进修培训、交流人数（人次）	
其中：境内高校	
境外高校	
行业企业培训	

5. 本专业专任教师科研情况汇总

本专业专任教师科研情况汇总如表 1-91 所示。

表 1-91　本专业专任教师科研情况汇总

数　据　项	总　数	其中：教研教改
近3年主持承担的科研（含教研教改）项目数（项）		
其中：国家级		
省部级		
地市级（含校级）		
近3年支配的科研（含教研教改）总经费（万元）		
近3年获得的科研（含教研教改）成果奖（项）		
其中：国家级		
省部级		
地市级（含校级）		

续表

数　据　项	总　　数	其中：教研教改
其中：转让或被采用的科研成果数（项）		
近 3 年公开发表科研（含教研教改）学术论文数（篇）		
近 3 年出版科研学术专著数（部）		
近 3 年获准专利数（项）		
其中：转让或被采用的专利数（项）		

6．教师发表的学术论文与教研论文情况

教师发表的学术论文与教研论文情况如表 1-92 所示。

表 1-92　教师发表的学术论文与教研论文情况

序号	论文名称	第一作者或通信作者	发表期刊	发表时间	收录情况	他引次数

【说明】

（1）指本专业教师以本校为第一署名单位发表的学术论文与教研论文，同一篇论文只填一次，不重复填写。

（2）收录情况指论文被 SCI、SSCI、A&HCI、EI、ISTP 等收录情况。

（3）国内学术论文"他引次数"以 CNKI（中国知网学术期刊网络总库）、CSSCI 与 CSCD 源期刊并集库（含扩展库）中的"他引次数"为准，自引不能计算在内。

7．教师获批专利情况

教师获批专利情况如表 1-93 所示。

表 1-93　教师获批专利情况

序号	专利名称	作者	最高排名	专利类型	获批时间	是否应用
				（勾选）		（勾选）
				（勾选）		（勾选）

【说明】

（1）最高排名是指本专业教师在专利权所有人中的最高排名，每项专利只填报一次。

（2）专利类型是指发明专利、实用新型专利、外观专利。

（3）首次填写近 3 个自然年情况。

8．教师出版专（编、译）著情况

教师出版专（编、译）著情况如表 1-94 所示。

表 1-94　教师出版专（编、译）著情况

序号	专（编、译）著名称	第一著作人（主编）	类别	出版社	出版时间
			（勾选）		
			（勾选）		

【说明】

（1）指以本校为第一署名单位且本专业教师为第一著作人的专著、译著或辞书（包括教材）。

（2）类别包括专著、编著、译著、教材或辞书。

9．教师主持省级及以上教学改革与科研项目情况

教师主持省级及以上教学改革与科研项目情况如表 1-95 所示。

表 1-95　教师主持省级及以上教学改革与科研项目情况

序号	课题名称	主持人	项目类别	项目经费	立项编号或批准文号	立项时间	结题验收或鉴定时间

【说明】

（1）教学改革与科研项目是指本专业教师主持的高等教育研究类项目。

（2）项目类别是指教育部立项、省教育厅立项、全国及省教育科学规划办立项、全国性行业协会立项。

（3）项目经费按合同经费额填写。

10．教师获得科研奖励情况

教师获得科研奖励情况如表 1-96 所示。

表 1-96　教师获得科研奖励情况

序号	成果名称	获奖人	完成单位排名	获奖人排名	获奖类别	获奖等级	获奖时间
					（勾选）	（勾选）	
					（勾选）	（勾选）	

【说明】

（1）获奖类别包括国家级、省级、市级科技成果奖及全国性行业协会奖励；

（2）获奖等级指特等、一等、二等、三等。

11．优秀专业教师简介

优秀专业教师简介如表 1-97 所示。

表 1-97　优秀专业教师简介

序号	姓名	年龄	学位	职称	毕业学校与专业	在本专业承担的教学任务	简介
							（500 字以内）

12．教师队伍建设

提供教师队伍建设的规划以及采取的机制和措施报告（800 字以内），包括对青年教师培养措施以及支持青年教师获取实践经历的制度和措施，并提供该机制对于本专业教师队伍建设产生的积极效果相关信息。

1.11.4 教学资源数据

1．专业运行与建设经费

专业运行与建设经费如表 1-98 所示。

表 1-98 专业运行与建设经费

数 据 项	财 政 年 度		
近 3 年本专业教学运行实际支出经费（万元）			
近 3 年学校累计向本专业投入专业建设经费（万元）			
专业建设			
教学设备			
师资培养			
日常教学			
学生支持			
其他			

2．专业图书资料

专业图书资料如表 1-99 所示。

表 1-99 专业图书资料

数 据 项	数 据
近 3 年本专业图书文献资料购置总经费（万元）	
拥有本专业纸质图书总数（册）	
拥有本专业纸质图书生均数（册）	
拥有本专业纸质期刊种类（种）	
拥有本专业纸质期刊数量（份）	
拥有本专业电子图书（种）	
拥有本专业电子期刊种类（种）	

3．校内实践基地情况

校内实践基地情况如表 1-100 所示。

表 1-100 校内实践基地情况

序号	实训室名称	建立时间	实训室面积（m²）	仪器设备台/套数	仪器设备总值（万元）	面向本专业学年使用频率（人/时）	承担的教学任务（学年总课时数）

4．校外实践基地情况

校外实践基地情况如表 1-101 所示。

表 1-101　校外实践基地情况

序号	基地名称	建立时间	依托企业（单位）	承担的教学任务（学年总课时数）	实训实习学生（人/学年）	每次可接纳学生数

1.11.5　教学过程数据

1．专业人才培养方案

专业人才培养方案如表 1-102 所示。

表 1-102　专业人才培养方案

数　据　项	数　　据
专业人才培养方案	
专业人才培养方案论证报告	

2．专业课程信息

专业课程信息如表 1-103 所示。

表 1-103　专业课程信息

序号	课程名称	总学时	课程类别	课程性质	专业主干课程或主要专业课程	是否精品在线开放课程
			（勾选）	（勾选）	（勾选）	（勾选）（链接）

【说明】

（1）课程指本专业的专业课（含专业基础课），不含实践教学环节。

（2）课程类别是指专业基础课、专业课。

（3）课程性质是指必修、选修。

（4）专业主干课程是指本专业培养方案中指定的主干课程，主要专业课是指各专业指定的除专业主干课程之外的主要课程，主要专业课程限 8 门以内。

（5）精品在线开放课程是指国家、省、校三级精品在线开放课。

3．各课程类型的学时比例

各课程类型的学时比例如表 1-104 所示。

表 1-104　各课程类型的学时比例

学　年　度	课程模块名称	学时比例（%）
	公共基础课	
	专业基础课	
	专业课	
	公共选修课	

4. 理论课学分与实践课学分比例

理论课学分与实践课学分比例如表 1-105 所示。

表 1-105　理论课学分与实践课学分比例

学年度	类别	学分数	占总学分的比例（%）	学时数	占总学时的比例（%）
	理论教学				
	实训（验）教学				
	集中实训环节				

5. 专业课程标准

专业课程标准如表 1-106 所示。

表 1-106　专业课程标准

数　据　项	数　据
专业主要课程（核心课程）的课程标准	

6. 教学方法和手段的改革

教学方法和手段的改革如表 1-107 所示。

表 1-107　教学方法和手段的改革

学　年　度	名　　称	学生使用频率（%）
	微课、慕课	
	项目教学、案例教学、情境教学、模拟教学	
	多媒体教学	
	移动终端学习平台（微信公众号、APP、APK 等）	

7. 教材建设

教材建设如表 1-108 所示。

表 1-108　教材建设

序　号	教材名称	出　版　社	作　　者	出　版　日　期	对　应　课　程

8. 优秀核心课程案例

优秀核心课程案例如表 1-109 所示。

表 1-109　优秀核心课程案例

课程名称		学时		实践学时	
课程属性		课程性质		课程类型	
授课年级		授课方式		授课地点	
课程考核方式		教学方法		选用教材	
课程主要内容	（500 字以内）					
课程特色	（500 字以内）					

9. 课程教学实施情况

课程教学实施情况如表 1-110 所示。

表 1-110　课程教学实施情况

课程名称	课程性质	课时数	授课教师	
			姓　名	职　称

1.11.6　社会服务数据

1．专业社会培训工作情况

专业社会培训工作情况如表 1-111 所示。

表 1-111　专业社会培训工作情况

序　号	培训项目	项目来源	培训人数	培训天数	到账经费

2．专业相关职业技能鉴定工作情况

专业相关职业技能鉴定工作情况如表 1-112 所示。

表 1-112　专业相关职业技能鉴定工作情况

序　号	职业技能名称	鉴定机构名称	通过人数

3．校企共建情况

校企共建情况如表 1-113 所示。

表 1-113　校企共建情况

数　据　项	年　度					
	名　称	负责人	名　称	负责人	名　称	负责人
校企共建教材数（本）						
校企共建课程数（门）						
校企共建微课/微视频数						
校企共同发表论文（篇）						

4．社会服务案例

提供能够反映本专业在社会服务方面贡献的典型案例，案例应说明本专业通过何种方法和途径服务社会，服务的行业和地域范围，以及取得了哪些主要成果和实质性贡献（提供三个案例，每个不超过 800 字）。

5．校企合作、工学结合情况

提供本专业开展校企合作、工学结合的改革报告（800 字以内）。

6．学做一体的教学模式

提供引入企业新技术、新工艺，推行任务驱动、项目导向等学做一体的教学模式典型案例一份。

1.11.7 质量管理与监控数据

1．教学质量管理制度

教学质量管理制度如表 1-114 所示。

表 1-114　教学质量管理制度

数　据　项	数　　据
教学质量管理制度目录	

2．课堂教学质量评价

课堂教学质量评价如表 1-115 所示。

表 1-115　课堂教学质量评价

项　　目	优秀（%） （90 分及以上）	良好（%） （89～75 分）	中等（%） （74～60 分）	差（%） （60 分以下）
学生评教				
同行评教*				
专家评教*				

3．教学质量保障体系

提供本专业质量保障体系的基本框架、运行制度与效果报告（800 字以内）。

4．质量监控

（1）提供近 3 年本校本专业的专业质量分析年度报告（800 字以内），包括本专业人才需求情况。

（2）提供近 3 年社会舆论（新闻报道、微博、微信）典型案例。

5．质量改进

毕业生质量跟踪调查与反馈系统报告（800 字以内），包括教学过程质量监控机制的架构与运行方式（800 字以内）。

1.11.8 能力表现与学习成果

1．在校生综合能力情况

在校生综合能力情况如表 1-116 所示。

表 1-116　在校生综合能力情况

学年度	在校生数（人）				体育达标率		竞赛获奖率	
	总计	一年级	二年级	三年级	人数	（%）	人数	（%）

2．学生获得相关行业证书情况

学生获得相关行业证书情况如表 1-117 所示。

表 1-117　学生获得相关行业证书情况

序号	证书名称	证书编号	证书类型	证书级别	获得时间	学生姓名	学号
			（勾选）	（勾选）			
			（勾选）	（勾选）			

【说明】

（1）证书类型是指企业、行业认证或者国家认证。

（2）证书级别是指初级、中级、高级。

3．学生获省级及以上各类竞赛奖励情况

学生获省级及以上各类竞赛奖励情况如表 1-118 所示。

表 1-118　学生获省级及以上各类竞赛奖励情况

序号	竞赛名称	最高排名获奖学生姓名	学号	最高排名	获奖时间	获奖类别	获奖等级
						（勾选）	
						（勾选）	

【说明】

（1）最高排名是指本专业获奖学生在获奖者中的最高排名名次。

（2）获奖类别是指国家级、省级，国际级竞赛等同于国家级，全国性行业协会主办赛事算省级。

（3）获奖等级指一等奖、二等奖、三等奖，冠军（金奖）等同于一等奖，亚军（银奖）等同于二等奖，季军（铜奖）等同于三等奖。如冠亚季军、金银铜奖从一等奖获得者中决出，则按一等奖计算。

4．优秀在校生案例

优秀在校生案例如表 1-119 所示。

表 1-119　优秀在校生案例

数据项	学生姓名	录取年月及类型	优秀在校生简介
案例 1			（每人 200 字以内）
案例 2			（每人 200 字以内）
案例 3			（每人 200 字以内）

5. 学生关键职业能力培养情况

提供本专业践行职业能力培养的方式与成效报告（800字以内）。

6. 学生创新创业

提供本专业学生创新创业活动报告（800字以内）。

7. 职业能力培养

提供本专业践行职业能力培养的方式与成效报告（800字以内）。

1.12 专业建设的诊断与改进

运用1.11节中所收集、整理的专业基本情况、学生数据、教师数据、教学资源数据、教学过程数据、社会服务数据、质量管理与监控数据、能力表现与学习成果等8个方面的专业建设数据，参照表1-120至表1-123中专业建设诊断与改进的各项指标、诊断要点与诊断依据，对一个专业从专业定位与调整、专业建设状态、专业建设条件和专业建设成果4个方面进行诊断，并根据诊断结论提出可行的改进建议。

1. 专业定位与调整

专业定位与调整诊断与改进如表1-120所示。

表1-120 专业定位与调整诊断与改进

二级指标	诊改要点	诊断依据
专业建设规划	◆专业发展是否与区域经济发展需求相适应。 ◆专业发展是否与学校"十三五"发展规划相适应。 ◆专业发展是否与本专业自身情况相结合	区域经济发展规划、学校"十三五"发展规划、专业建设规划
专业定位	◆专业定位是否准确。 ◆专业定位是否紧贴市场、紧贴产业、紧贴职业，适应新技术、新模式、新业态发展实际需求。 ◆面向的职业岗位是否准确。 ◆毕业生所掌握的职业技能是否适应市场需求	专业人才能力需求分析数据；专业毕业生的就业职业和就业行业、就业工作现状、对口就业率等相关分析数据
专业人才培养目标	◆人才培养目标是否明确、具体、准确。 ◆人才培养目标与国家要求、社会需求及学校定位是否吻合。 ◆人才培养目标是否与产业需求对接，是否满足产业职业岗位需求。 ◆人才培养方案关键要素是否匹配。 ◆知识、能力、素质结构是否合理	人才培养方案、专业人才需求调研和毕业生跟踪调研数据
专业调整	◆专业是否具有动态适应性，专业对市场需求变化是否有快速反应能力。 ◆能否以就业岗位（群）需求变化动态优化专业内涵，及时调整专业培养方向和相应的教学内容，提高毕业生就业竞争力，使专业充满活力	专业人才需求调研数据、专业动态调整机制、专业人才培养方案的调整方案

2. 专业建设状态

专业建设状态诊断与改进如表1-121所示。

表 1-121 专业建设状态诊断与改进

二级指标	诊 改 要 点	诊 断 依 据
招生录取状态	◆是否有吸引优秀生源的制度和措施。 ◆招生规模是否适度，生源质量是否较高，报到率是否较高	招生制度、学生实际报到率、招生数据
就业状态	◆毕业生就业率是否较高，专业对口率是否较高。 ◆毕业生起薪是否较高，转正后工资收入是否高于本地区平均值	毕业生就业率、本地就业率、专业对口率
人才培养模式改革	◆专业人才培养模式是否合适。 ◆人才培养模式是否体现工学结合、知行合一；是否体现了以服务为宗旨、以促进就业为导向；是否实现产教融合、一体化育人	专业人才培养模式及改革实施方案；实施该人才培养模式前后的专业人才培养效果对比分析数据
课程体系	◆课程体系是否注重学生的全面发展，素质教育和创新创业教育是否纳入课程体系。 ◆课程设置是否符合人才培养目标要求，是否紧贴岗位实际工作过程，内容是否对接职业标准、行业标准，专业理论、实践技能比重是否适当。 ◆教学安排是否合理，是否注重实践教学，教育活动是否系统地设计。 ◆毕业生质量是否可检测。 ◆专业课程与培养要求的对应关系是否清晰合理。 ◆各类型课程学时比例是否合适。 ◆专业核心课程时序关系是否合理	专业人才培养方案；专业核心课程的重要度、满足度分析数据；A（理论课）类、B（理论+实践课）类、C（实践课）类课程所占比重；公共课、专业基础课、专业课程所占比重；专业实践课占整个课程体系的比重；专业核心能力及其考评方式
课程标准	◆课程标准是否齐全、合适。 ◆课程标准是否达到高等职业教育要求，是否紧贴职业素质与岗位能力及时更新专业教学内容。 ◆课程标准是否目标明确、思路清晰、内容具体。 ◆课程标准是否与国家职业资格标准相对接	课程标准、国家职业资格标准、专业调研报告、课程标准的数据及质量
教学实施状态	◆教学设计是否有针对性和实用性，是否积极推进教学方法手段的改革和创新，教学手段是否先进，教学方法是否得当。 ◆教学组织模式是否恰当，教学管理是否严谨、规范。 ◆教学活动（理论、实践）是否有效，是否突出学生的主体地位、体现教学做一体化，知识是否理解，训练是否到位。 ◆专业实践教学是否根据真实工作过程序化设计，专业认知实习、专业技能实践教学、顶岗实习是否系统完整地培养了学生的职业能力。 ◆是否积极探索适合本专业特点的考试模式，考核内容是否全面，且重点突出；考核方式是否根据课程特点，采取多种考核方法，科学评价学生的知识、能力水平	专业课程体系的属性和类型统计分析；专业教学管理、运行保障制度；专业教学方法、手段及其教学改革材料；毕业生的教学满意度、专业核心课程教学有效性、核心知识培养效果、创新创业能力等相关分析数据；专业教学活动安排表，专业实践教学安排表，专业实习方案与实施管理；考核方式改革方案
教学管理状态	◆教学管理组织体系是否完善，教学管理制度是否健全。 ◆专业人才培养方案、各课程和实践环节课程标准、学期授课计划等教学文件是否完备、规范。 ◆教学过程管理是否规范、有序，教学资源配置是否合理，能充分保证专业教学质量。 ◆教学管理制度实施是否严格、有效，各项运行记录是否完整规范	教学管理制度、管理运行记录、听课制度、考核制度

续表

二级指标	诊改要点	诊断依据
校企合作状态	◆校企合作是否共建校内外生产性实训基地、技术服务和产品开发中心、应用技术协同创新中心、技能大师工作室、创业教育实践平台等。 ◆在专业设置、人才培养方案制订、专业建设、教师队伍建设、教学资源建设、质量评价等方面是否主动与行业企业合作，开展产教融合、协同育人。 ◆是否与20家以上企业开展专业层面的合作，其中是否有产教融合、校企合作的深层次合作项目。 ◆是否为企业实施"订单"培养，并向企（行）业输送具有良好职业素质和较高技能的人才，为企业职工及社会劳动力开展校内技能培训和技能鉴定服务。 ◆校企是否开展师资队伍建设合作，企业接收学校专业教师参加本企业实践锻炼，并选派企业技术骨干到学校任兼职教师。 ◆校企是否有合作育人项目，共建实训基地合作，企业作为学校的校外实训实习就业基地，企业接收学校一定数量、专业对口的学生实习，学生实习结束毕业时，企业优先选择录用学生	校企合作协议、校企合作的企业数量、校企合作的企业情况，合作的方式方法，合作共建的成果等；校企合作开展的专业订单培养班及其订单人才培养的效果，订单班学生毕业就业岗位、就业现状满意度、职业现状吻合度、基本工作能力满足度、核心知识满足度等就业质量分析数据；产学合作协议书、合同书；技术报告、成果鉴定报告、科研课题统计；校企共建教师实践锻炼基地协议书，教师实践锻炼记录，企业技术人员到学校授课记录及效果；学生到企业实习记录
质量监控状态	◆理论教学、实训、实习、考试、课程设计、毕业综合训练等主要教学环节的质量标准是否齐全、合理。 ◆是否建立了涵盖教学过程主要环节的常态质量监测机制。 ◆是否建立了完善的质量评价机制，评价科学、分析得当。 ◆是否有完善的信息反馈机制，信息反馈及时、准确	质量保证制度及组织体系、年度自我诊改报告、年度质量报告、年度督导工作总结、评教覆盖面等
素质教育状态	◆专业核心能力是否突出专业特点，并满足学生专业知识、专业能力和专业素质的需求。 ◆学生素质培养模式是否科学全面，学生综合素质教育是否系统完善，学生是否具有可持续发展能力	专业基础课的开设情况，在课程体系中所占比例；学生心理健康教育和实施开展情况；学生社团活动的组织与实施
职业能力训练状态	◆专业实践技能培养体系是否系统完整，训练内容、考核标准是否与实际岗位一致。 ◆职业技能培养的方法措施、培养效果是否达标。是否由具有行业企业经历或实践能力较强的专任教师，或来自行业企业生产一线的兼职教师指导。 ◆学生获得与专业相对应的职业资格证书的比例是否较高	学生参加校内外职业技能竞赛及其获奖数据；用人单位对毕业生的能力评价数据；专业职业资格证书获取率

3．专业建设条件

专业建设条件诊断与改进如表1-122所示。

表1-122 专业建设条件诊断与改进

二级指标	诊改要点	诊断依据
专业带头人	◆专业带头人是否得力，专业带头人职称、能力是否满足。 ◆专业带头人是否善于整合与利用社会资源，在行业中是否具有一定的社会影响力；能否及时跟踪产业发展趋势和行业动态，准确把握专业教学改革方向，指导专业建设和改革；是否注重培养良好的团队文化、技术研发与推广能力、教研科研能力；能否结合学校实际，制定切实可行的专业和教学团队建设规划，引领专业和教学团队的持续发展	专业带头人的职称、职务，教研、科研能力，社会影响力，在行业和协会中的社会兼职等数据；如果是校外专业带头人，是否被聘为本省技能名师，带头人在工作单位及其单位在行业中的地位和影响力等数据

续表

二级指标	诊改要点	诊断依据
师资队伍建设	（1）师资结构 ◆教学团队的规模是否适度，专任教师和兼职教师比例是否协调，专业的生师比例是否恰当；教学团队结构（包括年龄、职称、学历、学缘等）是否合理。 ◆双师素质教师比例是否合适，教师双师素质和社会实践能力是否能满足专业教学需要。 ◆企业兼职教师比例是否合适，是否有兼职教师管理制度并有效实施	教学团队的人员构成、组成结构、年龄、职称、学历、学缘等基本情况，专业师生比例；专任教师"双师型"比例，兼职教师基本情况，兼职教师的聘任协议书、职称、学历、承担专业课时等活动的各种佐证材料
	（2）师资水平 ◆是否制定教学团队的建设与发展规划，建设方法和措施是否有力。 ◆团队教师是否具有较强的学识水平、实践能力、执教能力、信息技术应用能力。 ◆团队教师是否具备较强的教学研究与改革能力，是否承担省部级以上教学研究或改革项目，有省部级以上教学成果或获得过相应教学奖励。	教学团队的建设与发展规划，教学团队近三年培训进修和下企业参加社会锻炼的数据，教学团队近三年教学、科研的数据
	（3）社会服务 ◆团队教师是否具备较强的职业培训、技能鉴定能力，是否承接政府和行业企业组织的各类职业技能培训，开展多样化的职工继续教育。 ◆能否为行业企业开展技术开发、产品设计、技术服务，为企业提供智力支撑	教学团队开展的职业培训、技能鉴定等相关的数据；为行业企业开展的技术研发、横向科研、生产服务等，及其产生的经济效益和社会效益
教学经费投入与仪器设置建设	◆是否有满足教学计划规定的主要实验实训项目的教学设施设备，教学仪器设备值是否足够。 ◆教学仪器设备利用率是否较高	日常教学经费投入比例，教学仪器设备清单、生均教学仪器设备值、设备使用维修清单、实训登记表
专业教材建设	◆教材建设措施是否得力，是否建立了校企合作开发教材机制及工作计划。 ◆教材建设是否反映教学内容改革的成果，积极推进教材建设	教材建设相关制度、校本教材清单及佐证资料
实践教学条件	◆是否制定实践教学条件建设规划。 ◆实践教学环节及学时设置是否合理且教学运行稳定，能否满足学生职业素质和职业技能训练的需要。 ◆校内专业实训室的布局是否合理，实训室数量、设备配置等是否满足教学、生产、科研、技能鉴定和社会服务的需求。 ◆校内实训室的管理是否规范，是否有较高的使用效率。 ◆学校、行业、企业是否共建校外实训实习基地，数量是否够用，管理是否规范。 ◆是否建设专业创新创业教育平台，开展的活动是否有效。 ◆是否充分利用现代信息技术开发虚拟工厂、虚拟车间、虚拟工艺、虚拟实验	实践教学条件建设规划，校内、校外实践教学基地数量，校内专业实训室的名称、数量、面积、工位数、设备配置情况数据；实训室的功能、开设的实训项目相关数据；实训室的管理及"四率"（实验实训室的利用率、教学仪器设备的使用率、教学仪器设备的完好率、实践项目的开出率）考核等数据；校外实训实习基地的名称、实训实习使用率等相关数据；创新创业实训室的设置及使用情况。
教风与学风建设	◆是否重视教风建设，是否制定了完善的教学规范并严格执行，课堂教学、作业批阅、辅导答疑等教学环节是否制度化、规范化。 ◆是否重视学风建设，是否制定了激励学生勤奋学习、主动参与教学改革的政策，是否采取了对应措施调动学生学习的主动性。 ◆学籍管理是否严格、规范，考风建设是否得力，是否杜绝了考试作弊等违纪行为	教学事故数量、当年违纪学生数

4. 专业建设成果

专业建设成果诊断与改进如表 1-123 所示。

表 1-123　专业建设成果诊断与改进

二级指标	诊改要点	诊断依据
毕业生就业状况	毕业生就业质量是否较高，就业率、就业对口率、起薪、满意度是否较高	毕业生就业率、专业对口率、满意度、收入情况
用户、社会评价	◆毕业生是否广泛受到用人单位欢迎，用人单位对专业培养质量的认可度是否较高，综合评价是否良好。 ◆毕业生在就业市场是否具有较强竞争力，企业对毕业生的岗位职业能力和职业素质满意度是否较高	用人单位对毕业生能力评价数据、学生参加校内外职业技能竞赛及其获奖数据、基本工作能力培养效果分析数据
培养目标达成度	◆培养目标是否达成，专业教学质量保证体系是否健全；学生的专业知识和技能水平是否达到毕业资格标准；毕业生就业质量是否满足社会人才需求。 ◆职业技能是否达标，专业实践技能培养体系是否系统完善；职业技能培养的方法措施、培养效果是否达标	职业现状吻合度、工作与专业相关度、职业期待吻合度、就业现状满意度、基本工作能力满足度、核心知识满足度等就业质量分析数据
人才培养质量	◆人才培养质量是否较高，职业院校人才培养质量是否体现"符合性"要求，即所培养的人才是否满足经济社会发展和人的全面发展需求的程度。 ◆学生是否树立了正确的政治观点、理想信念和价值观念，思想上进；能否遵纪守法、诚实守信、乐于奉献，积极参加公益活动和社会实践活动	毕业生素养培养效果、基本工作能力培养效果、核心知识培养效果等数据；学生各类竞赛获奖统计数、职业资格证书获取率
社会服务	◆社会服务是否有成效，专业是否实现了为当地产业发展提供人才支持；是否承接政府和行业企业组织的各类职业技能培训，开展多样化的职工继续教育。 ◆能否为行业企业开展技术开发、产品设计、技术服务，为企业提供智力支撑；能否面向社区、社会成员组织开展群体性的各类惠民服务活动	各类社会培训及其培训人员的类型、数量、效益；为行业企业开展的技术研发、横向科研、生产服务等，及其产生的经济效益和社会效益
专业特色	◆专业建设成效是否明显，专业建设和发展是否有亮点。 ◆专业特色是否形成，专业在行业企业是否具有较高知名度，辐射影响力是否不断增强；是否赢得行业、企业大力支持	专业培养模式、课程体系与教学内容、教学设计与教学方法、师资队伍、社会服务、国际合作等方面的数据

1.13　专业人才培养模式的诊断与改进

专业及专业群建设应紧扣校企合作、工学结合这个核心，结合本专业及相关行业企业的特点，以职业岗位的能力要求为依据，以职业岗位的真实工作为基础，在人才培养模式改革方面形成特色。

以下几种典型人才培养模式是职业教育成熟的模式，借鉴这些模式对本专业的人才培养模式进行诊断，并根据诊断结论提出可行的改进建议。

（1）"教学工场"模式。

该模式是积极引入社会资本，按照企业生产线的标准和流程，组建由"车间""部门"构成的工场式教学环境，根据人才培养目标科学合理地设计、引进企业的真实项目，真题真做。其特点是较好地实现了人才培养过程与实际工作过程一致，学习训练环境与真实工作环境一致。

（2）"双证融通"模式。

该模式是针对企业对人才岗位职业能力的专门化要求，从岗位职业能力分析入手，与行业企业合作，引入职业岗位等级证书和行业技术标准，校企共同制订人才培养方案，围绕职业等级证书和技术标准组织教学。其特点是较好地实现了人才培养规格与职业资格标准的一致，课程内容与企业最新技术发展的一致，学历证书与职业资格证书融通，课程标准与职业资格标准融通，学历教育与职业资格培训融通。

（3）"创作工作室"模式。

该模式是以培养学生的创新、创业能力为重点，与创意设计企业合作建立"创作工作室"，校企双方共同制订教学计划、开发教学内容，学生作品直接融入社会。其特点是为学生提供了良好的创新、创业环境，全面激发了学生的积极性和创造性。

（4）"订单套餐式"模式。

该模式是根据订单企业的用人要求，把企业的岗位综合素质、技术标准吸收到专业人才培养方案中，制订套餐式的教学计划。

（5）"四中心"模式。

该模式是以培养学生实务操作能力为目标，将职业岗位真实工作中的典型案例、实务技能、工作流程、热点问题引入课程，以"案例、实务、流程、问题"为中心进行人才培养。其特点是较好地实现了学习内容与实际工作任务的一致。

1.14 课程体系的诊断与改进

专业建设过程中探索构建以行动导向为目标的新型课程体系，力求体现能力本位的课程目标和工作任务导向的课程内涵，课程体系的构建彰显了"校企合作、工学结合"的理念，课程开发与建设有序展开。

借鉴以下几种典型课程体系类型对本专业的课程体系进行诊断，并根据诊断结论提出可行的改进建议。

（1）"工艺流程进阶式"课程体系。

构建这类课程体系的基本思路是，对于职业岗位的工艺流程和程序化特征突出的专业，按照各工艺流程的需要设置和排序专业主干课程。其基本特征是各主干课程设置与工艺流程各阶段的技能要求相一致，符合岗位职业能力要求和生产实际。

（2）"典型产品制作贯穿式"课程体系。

构建这类课程体系的基本思路是，对于以产品设计制作为主的专业，以培养学生的产品设计制作能力为主线，以真实的典型产品制作为载体开发课程。其基本特征是课程体系中的每一门课程都是一类产品的制作训练项目，学生完成课程学习即获得该专业相关产品的设计制作能力。

（3）"课证一体型"课程体系。

构建这类课程体系的基本思路是，引入职业资格标准或企业认证标准，按照岗位不同等级职业资格证书及企业认证标准的技能培养要求，对应设置专业主干课程。其突出特点是学生完成课程学习即可顺利考取相应证书。

（4）"技能模块化"课程体系。

构建这类课程体系的基本思路是，对于以实务技能应用为主的专业，以岗位核心能力培养为重点，构建基础能力、核心能力、拓展能力培养的模块化课程体系。其突出特点是学生有较大的选择灵活性，为个性学习需要和可持续发展提供了可能。

1.15　教学方法的诊断与改进

教学实施过程除积极借鉴国外职业教育较为成功的项目教学法、引导文教学法、行动导向教学法外，还根据课程内容积极探索有利于学生综合职业能力培养的教学方法，在探索实践中形成了一些富有个性的体现高职教育特色的教学方法。这些教学方法集实践性、针对性和综合性于一体，构建了一个突出学生的主体作用、师生共同参与、理论与实践相结合的教学过程，使教学过程的实施与相关的职业劳动过程、职业工作环境和职业活动空间具有一致性，效果良好。

借鉴以下几种代表性的教学方法对本专业运用的教学方法进行诊断，并根据诊断结论提出可行的改进建议。

（1）"问题教学法"。

把教学置于复杂的有意义的问题情境中，通过"创设情境提出问题—分析问题组织分工—探究解决问题的假设—形成解决问题的最终方案"这样的过程，培养学生发现问题与解决问题的能力。例如，课程教学中将课程核心内容设计成若干问题并作为任务布置给学生，学生分成4～6人一组，利用课余时间查找资料、分析问题、提出解决方法，然后以小组为单位在课堂上演讲，通过相互提问、讨论、教师点评等过程，完成课程教学。

（2）"核心实例贯串教学法"。

一门课程以一个规模较大的、有实用价值的典型实例为引导，以实例设计和涉及的问题为线索，展开课程内容。核心实例贯串全课程，学生自始至终参与设计、规划或改进的实践，以保证学生形成较系统的业务能力或技能。例如，"国际市场营销"课程教学围绕制定"南美某咖啡生产企业进入中国市场的市场环境分析报告"而展开，完成"发现国际营销机会—进行营销规划—设计4P营销组合—制订营销方案"四个步骤，将教学内容变成一个完整的"业务流程"，达到使学生系统地学会国际市场营销业务的目的。

（3）"3P一体化"教学法。

把Principle（原理）、Practice（实践）、Product（产品）集为一体，贯穿于一门课的"教、学、做"中。学生在学习一门课程后，根据这一课程的核心知识，选择一个项目将其做出"产品"来。这种方法以理论教学为开端，以实践训练为重心，以消化吸收、制作产品为目的，较好地发挥了学生的主体作用，体现了学用一致。例如"食品加工"课程，将学生分组（每组3～4人）成立"公司"，设立"生产技术部""产品研发部""产品营销部"，学生担任部门经理，模拟企业生产过程制作产品并销售，产品设计、生产、包装都由学生独立完成。

单元2 培养方案诊断与优化

专业人才培养方案是学校办学理念、办学思想和办学定位的集中体现，是高职院校人才培养和教学运行的纲领性文件，是实现人才培养目标、指导学校教学工作的基础性教学文件，是对专业人才培养目标与培养规格、课程体系、教学实施的总体设计，是专业教学改革思路的具体体现和专业建设的载体，是组织和实施教学活动和对人才培养质量进行监控与评价的依据和标准。专业人才培养方案是人才培养的关键，是人才培养的实施蓝图。在某种程度上，人才培养方案的好坏直接决定人才培养质量的高低。

【目标设置】

2.1 明确制订人才培养方案的目标

专业人才培养方案是学校全面贯彻国家教育方针，实现人才培养目标，保证教学质量和人才培养规格的根本文件，是组织教学过程、安排教学任务、核定教学工作量的基本依据。专业人才培养方案包括培养方案的制订、培养方案的调整与培养方案的执行等内容。

专业人才培养方案要符合学校办学指导思想、办学定位和人才培养目标。专业人才培养方案要做到专业培养目标明确、基本规格要求合理，确定课程设置、教学内容、教学进程、学分要求、毕业标准等教学质量基本内容，使之成为人才培养的总体设计和实施方案。

（1）培养方案符合学校的办学指导思想和办学定位，体现"基础扎实、适应性强、具有创新精神和较强实践能力"的人才培养目标要求。

（2）培养方案的制订结合生产、管理、服务第一线的需求，吸收企事业用人单位和相关行业知名专家、管理人员的意见，突出专业培养特色。

（3）培养方案的制订按照学校相关指导性文件要求，按照规定程序，在广泛调研、充分论证、严格审查的基础上形成基本文本。

（4）培养方案有明确的专业定位、培养目标和基本要求等基本内容，建立遵循高职教育基本要求的课程体系和能力递进的实践教学体系。

（5）培养方案格式规范、结构完整、内容表述准确而精练，教学安排科学合理，符合认知规律。

（6）培养方案既要符合教育教学规律，保持一定的稳定性，又要不断地根据社会、经济和科学技术的发展，适时地进行调整和修订。培养方案的修订和调整符合规定的程序与规范。

（7）按专业分学期教学进程计划组织实施培养方案，准备相关教学条件，下达并落实学期教学任务。

【标准制定】

2.2 制定人才培养方案的标准

制定人才培养方案的标准如表 2-1 所示。

表 2-1 制定人才培养方案的标准

一级指标	二级指标	优秀质量标准
人才需求调研与分析	调研与分析	人才需求调研充分，调研方法科学，数据统计准确、分析合理。 专业设置与调整有行业、社会背景和人才需求调查预测依据，在充分的行业分析和市场需求分析的基础上，能够主动适应经济、社会发展需要和人才市场需求，并以需求变化为导向适时调整，充分反映了社会需求调研反馈的信息。 掌握同类院校开设该专业的人才培养情况
专业人才培养的定位与目标	办学思路	符合学校办学理念、办学条件、高职学生特点
	岗位面向	培养目标有准确的职业定位，能够主动服务于行业发展对人才的需求；就业岗位（群）明确，岗位数合适（专业面向的基本岗位为2~3个，拓展岗位为1~2个），职业岗位（群）所列岗位名称符合国家职业资格证书名称或行业公布的工种目录。 明确各岗位之间的逻辑关系，明确岗位对专业能力、职业素质的要求
	培养目标	符合社会经济发展需求和行业特点；符合学校人才培养目标及定位，体现本专业人才培养特色；培养目标既符合行业或者区域经济发展需要，又与教育部或者行业教学指导委员会提出的指导性意见相衔接
	专业特点与学生特长	依据社会需求和自身特点对学生应具备的专业知识、适应的技术领域、适应的岗位做出准确的描述
专业人才培养的规格	毕业要求	学生毕业要求明确；符合毕业需要达到的知识、能力、素质等要求；符合毕业需要的总学分和各课程性质学分要求，毕业要求达到的学分表述正确；毕业要求应能支撑培养目标的达成
	人才培养总体要求	知识、能力、素质等人才培养规格总体要求定位准确、表述清晰，与岗位职业能力、素质要求一致。与培养目标高度吻合，能清晰显现专业特点与学生特长
	素质要求	对学生的思想道德素质、文化素质、专业素质、身心素质、行为素质的具体要求描述全面准确、切实可行
	能力要求	对学生的获取知识能力、应用知识能力、创新能力、职业技术资质的具体要求描述全面准确、切实可行
	知识要求	对学生知识结构要求描述全面准确，涵盖学生应获得的工具性知识、专业基础知识、人文社会科学知识、自然科学知识、工程技术知识、经济管理知识、专业知识等并切实可行
人才培养的课程体系	课程体系总体要求	依据培养目标和岗位对专业能力、职业素质的要求，课程体系与就业岗位匹配度高，并符合人才培养规律；课程整合重点突出、训练充分，有效保障人才培养质量；深度开展校企合作，与企业共同开发课程体系
	课程设置	课程设置能支持毕业要求的达成；确定对培养目标有明显支撑作用、与职业资格证书关联紧密的核心课程，并在培养方案中明确标出；确定本专业的在线课程，并在培养方案中明确标出；明确各课程之间的修读顺序，形成课程流程图；课程设置与专业核心能力之间的矩阵关系图对应合理、准确

续表

一级指标	二级指标	优秀质量标准
人才培养的课程体系	课程体系开发流程	职业岗位（群）典型工作任务分析准确；根据典型工作任务进行的知识、能力、素质结构分析完整、准确；典型工作任务归并行动领域合理；行动领域转化为学习领域合理；根据学习领域形成课程体系合理
	理论教学体系及内容	理论教学体系框架清晰，总学时、总学分及各类课程学时分配及比例合适，与专业知识领域相适应的主要专业及专业基础课程设置合理
	实践教学体系及内容	实践教学体系框架清晰，各实践模块学分分配及实践教学学分占总学分比例合适，与专业知识领域相适应的主要实践教学内容（实训、实习等）设置合理；科学设置综合实训课程，总学分（学时）比例达到要求；形成符合本专业特点的实践教学体系
	创新创业教育	开设创新创业类专业课程；创新创业教育融入课程；形成符合本专业特点的创新创业课程体系
教学进程计划	教学进程计划安排表	教学进程安排表中的课程设置（课程名称、课程代码、总学时、学分及学时）设置合理，教学总学时控制在 2600～3000 学时之间，周学时控制在 22～26 学时之间；课程体系的调整，课程的整合、重组合理；课程设置顺序非常合理，学年之间分布很均匀；教学进程安排科学、合理，逻辑性强，知识、能力、素质三大结构设计合理，必修课与选修课的比例设计合适
专业学制及学分	学制、学分	对基本学制表述正确；培养方案中总学分正确；各课程性质学分结构和比例合理；前后各课程性质学分是否一致
课程描述与教学实施	核心课程描述	核心课程描述内容完整、准确；核心课程描述的内容与课程体系构建时的分析保持一致
	职业资格证书	引入职业资格恰当、与就业岗位匹配度高、技术含量较高的职业资格证书或技术等级证书，校企共建相关岗位职业认证体系，有效实施"双证书"教育
	教学实施建议	师资队伍配备规划合理，完全能满足教学需要；实训条件设置规划完整，完全能满足教学需要
特色或创新	特色的内涵把握与体现	符合学校专业建设和发展规划，具有新思维、新理念、新方法；个性培养计划和复合型人才培养计划体现了本专业特点，且能充分发挥学生的主观能动性，使学生个性得以发挥，综合素质得到提高，并切实可行；结合本专业办学理念、专业定位、办学经验、发展现状等，准确凝练出专业特色
	推广和示范	具有应用推广价值和示范作用
规范性	人才培养方案格式规范	按照学校拟订的模板格式要求进行制订，文本格式（含字体、间距、字号等）完全符合专业人才培养方案编制指导性意见的要求；方案无文字错误、无计算错误

【概念解析】

2.3 相关概念的内涵解析

1."三种模式"
"三种模式"是指办学模式、人才培养模式和教学模式。
（1）办学模式：坚持产教深度融合、校企协同育人。
（2）人才培养模式：实施工学结合、知行合一。
（3）教学模式：推行项目教学、案例教学、工作过程导向教学等。

2. "五个对接"

"五个对接"是指"专业与产业对接、课程内容与职业标准对接、教学过程与生产过程对接、学历证书与职业资格证书对接、职业教育与终身学习对接"。这"五个对接"充分体现了现代职业教育发展的本质特征与内在规律，是现代职业教育内涵发展的路径选择，成为制订与优化高职专业人才培养方案的重要依据。

3. 人才培养模式

人才培养模式是高职教育的基本问题，也是高职教育改革的关键问题。人才培养模式涉及人才培养的整个环节，涵盖了人才培养过程中各项环境、条件等多种因素。高职人才培养模式的改革，最终要落实在人才培养方案的制订环节和执行环节。

简单地说，人才培养模式就是培养人的方式（即方法和形式），它是指在一定的教育思想和理念指导下，以人才培养活动为主体，为实现培养目标所设计的某种标准和运行方式。

4. 基于工作过程导向的课程体系改革

基于工作过程导向的课程体系改革实现了课程逻辑由学科体系向工作体系的转变，强调在工作过程中对工作过程相关内容的学习，即学生在包括全面工作要素的综合性工作任务中学习，经历完整的工作过程，获得工作过程知识，最终形成综合职业能力。工作过程导向课程对改善人才培养模式、提高教学质量发挥了重要作用。

5. 行动导向教学

行动导向教学是以工作任务引领行动的教学指导思想，是以学生为主体的教学方式方法的总和。虽说教无定法，但传统知识导向的教学和现代的行动导向教学，对实现职业教育教学目标的支持程度不同。人们在研究中发现，传统的教学方法在"加工概念性知识""完成教学计划的知识传授"两个目标上具有明显的优势，而在"学会如何运用知识""促进学生团队合作能力""加强学生沟通能力与解决矛盾能力""促进学生发现、解决问题的能力""提高学生创造力、积极性、独立性"等方面不如行动导向教学，行动导向学习能更好地实现学生综合职业能力的目标。在行动导向教学中，学习者策划任务、流程和产品，展示新知识，并在过程中展开深刻反思，这也是通向"深度学习"之路。

6. 行动领域

行动领域是在职业行动情境中相互关联的任务集合。将1个或几个类似的典型工作任务归类为1个行动领域。

7. 学习领域

学习领域是和行动领域相对应、完成行动领域工作所必须学习的系统性内容。

8. 课程体系

课程体系是指在一定的教育价值理念指导下，将课程的各个构成要素加以排列组合，使各个课程要素在动态过程中统一指向课程体系目标实现的系统。课程体系是指各种课程类型及具体课程的组织、搭配所形成的合理关系与恰当比例，是由各类课程构成的、有机的、完整的统一体，是实现培养目标的载体，是保障和提高教育质量的关键。

课程体系是指同一专业不同课程门类按照门类顺序排列，是教学内容和进程的总和，课程门类排列顺序决定了学生通过学习将获得怎样的知识结构。课程体系是育人活动的指导思想，是培养目标的具体化和依托，它规定了培养目标实施的规划方案。

课程体系建设反映着人才培养模式，关系到人才培养目标是否能实现，其建设应遵循满足职业岗位能力要求，符合工学结合的职业教育规律，应能促进学生全面发展，体现学习内容和职业能力要求的融合程度。

9. 专业人才培养方案与传统的教学计划

在制订专业人才培养方案过程中，应注意与传统的教学计划在理念和内容上的区别。教学计划的主要内容是围绕专业教学进行的课程安排，主要呈现形式为教学进程表，内容相对单一，缺少国家标准层面的制定依据。专业人才培养方案是顺应国际上职业教育标准导向的改革趋势，依据国家教学标准，对专业人才培养目标与培养规格、课程体系、教学实施的总体设计，涉及人才培养的各要素、各环节，能够更好地体现全员、全方位、全过程育人，教学进程表仅是其内容之一。在职业教育国家教学标准体系框架基本形成的情况下，专业人才培养方案制订工作更加强调落实国家教学标准，画好"施工图"。

人才培养模式的核心是人才培养方案，人才培养方案是人才培养模式的实践化形式。人才培养方案主要包括专业名称与学制、培养目标、培养规格、毕业标准、职业岗位群、典型工作任务和职业能力分析、课程体系设计、教学进程计划表、专业教学团队的配置与基本要求、实践教学条件的配置与要求、其他说明等。教学计划具体规定着课程设置、课程教学进程、教学时数分配以及各种教学活动的安排等，它是培养方案的实体内容。课程设置是高职人才培养方案的重要内容，课程设置的变革也是人才培养模式改革创新的标志之一。

【方法指导】

2.4 制订专业人才培养方案的重要意义

专业人才培养方案是职业院校落实党和国家人才培养有关总体要求，依据职业教育国家教学标准，结合自身办学定位和实际需求，对专业人才培养要求和过程的总体设计，是实施人才培养和质量评价的基本依据。

（1）制订专业人才培养方案，是贯彻落实党的教育方针、落实立德树人根本任务的重要途径。职业院校通过制订专业人才培养方案，把培育和践行社会主义核心价值观融入教育教学全过程，促进学生德技并修、全面发展，保障在教育教学过程中将"培养什么人、怎样培养人、为谁培养人"的要求落到实处。

（2）制订专业人才培养方案，是新时代职业教育治理创新的重要载体。落实简政放权、放管结合、优化服务的改革要求，从国家教育行政部门直接指导职业院校制订教学计划，转变为进一步明确各方职责权限，国家层面负责制定发布国家教学标准，职业院校依据国家教学标准自主制订专业人才培养方案，依法依规行使办学自主权，进一步发挥在人才培养方面的主观能动性，增强责任感。

（3）制订专业人才培养方案，是职业院校规范教学管理、深化育人体制机制改革的重要抓手。通过制订专业人才培养方案，总结固化学校推进教育教学改革的最新经验成果，科学构建专业课程体系，创新人才培养模式，整合教育教学资源，创设保障条件，完善教学管理制度和运行机制，有利于促进专业建设、提高人才培养质量，更好地满足建设现代化经济体系对技术技能人才的需求。

2.5 制订专业人才培养方案的指导思想与制订原则

1. 指导思想

深入学习贯彻落实习近平新时代中国特色社会主义思想对高等教育工作提出的新要求，深化职业教育教学改革，以增强学生就业创业能力为核心，加强思想道德、人文素养教育和技术技能培养，以深化产教融合为主要着力点，优化课程体系，改革教学内容，突出专业特色，强化实践能力和解决问题能力培养，将产教融合贯穿于职业教育教学改革全过程，扩大学生学习空间，促进学生知识、能力、素质协调发展和综合提高，全面提高人才培养质量。

2. 制订原则

（1）坚持育人为本，促进德技并修。

体现以学生为中心，遵循职业教育规律和学生身心发展规律，落实立德树人根本任务，坚持将思想政治教育、职业道德和工匠精神培育融入教育教学全过程，处理好公共基础课程教学与专业课程教学、理论与实践的关系，注重实践教学，促进学生德技并修、全面发展。

推进"课程思政"。既要充分发挥思政课的核心作用，也要充分发挥其他所有课程的育人价值，既要注重"思政"课程的设置，又要注重"课程思政"的设计，将思想政治教育贯穿于人才培养的全过程、全课程、全方位，促使知识传授与价值观教育同频共振。在核心课程介绍和课程标准中要明确体现将思政教育融入课程。

以社会主义核心价值观为主线，构建思政育人、文化育人、专业育人、实践育人"四位一体"的德育体系。推进思想政治理论课改革，提高思想政治课的思想性、针对性和感染力。融合优秀传统文化、区域文化、大学文化，形成学校自身德育特色。挖掘专业课的德育元素，在传授专业知识的同时，强化科学精神和职业道德教育。通过社会实践活动，增强学生对社会的认知感和责任感。

（2）坚持需求导向，促进个性发展。

主动对接经济社会发展需求、岗位需求和学生全面发展需求，充分认识和把握未来经济社会和行业发展对专业人才知识、能力、素质等方面的新要求，充分考虑人才的社会适应性。要面向市场，紧扣行业准入要求，充分吸收借鉴国内外知名高水平高职院校的先进经验，紧密结合学校办学定位，科学合理地确定专业人才培养定位与目标。

根据学分制管理改革的要求，压缩或控制必修课程学分，增加选修课程比例，科学设置模块化选修课程。在保证专门人才基本规格和普遍要求的基础上，为学生根据自身特点制订个性化学习计划和目标创造条件，提供多样化的培养形式和成才途径。积极拓展学生专业自主选择空间，完善主辅修制度，促进跨专业复合型人才成长，为学有余力的学生创造更加有利的发展环境。

（3）坚持标准引领，促进特色发展。

以职业教育国家教学标准为基本遵循，主要包括专业目录、专业教学标准、公共基础必修课课程标准、顶岗实习标准、实训教学条件建设标准（仪器设备配备规范）等，贯彻落实党和国家在有关课程设置、教育教学内容等方面的要求，对接有关职业标准，服务地方和行业发展需求，鼓励高于标准、体现职业教育特色。

（4）坚持多方参与，促进产教融合。

专业及方向的设置、人才培养方案的起草、论证审定等各环节要注重充分发挥行业企业作用，要充分调研，广泛听取各方意见建议，避免闭门造车、照搬照用；方案整体设计应体现人才培养模式改革的新要求，将产教融合、校企合作落实到人才培养过程中，课程教学内容及时反映新知识、新技术、新工艺、新规范。

（5）坚持能力本位，促进全面发展。

各专业要将培养学生职业能力、创新创业能力放在突出位置，将素质教育和创新创业教育贯穿教育教学全过程。将对学生学习能力、专业能力、创新创业能力与素质教育的培养目标，系统渗透到人才培养的各环节中去，关注学生全面发展、个性发展、终身发展的需要。

（6）坚持工学结合、知行合一。

注重教育与生产劳动、社会实践相结合，突出做中学、做中教，强化教育教学的实践性和职业性，促进学以致用、用以促学、学用相长。优化实践教学体系，创建具有职场环境的实习实训条件，有效开展实践性教学，培养学生的实践能力和创新创业能力。

（7）坚持科学规范，促进开放共享。

方案制订流程规范，内容科学合理，适当兼顾前瞻性，文字表述严谨，体现专业人才培养方案作为学校教学基本文件的严肃性，具有可操作性；借鉴国际、国内先进经验，注重提炼打造职业教育教学领域的中国方案，体现中国特色、国际水平，在国际交流合作中促进专业人才培养方案的共建共享。

（8）坚持动态更新，满足岗位需求。

各专业要根据社会经济发展需求、技术技能发展趋势、教育教学改革实际等，及时调整完善专业人才培养方案，不断提高专业人才培养方案的针对性与实效性，努力使专业人才培养方案与职业能力要求相吻合，满足岗位工作任务的需求。

（9）深化培养模式改革，推进现代学徒制试点。

围绕校企"双主体"育人和学生"学徒"双重身份管理进行重点突破，大胆创新，深入改革，推进行业企业参与人才培养全过程，实现校企协同育人，形成特色人才培养模式。可以按照合作企业的生产与工作过程确立开课次序，健全双导师合作授课机制，建立多方参与考核评价标准和质量控制机制，推行现代学徒制培养。

2.6 构建高职专业人才培养方案的主要思路

高职专业人才培养方案构建的主要思路：

（1）基于人才需求分析，确定专业人才的培养目标和培养规格，即"培养什么样的人"；

（2）根据职业岗位（群）任职要求，参照相关职业资格标准，基于职业能力分析构建课程体系，建立突出职业能力培养的课程标准，确定教学内容，即"培养人什么"；

（3）基于学生认知规律，构建教学模式，开发教学资源，创设实践教学情境等，积极与行业企业合作开发工学结合课程及基于工作过程的课程，形成教、学、做一体化课程，教、学、做一体的教学方式方法改革，强化学生职业能力培养，即"怎样培养人"。

人才培养方案构建后，人才培养需要重点关注课程体系的构建与配套教学资源的开发，以解决"怎么培养人"的问题。多数研究者结合实践经验及对学生学习规律的研究发现，职业院校学生往往喜欢用直观的、具象的事物来传递知识及传授技能的方法，通过实践获得职业能力。这需要我们：

（1）教学目标上强调知识、能力和素质三位一体，具体来说，一是完成职业任务所必需的基本技能或动手能力，如知识运用能力与技术应用能力；二是完成职业任务应具备的基本职业素质；三是职业岗位变动的应变能力和岗位迁移能力；四是在技术应用领域中的创新精神和开拓能力。

（2）教学设计上强调以工作任务为导向，以项目为载体，围绕工作任务的完成来阐述相关的理论知识与实践知识，将理论与实践统一到项目中来。这就要求：

①彻底以项目为单位分解原来的知识体系；

②打破思维定式，不要求学生立即掌握一个项目所需要的所有知识，而是在项目的完成过程中去掌握这些知识；

③每个项目包含的内容不宜过多，以免支撑的理论知识太多，导致组织教学比较困难。

（3）教学组织上强调学生独立完成任务与分组合作完成任务相结合的组织形式。

（4）教学评价上强调依据学生完成的工作项目、任务的质量及学习态度，采取多方评价。

（5）教学资源上重点强调职业情境的创设。同时，利用仿真操作软件、岗位工作的真实案例、完整的工作过程录像等资源服务理实一体化教学。

2.7 制订人才培养方案的流程

高职专业人才培养方案开发的主要工作步骤与流程可分为：统筹规划→健全机构→调研分析→分析工作任务与职业能力→构建课程体系→制订人才培养方案草案→论证审议→公布实施→动态更新。

（1）统筹规划。

根据专业建设基础和专业实际，统筹规划、部署专业人才培养方案制订工作。

（2）健全机构。

建立健全专业建设委员会，具体开展专业人才培养方案研制工作。各专业建设委员会应吸收行业企业专家、教科研人员、一线教师和学生（毕业生）代表参加。

（3）调研分析。

广泛深入开展相关产业发展趋势分析和区域行业企业调研，开展面向毕业生的跟踪调研和面向在校生的学情调研，形成专业人才培养调研报告。调研可分三个层面：一是相关产业、行业层面的调研与分析，深入了解相关产业、行业发展状况和趋势，掌握与专业相关的生产技术发展状态，了解专业发展的前景，确定专业设置的必要性和方向；二是对用人单位层面的调研与分析，了解职业岗位（群）以及用人单位需要什么层次与类型的人才；三是岗位层面具体需求的调研与分析，认真研究企业对专业人才的能力要求，准确把握主要岗位的人才规格需求，明确各专业职业岗位技术能力标准体系，确定本专业对应的核心岗位及拓展岗位，从而实现对人才培养目标准确定位。

以人才需求分析为依据，明确专业定位，确定人才培养目标与规格，主要是为了解决"培养什么样的人"的问题。

（4）分析工作任务与职业能力。

对专业面向的职业岗位（群）进行典型工作任务与职业能力分析。组织有企业工作经历的专业教师以及行业企业专家共同进行岗位工作任务分析，对该专业（对应一个职业或职业群）各工作岗位的职责、任务、使用工具、对象、劳动组织以及任职工作人员的知识、能力和素质要求进行全面的调查和分析，在此基础上梳理和确定本专业（通常对应一个职业岗位群）的典型工作任务，并进一步确定每个典型工作任务的名称、编码和其对应的关键知识、核心技能、职业素养，形成"典型工作任务分析表"。

岗位职责与任职要求分析如表 2-2 所示。

表 2-2　岗位职责与任职要求分析

序　号	岗位名称	岗位职责	任职要求

专业面向的典型岗位与工作任务分析如表 2-3 所示。

表 2-3　专业面向的典型岗位与工作任务

类　　别	专业面向的岗位名称 （以企业真实岗位或职位命名）	岗位工作任务 （以动宾结构或主谓结构命名）
专业核心岗位（2～3个）		
专业发展岗位（1～2个）		
专业拓展岗位（1～2个）		

对表 2-3 中的岗位工作任务进行调整优化，得到的岗位典型工作任务名称与编码结果如表 2-4 所示。

表 2-4　岗位典型工作任务名称与编码

序　号	典型工作任务名称	典型工作任务编码

【说明】

典型工作任务名称以动宾结构或主谓结构命名。典型工作任务编码使用"字母+数字"表示，其中字母 A、B、C……分别代表岗位，数字 1、2、3……代表各个岗位的典型工作任务序号。

典型工作任务的关键知识、核心技术、职业素养分析如表 2-5 所示。

表 2-5　典型工作任务的分析

序　号	典型工作任务名称	关键知识描述	核心技能描述	职业素养描述

（5）构建课程体系。

组织行业企业专家、专业带头人、骨干教师和课程专家，根据分析出的典型工作任务及其对应的职业能力，将相互关联的典型工作任务按照学生认知规律和职业成长规律进行整合，形成典型工作任务集合，即归并出相应的职业行动领域。典型工作任务归并为行动领域的依据主要有：工作任务关联、工作对象相同、工作内容相同或相近、工作环境相同或相近、工具设备相同或相近。

然后再转换为专业学习领域，形成专业课程体系，完成课程标准的编制。

行动领域向学习领域转换有以下三种可能性：

①一个行动领域转换为一个学习领域。

②一个行动领域转换为多个学习领域。

③多个行动领域转换为一个学习领域。

岗位的典型工作任务，经过调整优化，最终归并出职业行动领域的结果如表 2-6 所示。

表 2-6　将典型工作任务归并形成职业行动领域

序　号	典型工作任务名称	归并依据	行动领域名称

行动领域向学习领域转换如表 2-7 所示。

表 2-7　行动领域向学习领域转换

序　号	行　动　领　域	学　习　领　域	说　　明

各学习领域的课程设置如表 2-8 所示。

表 2-8　各学习领域的课程设置

序　号	学　习　领　域	开　设　课　程	说　　明

续表

序　号	学　习　领　域	开　设　课　程	说　　明

根据知识、技能相关性，学习的顺序性，实施的可行性，拆分、合并、调整、优化课程，添加必要的基础性、原理性的先导课程和公共基础课程，合理确定课程开设的学期和课时，最终构建完善的专业课程体系。

一个科学合理的课程体系，来源于对典型工作任务确定的准确性和典型工作任务归类（行动领域）的科学性，以及行动领域向学习领域转换的合理性。

（6）制订人才培养方案草案。

参照《专业人才培养方案体例框架和基本要求》，结合调研和分析结果，研究起草专业人才培养方案，准确定位专业人才培养目标与培养规格，合理构建课程体系、安排教学进程，明确教学内容、教学方法、教学资源、教学条件保障等要求。

（7）论证审议。

各二级学院（系）的专业建设委员会应对专业人才培养方案进行初步论证，学校教学指导机构组织有行业企业、教研机构、本校及有关院校师生代表等参加的论证会，论证审议专业人才培养方案。

（8）公布实施。

论证通过的专业人才培养方案，学校按程序发布，报上级教育行政部门备案，并通过学校网站等向社会公开，接受行业企业、教师、学生、家长及全社会监督。

（9）动态更新。

建立健全专业人才培养方案实施情况的跟踪、评价、反馈与持续改进机制。根据社会经济发展需求、技术技能发展趋势、教育教学改革实际等，及时调整完善，不断提高专业人才培养方案的针对性与实效性。

2.8　职业面向及岗位分析

1．职业面向

职业面向分析如表 2-9 的所示。所属专业大类及所属专业类应依据现行专业目录；对应行业参照现行的《国民经济行业分类》；主要职业类别参照现行的《国家职业分类大典》；根据行业企业调研，明确主要岗位类别（或技术领域）。《国民经济行业分类》和《国家职业分类大典》可在网上查询最新版本。

表 2-9　职业面向分析

所属专业大类（代码）	所属专业类（代码）	对应行业（代码）	主要职业类别（代码）	主要岗位类别（或技术领域）

2. 职业发展路径

职业发展路径如表 2-10 所示。用表格的方式描述专业人才职业发展路径，主要包含三种岗位，即初次就业岗位、目标岗位、发展岗位，同时应考虑与专业相关的迁移岗位。

表 2-10　职业发展路径

岗 位 类 型	岗 位 名 称
初次就业岗位	
目标岗位	
发展岗位	
迁移岗位	

3. 典型工作任务与职业能力分析

主要就业岗位及典型工作任务分析如表 2-11 所示。以走访行业协会、调查企业、回访毕业生等形式，确定典型工作岗位，并分析相应的素质、能力要求。岗位选取范围包含核心岗位和相关岗位。

典型工作任务分析是对某一岗位或岗位群中需要完成的工作任务进行分解的过程，目的在于掌握其具体的工作内容，以及完成该任务需要的知识、技能、素养。分析的对象是工作而不是员工。对完成典型工作任务应掌握的职业能力做出较为详细的描述；典型工作任务的书写格式是"名词+动词"，职业能力的书写格式包括"知道……"（陈述性知识）、"理解……"（解释性知识）、"能（会）操作（使用）……"（动作技能）、"能（会）分析（判断）……"（策略技能）等。

表 2-11　主要就业岗位及典型工作任务分析

职业岗位名称	典型工作任务	职业能力要求	对应的课程	职业资格证书

2.9　人才培养目标与规格

培养目标与培养规格应贯彻党的教育方针，落实党和国家对人才培养的有关总体要求，对接行业需求，体现职业教育特色。

1. 人才培养目标

可参照以下表述并结合实际具体确定：

> 本专业主要面向××××××行业，从事××××××工作。
> 培养思想政治坚定、德技并修、全面发展，适应……需要，具有一定的科学文化水平、良好的职业道德和工匠精神、掌握……等知识和专业技术技能，具备认知能力、合作能力、创新能力、职业能力等支撑终身发展、适应时代要求的关键能力，具有较强的就业创业能力，面向……领域，能够从事……等工作的高素质劳动者和技术技能人才。

2. 人才培养规格

培养规格是培养目标的具体化，一般由素质、能力、知识三个方面的要求组成。注重在培养学生基础知识和基本技能的过程中，强化学生关键能力培养。参考从以下三个方面归纳：

（1）素质。

对本专业学生应具备的政治素质、思想素质、法律素质、理想信念、爱国情感、纪律意识、价值观念、道德规范、职业素养、身心素质、人文素养等提出要求。可参照以下表述并结合专业实际研究确定并分条目列举。

> 具有正确的世界观、人生观、价值观。坚决拥护中国共产党领导，树立中国特色社会主义共同理想，践行社会主义核心价值观，具有深厚的爱国情感、国家认同感、中华民族自豪感，崇尚宪法、遵守法律，遵规守纪，具有社会责任感和参与意识。
>
> 具有良好的职业道德和职业素养。崇德向善、诚实守信、爱岗敬业，具有精益求精的工匠精神；尊重劳动、热爱劳动，具有较强的实践能力；具有质量意识、绿色环保意识、安全意识、信息素养、创新精神；具有较强的集体意识和团队合作精神，能够进行有效的人际沟通和协作，与社会、自然和谐共处；具有职业生涯规划意识。
>
> 具有良好的身心素质和人文素养。具有健康的体魄和心理、健全的人格，能够掌握基本运动知识和一两项运动技能；具有感受美、表现美、鉴赏美、创造美的能力，具有一定的审美和人文素养，能够形成一两项艺术特长或爱好；掌握一定的学习方法，具有良好的生活习惯、行为习惯和自我管理能力。

（2）知识。

包括对公共基础知识和专业知识等的培养规格要求，分条目列举。

（3）能力。

包括对通用能力和专业技术技能等的培养规格要求，分条目列举。其中通用能力一般包括口语和书面表达能力，解决实际问题的能力，终身学习能力，信息技术应用能力，独立思考、逻辑推理、信息加工能力，自我管理能力，与他人合作的能力，创新思维和创新创造能力等。

素质、能力、知识三方面的具体要求与课程保障参考示例如表2-12所示。

表2-12 素质、能力、知识三方面的具体要求与课程保障参考示例

序号	分类	名称	知识、能力、素质要求	课程保障	实训保障
1	素质	政治素质、思想素质、法律素质、理想信念、爱国情感、纪律意识、价值观念		毛泽东思想和中国特色社会主义理论体系概论、思想道德修养与法律基础等	入学教育、军训、社会实践
2		职业道德和职业素养			
3		身心素质和人文素养			知行统一、学用结合
4	能力	通用能力			学练结合、练用统一
5		专业基础能力			理实一体、学做合一

续表

序号	分类	名称	知识、能力、素质要求	课程保障	实训保障
6	能力	专业核心能力			工学结合、学训结合
7		就业能力			顶岗实习、毕业设计、就业指导
8	知识	公共基础知识			
9		专业知识			
10		拓展知识			

2.10 课程的分类与设置

课程主要包括公共基础课程和专业课程两大类。

公共基础课是各专业学生均需学习的有关基础理论、基本知识和基本素养的课程。公共基础课必须服务于专业人才培养，从课程的设置到课程内容的设计都服务于人才培养目标的实现。

专业课程是支撑学生达到本专业培养目标，掌握相应专业领域知识、能力、素质的课程。专业课程设置及教学内容应基于国家相关文件规定，强化对培养目标与人才规格的支撑，融入有关国家教学标准要求，融入行业企业最新技术技能，注重与职业面向、职业能力要求以及岗位工作任务的对接。

1. 公共基础课程

公共基础课程包含公共基础必修课和公共基础选修课。

公共基础必修课包括：思想道德修养与法律基础、毛泽东思想和中国特色社会主义理论体系概论、体育、军事理论、信息技术基础（计算机应用基础）、应用数学（高等数学）、大学语文、大学英语、心理健康教育、职业素养训练（包含安全教育、劳动教育）、形势政策教育、职业规划与就业指导、创新创业教育、入学教育与军训等。

公共基础选修课主要体现艺术素养、人文素养、科技素养教育的内涵，如中华优秀传统文化、马克思主义理论类课程、党史国史、健康教育、艺术课程等课程。

2. 专业课

专业课程包含专业基础课、专业技能课、素质拓展课、集中实训课。通过产学合作教育，充分利用企业的项目、人才、设备、资金，实施对高素质技术技能型专门人才的培养。科学地处理好课程与课程之间、课程中各教学环节之间的关系，改革教学方法和手段，融"教、学、做"为一体，强化学生能力的培养。

专业课程设置要与培养目标相适应，课程内容要紧密联系生产劳动实际和社会实践，突出应用性和实践性，注重学生职业能力和职业精神的培养。按照相应职业岗位（群）的能力要求，确定5~8门专业核心课程，并明确教学内容及要求。专业课程设置要注重引导和体现理实一体化教学。核心课程应采用"教、学、做"一体化、任务驱动、项目导向等行动导向的教学模式，同时要安排一定的集中训练项目，根据实际情况在校内实训基地或校外实训基地开展教学，鼓励实施生产性实训。

为提高课程教学效率和质量，各专业在修订专业人才培养方案时，应根据专业培养目标和规格的要求，按照能力和技能培养的内在联系，集中相同和相关课程教学内容，对原分别在多门课程中安排的教学内容进行重新配置，通过教学内容整合尽量减少课程总门数，避免课程间内容的重复交叉。

专业课根据专业特点开设，要求专业群中各专业的专业基础课名称相同，不同专业（或同一专业不同专业方向）的相同课程要用统一名称。对于内容、学时和要求相同或相近的课程，各专业原则上必须使用规定的或相对固定的名称，课程名称应保持相对稳定，不得随意更改。课程名称要用全称，专业课的名称建议为"××应用""××操作""××训练""××应用与维护""××安装与调试""××分析与实践"等主谓结构或动宾结构，课程名称不要命名为"×××学""×××原理"。

3．实践课

实践性教学环节主要包括实训、实习、毕业设计等。应依据国家发布的有关专业顶岗实习标准，严格执行《职业学校学生实习管理规定》有关要求，组织好认识实习、跟岗实习和顶岗实习。

按照"三层次"的思路构建实践教学体系，实践教学"三层次"包括基础技能训练层次、专业技能训练层次、综合与创新训练层次。即基础技能主要由教、学、做一体的教学模式来实现，专业技能主要由专项专业技能训练等形式的集中实践环节实现，综合技能主要由专业岗位综合实训、生产性实训和顶岗实习等形式实现。专业综合实训和各级技能大赛接轨，精选1～2个综合项目作为竞赛项目方案列入培养方案。具体内容如表2-13所示。

表2-13　实践教学"三层次"

层　　次	主　要　目　标	运　行　模　式	要　　求
基础技能层次实践	让学生掌握基本、必须的专业理论知识，并初步掌握基本操作技能，同时培养学生分析、解决问题的能力及严谨的科学态度	对于专业核心课程采取教、学、做一体化的方式进行	以源于生产现场的项目为载体，以工作任务为导向，以生产过程体现教学情境
专业技能层次实践	让学生熟练掌握专业所需的技能	对于岗位核心能力课程，以课程综合实训、专业综合实训等形式实现。	专业技术以"练"为主，让学生熟练掌握技能
综合与创新层次实践	突出培养学生发现问题、提出问题、解决问题能力，强化学生的创造性、探索性思维，能适应岗位迁移变化的现实	以创业实践、顶岗实习、组织各类各级技能竞赛、课外及第二课堂活动的实施和毕业论文等为主	以完全生产型项目开展训练，关注综合性和创新性

实践教学主要包括课内实践教学环节、集中实践教学课程两种形式。其中，课内实践教学环节是指一门课程，为实现课程教学目标要求而纳入课程授课计划的实践教学活动。基础技能层次实践主要通过课内实践教学环节实施。

集中实践教学课程是指为实现专业培养目标要求而在人才培养方案中单独设置的实践教学课程。积极推行社会调查、课程设计、毕业设计、专项职业技能训练、职业岗位综合实训、认识实习、跟岗实习、顶岗实习等多种实习形式。专业技能层次实践主要通过集中实践教学课程实施。

对每一个实训项目、每一种实践教学环节，都要制定明确的能力目标、详细的实训计划安排、每一个时间单位的考核标准、最终的考核标准。尽可能采用"项目评价、过程评价、综合评价"相结合的实践教学评价体系。

2.11 教学方法、手段与教学组织形式

依据专业培养目标、课程教学要求、学生能力与教学资源，采用适当的教学方法，以达成预期教学目标。倡导因材施教、因需施教，鼓励创新教学方法和策略，坚持学中做、做中学。

根据课程特点与职业院校学生的特点改革教学方法和手段，采用"教、学、做"一体化、任务驱动、项目导向等行动导向的教学模式，深入开展项目教学、现场教学、案例教学、模拟教学、探究式教学，广泛运用启发式、探究式、讨论式、参与式教学，以学生为中心，以"做"为核心，真正实现"教、学、做合一"。形成教学相长、课内学习和课外学习相结合的学习氛围，鼓励学生创造性思维。

充分应用现代高新技术手段和信息技术，加大网络在线课程的建设，通过在线课程学习等，突破时间、空间上的限制，多渠道学习，提高教学效率与效果。

在专业课程教学设计上，应注重融入创新创业理念，创新教学形式，加强专业课程与创新创业教育的结合，选择优秀教学案例，在课程教学改革中突出创新意识的培养。在课堂教学内容上，注意结合专业特点增加对专业创业背景的讲授以及落实"课程思政"、课程育人，灵活运用专业创业案例，挖掘本专业应有的创新性、创造性知识点，使专业课程具有创业导向，实现教师的全过程、全方位育人。

2.12 教学评价与考核

对学生的学业考核评价内容应兼顾认知、技能、素质等方面，考核评价应体现评价标准、评价主体、评价方式、评价过程的多元化，如观察、口试、笔试、操作、职业技能大赛、职业资格鉴定等评价、评定方式。要加强对教学过程的质量监控，改革教学评价的标准和方法。

（1）评价模式：探索课内和课外相结合、线上和线下相结合、过程性评价与终结性评价相结合的多元化考核评价模式，促进学生自主性学习、过程性学习和体验式学习。

（2）评价体系：创新评价方式，构建以学生作品为载体，以职业素养、职业技能与职业知识为评价核心，过程考核和结果考核相结合的多元化学习评价体系。

（3）评价主体：职业院校要加强与行业企业、职业技能鉴定机构、社会机构的合作，积极推行"双证书"制度，把职业岗位所需要的知识、技能和职业素养融入相关专业教学中，将相关课程考试考核与职业技能鉴定合并进行。

（4）评价方式：建立以能力为主体的考核评价方式，体现对综合素质的评价，突出专业技能掌握程度和职业素质养成的考核。

【诊断改进】

2.13 专业人才培养方案的诊断与改进

通过岗位需求调研和分析,在认真学习《教育部关于深化职业教育教学改革全面提高人才培养质量的若干意见》和《教育部关于专业人才培养方案制订工作的指导意见》等政策文件的基础上,进一步加深了对专业人才培养方案的重要意义、制订原则、主要内容的理解,对人才培养方案的职业面向、培养目标、培养规格、课程设置、教学方法、教学评价、体例框架和基本要求等核心内容有了新的认识。

运用如表 2-1 所示的"制定人才培养方案的标准"对一个专业人才培养方案进行诊断,诊断结果如表 2-14 所示,并根据诊断结论提出可行的改进建议。

表 2-14 专业人才培养方案的诊断

条目名称	诊断要点	是否符合要求	分析描述
人才培养方案的整体评价	专业人才培养方案应包括专业名称及代码、入学要求、修业年限、职业面向、培养目标与培养规格、课程设置、学时安排、教学进程总体安排、实施保障、毕业要求等内容,并附教学进程安排表	□是 □否	
专业名称及代码	专业名称和专业代码符合教育部颁布的现行专业目录和专业设置管理办法的规定	□是 □否	
入学要求	高等职业学校学历教育入学要求为高中阶段教育毕业生或具有同等学力者	□是 □否	
修业年限	高等职业学校学历教育修业年限以 3 年为主;招收初中毕业生或具有同等学力者,修业年限以 5 年为主	□是 □否	
学分制	是否为基于学分制的培养方案,完善了学分认定、积累与转换办法。是否允许学生采用半工半读、工学交替等方式分阶段完成学业	□是 □否	
弹性学制	是否实行了弹性学制,并制订了相应的专业人才培养方案	□是 □否	
职业面向	所属专业大类及所属专业类依据现行专业目录确定;对应行业参照现行的《国民经济行业分类》确定;主要职业类别参照现行的《国家职业分类大典》确定;根据行业企业的岗位调研,明确主要岗位类别(或技术领域);根据实际情况举例职业资格证书或技能等级证书	□是 □否	
专业定位	专业定位是否包括以下内容:面向什么区域、面向哪些岗位、具备哪些技能、培养什么样的人才	□是 □否	
培养目标	贯彻党的教育方针,落实党和国家对人才培养的有关总体要求,对接行业需求,体现职业教育特色。 培养目标的描述形式应为:培养思想政治坚定、德技并修、全面发展,适应……需要,具有……素质,掌握……等知识和技术技能,面向……领域的高素质劳动者和技术技能人才	□是 □否	
培养规格	由素质、知识、能力三个方面的要求组成。 在素质方面,落实党和国家对人才培养的有关总体要求,并结合专业特点确定。在知识、能力方面,对应人才培养目标,对照有关专业教学标准、课程标准,并通过企业调研、职业能力分析提出有关具体要求,分析确定并分条目列举	□是 □否	

续表

条目名称	诊断要点	是否符合要求	分析描述
素质要求	在具有正确的政治素质、思想素质、法律素质、理想信念、爱国情感、纪律意识、价值观念，具有良好的职业道德和职业素养，具有良好的身心素质和人文素养三个方面提出的具体要求	□是 □否	
知识要求	分层次对公共基础知识和专业知识等的培养规格要求进行了准确描述	□是 □否	
能力要求	对通用能力和专业技术技能等的培养规格要求进行了准确描述	□是 □否	
课程设置及教学内容	课程设置及教学内容应基于国家相关文件规定，强化对培养目标与人才规格的支撑，融入有关国家教学标准要求，融入行业企业最新技术技能，注重与职业面向、职业能力要求以及岗位工作任务的对接。 职业院校课程主要包括公共基础课程和专业课程	□是 □否	
公共基础课设置	公共基础课是各专业学生均需学习的有关基础理论、基本知识和基本素养的课程。根据党和国家有关文件明确规定，高等职业学校各专业人才培养方案应明确将思想政治理论课、中华优秀传统文化、体育、军事课、大学生职业发展与就业指导、心理健康教育、信息技术等课程列入公共基础必修课程，并将马克思主义理论类课程、党史国史、大学语文、高等数学、公共外语、创新创业教育、健康教育、美育课程、职业素养等列为必修课或选修课	□是 □否	
专业课程设置	专业课程是支撑学生达到本专业培养目标，掌握相应专业领域知识、能力、素质的课程。专业课程设置要与培养目标相适应，课程内容要紧密联系生产劳动实际和社会实践，突出应用性和实践性，注重学生职业能力和职业精神的培养。按照相应职业岗位（群）的能力要求，确定5～8门专业核心课程，并明确教学内容及要求。专业课程设置要注重引导和体现理实一体化教学	□是 □否	
实践性教学环节	实践性教学环节主要包括实习、实训、毕业设计等。应依据国家发布的有关专业顶岗实习标准，严格执行《职业学校学生实习管理规定》有关要求，组织好认识实习、跟岗实习和顶岗实习	□是 □否	
人文素养、科学素养方面的课程设置	职业院校应根据有关文件规定开设关于安全教育、绿色环保、金融知识、社会责任、管理等人文素养、科学素养方面的选修课程、拓展课程或专题讲座（活动），并将有关知识融入专业教学内容中。	□是 □否	
社会实践活动的课程设置	有志愿服务活动及其他社会实践活动、劳动教育的课程设置，并设置了一定的学分	□是 □否	
学时安排	应根据学生的认知特点和成长规律，注重各类课程学时的科学合理分配；三年制高职每学年教学时间不少于40周，总学时数约为2500～2800，顶岗实习一般为6个月，一般按每周24～30学时计算。每学时不少于45分钟	□是 □否	
学分计算	三年制高职总学分一般不少于140学分。集中实训、军训、入学教育、社会实践、毕业设计等，以1周为1学分	□是 □否	
教学进程总体安排	尊重学生的学习规律，课程体系构建科学，公共基础课程与专业课程的衔接恰当，课程安排顺序合理，学期周数分配明确，教学进程安排表编制科学	□是 □否	
实施保障	包括师资队伍、教学设施、教学资源、教学方法、教学评价、质量管理等方面，应满足培养目标、人才规格的要求，应该满足教学安排的需要，应该满足学生的多样学习需求，应该积极吸收行业企业参与	□是 □否	
师资队伍要求	高职专业带头人原则上应具有高级职称。在校生与该专业的专任教师之比不高于25:1（不含公共课）。"双师型"教师一般不低于60%。兼职教师应主要来自行业企业	□是 □否	

续表

条目名称	诊断要点	是否符合要求	分析描述
教学设施要求	教学设施应满足本专业人才培养实施需要,其中实训(实验)室面积、设施等应达到国家发布的有关专业实训教学条件建设标准(仪器设备配备规范)要求。信息化条件保障应能满足专业建设、教学管理、信息化教学和学生自主学习需要	□是 □否	
教学资源要求	教材、图书和数字教学资源能够满足学生专业学习、教师专业教学研究、教学实施和社会服务需要。严格执行国家和省(区、市)关于教材选用的有关要求,教材选用制度健全。根据需要组织编写校本教材,开发教学资源	□是 □否	
教学方法要求	提出实施教学应该采取的方法指导建议,指导教师依据专业培养目标、课程教学要求、学生能力与教学资源,采用适当的教学方法,以达成预期教学目标。倡导因材施教、因需施教,鼓励创新教学方法和策略,采用理实一体化教学、案例教学、项目教学等方法,坚持学中做、做中学	□是 □否	
教学评价要求	对教师教学、学生学习评价的方式方法提出了建议。对学生的学业考核评价内容应兼顾认知、技能、素质等方面,评价应体现评价标准、评价主体、评价方式、评价过程的多元化,如观察、口试、笔试、操作、职业技能大赛、职业资格鉴定等评价、评定方式。加强对教学过程的质量监控,改革教学评价的标准和方法	□是 □否	
质量管理要求	健全校院(系)两级的质量保障体系,形成了任务、职责、权限明确,相互协调、相互促进的质量管理有机整体	□是 □否	
毕业要求	对修业年限、学分要求、本专业人才培养目标和培养规格的要求、综合素质考核等提出具体要求。	□是 □否	

2.14 岗位的工作职责与实际工作任务分析的诊断与改进

参考以下所示的旅游服务与管理、学前教育两个专业的相关岗位的工作职责分析和工作任务分析,选择一个专业对其相关岗位的工作职责和工作任务进行诊断分析,并根据诊断结论提出可行的改进建议。

(1)旅游服务与管理专业相关岗位的工作职责分析。

旅游服务与管理专业相关岗位的工作职责分析如表 2-15 所示。

表 2-15　旅游服务与管理专业相关岗位的工作职责分析

岗位名称	岗位职责
导游员	按照旅行社的接待计划,给游客提供向导、讲解及交通、食宿、娱乐、购物等服务。 (1)按照接团计划接送不同旅游团。 (2)负责为游客导游、讲解,介绍中国(地方)文化和旅游资源。 (3)配合和督促有关单位安排游客的交通、食宿、购物等。 (4)保护游客的人身和财物安全。 (5)耐心解答游客的问询。 (6)协助处理旅途中遇到的突发问题。 (7)反映游客的意见和要求。 (8)协助安排游客会见、会谈活动

续表

岗 位 名 称	岗 位 职 责
接待员	按照相关的接待要求，为游客提供旅游线路推介、旅游资讯宣讲、旅游业务办理等服务。 （1）接听客户咨询电话，加强与客户的联系与沟通。 （2）接待客户来访，协助客户填写报名所需证件资料。 （3）团队和散客的资料收发、整理归档及用品合理的保管。 （4）及时对销售情况进行电脑录入，并得到各线路计调的确认。 （5）及时补充、更新柜台上摆放的旅游线路夹。 （6）车船票、机票查询及销售。 （7）设计旅游线路、销售旅游产品。 （8）及时上缴门市的营收款。 （9）妥善处理游客的投诉
计调员	按照接待计划落实团队在食、宿、行、游、购、娱等方面衔接、联络等具体事宜，以确保行程、日程正常进行。 （1）广泛搜集资料开展市场需求调查。 （2）按接待计划落实团队在食、宿、行、游、购、娱等方面的具体事宜。 （3）设计旅游行程（产品开发与设计）。 （4）对外采购、联络成本核算计价与报价。 （5）编制团队接待计划并落实接待计划。 （6）处理旅游中的意外事件
景区讲解员	按照旅游景区的接待计划为游客提供向导、讲解等服务。 （1）按照接待计划安排和组织游客参观、游览。 （2）根据景区相关要求和工作流程为游客进行导游、讲解，介绍中国（地方）景区文化和旅游资源。 （3）耐心解答游客的问询，协助处理讲解中遇到的问题。 （4）向景区管理部门反映游客的意见和要求

（2）旅游服务与管理专业相关岗位的工作任务分析。

旅游服务与管理专业相关岗位的工作任务分析如表 2-16 所示。

表 2-16　旅游服务与管理专业相关岗位的工作任务分析

岗 位 名 称	实际工作任务	
A 导游员	A1　接站服务 A2　致欢迎词 A3　组织沿途导游 A4　介绍景点概况 A5　安排交通 A6　安排食宿	A7　引导购物 A8　预防及处理突发问题 A9　协助安排其他相关服务 A10　送站服务 A11　带团活动开展 A12　销售旅游产品
B 景区讲解员	B1　讲解接待准备 B2　景点讲解 B3　突发问题处理	B4　宣传、销售旅游产品 B5　游客咨询答疑 B6　游客送、离服务
C 接待员	C1　咨询服务 C2　接待服务 C3　资料收发、整理归档 C4　销售信息录入 C5　旅游线路夹更新	C6　票务服务 C7　产品宣传、销售 C8　营收款上缴 C9　处理投诉

续表

岗 位 名 称	实际工作任务	
D 计调员	D1 市场需求调研 D2 落实专线的散客、团队安排与操作 D3 设计产品和制定行程 D4 对旅游产品进行合理定价	D5 处理团队突发状况或意外事件 D6 负责景点资料的收集及团员反馈 D7 宣传、销售旅游产品

（3）学前教育专业相关岗位的工作职责分析。

学前教育专业相关岗位的工作职责分析如表2-17所示。

表2-17 学前教育专业相关岗位的工作职责分析

岗 位 名 称	岗 位 职 责
幼儿园教师	能开展班级幼儿日常教育活动，负责幼儿的卫生保健和安全工作，设计并组织实施幼儿教学活动。 （1）做好晨间接待工作以及离园工作。 （2）组织开展晨间锻炼。 （3）组织并实施教学活动。 （4）组织幼儿开展自主性游戏。 （5）负责幼儿日常生活照料和安排。 （6）有计划地组织幼儿的户外活动和室内活动。 （7）认真实施计划，观察、记录、评估每个幼儿的发展情况，并做好相应记录。 （8）与家长沟通交流并及时记录。做好"家园联系园地"工作，指导家庭教育。
育婴师	负责0~3岁婴幼儿生活照料、日常卫生、保健护理与启蒙教育。 （1）照料婴幼儿穿衣、洗澡、睡眠、大小便、被动操等日常活动。 （2）负责对婴幼儿进行游泳、抚触按摩。 （3）负责婴幼儿生长监测。 （4）能为婴幼儿进行营养配餐。 （5）做好婴幼儿房、游泳池设备日常养护，游泳馆等活动室的消毒清洁卫生。 （6）做好预防接种、常见疾病护理及能够识别铅中毒。 （7）能进行婴幼儿意外事故的急救处理。 （8）善于与宝宝及家长沟通交流，能提供专业化咨询服务。 （9）能设计、实施婴幼儿的语言教育活动、感知教育活动、认知能力活动。 （10）培养婴幼儿的社会性行为
早教指导师	用现代教育观念和科学方法对0~3岁婴儿及父母进行护理指导和教育。 （1）定期监测幼儿身体生长发育状况，并向家长及社会宣传幼儿卫生保健知识。 （2）合理调配0~3岁儿童营养膳食。 （3）组织开展0~3岁儿童亲子活动。 （4）负责0~3岁儿童动作训练。 （5）有计划地组织0~3岁儿童进行语言能力训练。 （6）有计划地组织0~3岁儿童进行感知能力训练。 （7）有计划地组织0~3岁儿童进行社会性行为培养。 （8）适时进行家长育婴指导。 （9）负责 0~3岁儿童疾病护理。 （10）负责0~3岁儿童日常生活照料

续表

岗位名称	岗位职责
保育员	在托幼园所、社会福利机构及其他保育机构中，辅助教师负责幼儿保健、养育和协助教师对婴幼儿进行教育。 （1）做好幼儿一日活动各环节的保育基本工作，例如日常清洁与消毒。 （2）协助制定幼儿园卫生保健制度、幼儿园安全措施和安全教育内容。 （3）参与制定幼儿生活制度，协助班级教师制定幼儿常规，创设班级环境，设计、组织卫生保健工作。 （4）幼儿常见疾病、传染病预防及护理。 （5）负责做好幼儿意外伤害事故的应急措施与初步处理。 （6）观察幼儿行为，并处理幼儿常见行为问题。 （7）培养幼儿良好生活卫生习惯和生活能力。 （8）定期测评幼儿身体生长发育状况并向家长及社会宣传幼儿卫生保健知识

（4）学前教育专业相关岗位的工作任务分析。

学前教育专业相关岗位的工作任务分析如表2-18所示。

表2-18 学前教育专业相关岗位的工作任务分析

岗位名称	实际工作任务	
A 幼儿园教师	A1 幼儿日常生活照料 A2 常见幼儿疾病护理 A3 幼儿日常活动记录 A4 幼儿游戏指导 A5 主题活动组织开展	A6 教育活动组织开展 A7 幼儿园区角活动开展 A8 幼儿园环境创设 A9 玩教具制作与保护 A10 幼儿家庭教育指导
B 育婴师	B1 婴幼儿日常生活照料 B2 婴幼儿生长监测 B3 常见婴幼儿疾病护理 B4 危险因素的识别 B5 婴幼儿游泳指导	B6 婴幼儿动作训练 B7 婴幼儿语言能力训练 B8 婴幼儿感认知能力训练 B9 婴幼儿社会性行为培养 B10 早教咨询服务
C 早教指导师	C1 0～3岁儿童生长发育监测 C2 0～3岁儿童营养调配 C3 0～3岁儿童亲子活动设计与指导 C4 0～3岁儿童动作训练 C5 0～3岁儿童语言能力训练 C6 0～3岁儿童感知能力训练	C7 0～3岁儿童社会性行为培养 C8 家长育婴指导 C9 0～3岁儿童疾病预防及护理 C10 0～3岁儿童日常生活照料 C11 幼师基本功训练
D 保育员	D1 幼儿一日活动保育 D2 幼儿园卫生保健制度的制定 D3 幼儿安全教育 D4 幼儿生活常规制定 D5 班级环境创设	D6 幼儿疾病预防及护理 D7 幼儿意外伤害的处理 D8 幼儿常见行为问题处理 D9 幼儿生长发育监测

2.15 典型工作任务归并为行动领域的诊断与改进

参考以下所示的旅游服务与管理、学前教育、计算机应用、机电设备安装与维修、会计

5 个专业的行动领域分析与设置，选择一个专业对其典型工作任务归并为行动领域的过程进行诊断分析，并根据诊断结论提出可行的改进建议。

（1）旅游服务与管理专业的行动领域。

旅游服务与管理专业的行动领域如表 2-19 所示。

表 2-19　旅游服务与管理专业的行动领域

典型工作任务名称		归并依据	行动领域名称
A1　接站服务　　　　　　A2　致欢迎词 A3　组织沿途导游　　　　A5　安排交通 A6　安排食宿　　　　　　A7　引导购物 A9　协助安排相关服务　　A10 送站服务 B1　讲解接待准备　　　　B2　致欢迎词 B5　游客咨询答疑　　　　B6　游客送离服务		工作任务关联	导游实务操作
A4　介绍景点概况　　　　B2　景点讲解		工作任务关联	导游讲解
B3　突发问题处理　　　　A8　预防及处理突发问题 C9　处理投诉　　　　　　D4　处理团队突发状况或意外事件		工作对象相同	旅游突发问题处理
A12 销售旅游产品　　　　B4　宣传、销售旅游产品 C7　产品宣传、销售　　　D6　宣传、销售旅游产品		工作内容相同	旅游产品营销
A11 导游带团活动开展			才艺表演
C1　咨询服务　　　　　　C2　接待服务 C3　资料收发、整理归档　C4　销售信息录入 C5　旅游线路更新　　　　C8　营收款上缴		工作任务关联	旅游接待服务与礼仪运用
D1　市场需求调研　　　　D2　落实专线安排与操作 D2　设计产品和制定行程　D3　对旅游产品进行合理定价 D5　负责景点资料的收集及团队反馈　C6　票务服务		工作任务关联	旅行社计调服务

（2）学前教育专业的行动领域。

学前教育专业的行动领域如表 2-20 所示。

表 2-20　学前教育专业的行动领域

典型工作任务名称	归并依据	行动领域名称
A1　幼儿日常生活照料 B1　婴幼儿日常生活照料 A3　幼儿日常活动记录 B2　婴幼儿生长监测	工作任务关联	婴幼儿日常生活照料
A2　常见幼儿疾病护理 B3　常见婴幼儿疾病护理 B4　危险因素的识别	工作任务关联	婴幼儿护理
A4　幼儿游戏指导		学前儿童游戏指导
A5　主题活动组织开展 A6　教育活动组织开展 A7　幼儿园区角活动开展 A9　玩教具制作与保护	工作内容相近	学前儿童语言教育活动设计与实践 学前儿童科学教育活动设计与实践 学前儿童健康教育活动设计与实践 学前儿童社会教育活动设计与实践 学前儿童艺术教育活动设计与实践

续表

典型工作任务名称	归并依据	行动领域名称
A8　幼儿园环境创设		幼儿园环境创设
A10　幼儿家庭教育指导	工作任务关联	婴幼儿家庭教育
B10　早教咨询服务		
B5　婴幼儿游泳指导		
B6　婴幼儿动作训练		
B7　婴幼儿语言能力训练	工作对象相同	婴幼儿感觉统合训练
B8　婴幼儿感认知能力训练		
B9　婴幼儿社会性行为培养		

（3）计算机应用专业的行动领域。

计算机应用专业的行动领域如表 2-21 所示。

表 2-21　计算机应用专业的行动领域

典型工作任务名称	行动领域名称
A2　中英文文档的录入与排版	
A5　报表的编制与汇总	
A6　演示文稿的制作	（1）Office 办公软件的应用
A4　文件、资料的归档及管理	
D1　文字的编辑和排版	
A3　打印机、复印机等常用办公设备的使用	（2）常用办公设备的使用
B1　计算机配置单的制定	
B2　计算机各硬件设备的连接	
B3　计算机系统安装	（3）计算机的组装与维护
B4　计算机简单故障处理	
C3　动画及影片的设计与制作	（4）动画的设计与制作
C1　网页素材的收集（包括图像、动画等）	
C4　站点的建立与规划	
C5　网页的设计与制作	（5）静态网页的设计与制作
C6　网页特效的制作	
C7　网站的测试与发布	
C2　图形图像的处理	
D2　图形图像的处理	（6）图形图像处理
D3　平面的设计与制作	

（4）机电设备安装与维修专业的行动领域。

机电设备安装与维修专业的行动领域如表 2-22 所示。

表 2-22　机电设备安装与维修专业的行动领域

典型工作任务名称	行动领域名称
A1　识读零件图、装配图　　A2　绘制零件图 C1　识读机械图样	测绘机械零部件

续表

典型工作任务名称		行动领域名称
A6　测量工件　　　　　　B2　使用常用电工工具 B3　使用常用电工仪表　　C5　维修工量具		使用与维修常用工量具
A3　识读电气控制图　　　B1　识读电气原理图、安装图 B5　安装常用电气控制线路		安装与调试电气控制线路
A5　拆装机械设备　　　　B4　拆装常用低压电器 C2　组装、调试设备　　　C4　检测与维修机械设备 C3　维护机械设备		安装与维护机电设备
C6　制作加工机械零件		制作加工机械零件
A7　安装机械设备　　　　A8　维修机械设备 B6　排除电气控制线路的故障　C4　检测与维修机械设备		检测与维修机电设备
A6　安装机械设备		安装与调试机电设备
A2　绘制零件图　　　　　A4　计算机绘图 B7　制作加工电工电子产品　B8　测试与维修电工电子产品		制作与调试电工电子产品
A2　绘制零件图　　　　　A4　计算机绘图		计算机辅助设计

（5）会计专业的行动领域。

会计专业的行动领域如表 2-23 所示。

表 2-23　会计专业的行动领域

典型工作任务名称		行动领域名称
A1　收付现金　　　　　　A2　保管签发支票 A3　点钞　　　　　　　　A4　使用验钞机		现金业务收付
B1　办理税务登记证　　　B2　计算和缴纳税款 B3　操作税务软件　　　　B4　归档和保管税务资料		税收计算与纳税申报
C1　审核订单、合同　　　C4　填制和审核凭证 C5　登记往来账		凭证填制与审核
C2　往来核对　　　　　　C3　计算销售成本、产品成本		存货核算与管理
C6　编制会计报表		报表编制

2.16　行动领域转换为学习领域与课程设置的诊断与改进

参考以下旅游服务与管理、学前教育、计算机应用、机电设备安装与维修、高星级酒店运营与管理 5 个专业的学习领域分析与设置，选择一个专业对其行动领域转换为学习领域的过程与课程设置进行诊断分析，并根据诊断结论提出可行的改进建议。

（1）旅游服务与管理专业的学习领域与课程设置。

旅游服务与管理专业的学习领域与课程设置如表 2-24 所示。

表 2-24　旅游服务与管理专业的学习领域与课程设置

行 动 领 域	学 习 领 域	课 程 开 设
导游实务操作	导游实务操作	导游实务操作
导游讲解	导游讲解	导游讲解
旅游突发问题处理	旅游突发问题处理	旅游突发问题处理
		旅游案例与法规应用
旅游产品营销	旅游产品营销	旅游产品营销
旅游接待服务与礼仪运用	旅游接待服务与礼仪运用	旅游接待服务与礼仪运用
旅行社计调服务	旅行社计调服务	旅行社计调服务
导游才艺表演	导游才艺表演	导游才艺表演

（2）学前教育专业的学习领域与课程设置。

学前教育专业的学习领域与课程设置如表 2-25 所示。

表 2-25　学前教育专业的学习领域与课程设置

行 动 领 域	学 习 领 域	课 程 开 设
婴幼儿日常生活照料	婴幼儿日常生活照料	婴幼儿保健护理
婴幼儿护理	婴幼儿护理	
学前儿童语言教育活动设计与实践	学前儿童语言教育活动设计与实践	学前儿童语言教育活动设计与实践
学前儿童健康教育活动设计与实践	学前儿童健康教育活动设计与实践	学前儿童健康教育活动设计与实践
学前儿童科学教育活动设计与实践	学前儿童科学教育活动设计与实践	学前儿童科学教育活动设计与实践
学前儿童社会教育活动设计与实践	学前儿童社会教育活动设计与实践	学前儿童社会教育活动设计与实践
学前儿童艺术教育活动设计与实践	学前儿童音乐艺术活动设计与实践	学前儿童音乐艺术活动设计与实践
	学前儿童舞蹈艺术活动设计与实践	学前儿童舞蹈艺术活动设计与实践
	学前儿童绘画艺术活动设计与实践	学前儿童绘画艺术活动设计与实践
	学前儿童手工艺术活动设计与实践	学前儿童手工艺术活动设计与实践
婴幼儿感觉统合训练	婴幼儿感觉统合训练	婴幼儿感觉统合训练
学前儿童游戏指导	学前儿童游戏指导	学前儿童游戏指导
幼儿园环境创设	幼儿园环境创设	幼儿园环境创设
婴幼儿家庭教育	婴幼儿家庭教育	婴幼儿家庭教育

（3）计算机应用专业的学习领域与课程设置。

计算机应用专业的学习领域与课程设置如表 2-26 所示。

表 2-26 计算机应用专业的学习领域与课程设置

行 动 领 域	学 习 领 域	课 程 开 设
Office 办公软件应用	Office 办公软件应用	Office 办公软件应用
常用办公设备使用	计算机组装与维护	计算机组装与维护
计算机组装与维护		
动画的设计与制作	动画设计与制作	动画设计与制作
静态网页设计与制作	静态网页设计与制作	静态网页设计与制作
平面设计与制作	平面设计与制作	美术基础
		Photoshop 图形图像的处理与制作
		CorelDraw 矢量图形的处理与制作

（4）机电设备安装与维修专业的学习领域与课程设置。

机电设备安装与维修专业的学习领域与课程设置如表 2-27 所示。

表 2-27 机电设备安装与维修专业的学习领域与课程设置

行 动 领 域	学 习 领 域	课 程 开 设
测绘机械零部件	机械零部件测绘与 CAD	机械零部件测绘与 CAD
计算机辅助设计		
使用与维修常用工量具	机械设备安装与维修	机械设备安装与维修
安装与维护机电设备		
制作与调试电工电子产品	电气设备安装与维修	电气设备安装与维修
电气控制线路安装与调试		
制作加工机械零件	制作加工机械零件	钳工方法制作加工机械零件
		焊接方法制作加工机械零件
安装与调试机电设备	机电设备安装与维修	机电设备安装与维修
检测与维修机电设备		

（5）高星级酒店运营与管理专业的学习领域与课程设置。

高星级酒店运营与管理专业的学习领域与课程设置如表 2-28 所示。

表 2-28 高星级酒店运营与管理专业的学习领域与课程设置

行 动 领 域	学 习 领 域	课 程 开 设
前厅服务	前厅服务	前厅服务
客房服务	客房服务	客房服务
餐厅服务	餐厅服务	餐厅服务
		酒水认知与调制
酒店物资管理	酒店物资管理	酒店物资管理
主题设计与布置	主题设计与布置	节日主题设计与布置
		宴会设计与布置
		主题客房设计与布置

2.17 职业院校典型课程体系的诊断与改进

1. 借鉴美国亚特兰大技术学院采购专业的课程设置分析诊断一个专业的课程体系

亚特兰大技术学院（Atlanta Technical College）位于美国佐治亚州首府亚特兰大，是一所公立的两年制社区学院。亚特兰大技术学院有全职教师员工 300 余人，兼职教师也有 300 多人，大量的来自企业一线的教师使得学生所学知识始终与实际工作场景紧密联系。

亚特兰大技术学院采购专业副学士学位的课程设置情况如表 2-29 所示。

表 2-29　美国亚特兰大技术学院采购专业的课程设置情况

序号	课程类型	基础课程 （15 学分）	专业课程 （34 学分）	选修课程 （9～11 学分）
1	语言与交流	英语	管理学原理或营销学	财务会计 2
2		交流技巧	财务会计 1	管理会计
3	行为/社会科学	经济学原理	计算机基础	电子表格应用
4		心理学	技术交流	宏观经济学
5	自然科学和数学 （3 选 1）	大学代数	商业道德	微观经济学
6		统计学	商业合同/规则	运输与物流管理
7		数学建模	交通与物流管理导论	
8			谈判基础	
9			供应链管理	
10			采购方法	
11			全球采购	

由表 2-29 可知，亚特兰大技术学院采购专业的课时总数约为 1000 学时，课程门数为 23 门，60 学分。课程设置有基础课程、专业课程和选修课程三大模块，基础课程侧重人文和自然科学，专业课程注重专业技能，而选修课程则注重学生后续发展空间的提升。

基础课程分为语言与交流、行为/社会科学以及自然科学和数学三部分，共 5 门，15 学分，占总学分的 1/4 左右。专业课程共 11 门，34 学分，占总学分的一半以上，大部分课程均为 45 学时、3 学分，个别课程为 75 课时或 90 课时。选修课程共 7 门，有 9～11 学分，占总学分的 17% 左右，该专业的课程设置注重学生今后发展空间的提升。由于美国社区的学生在取得副学士学位之后，可以申请去普通大学接受高职教育，继续后两年的高职教育并获得高职文凭，即 "2+2" 模块，所以美国社区学院副学士学位的课程开设也考虑到部分学生的后续发展情况。

亚特兰大技术学院学生的实训课程不单独开设，实训包含在理论课时中。通过大量聘请来自企业的人员，以校企合作的方式建立对外经营（或者对校内师生服务）的真实工作场所来提高学生的技能。

（1）剖析亚特兰大技术学院采购专业的课程类型、结构、学分。

（2）借鉴以上美国亚特兰大技术学院采购专业的课程设置，对所熟悉的一个专业的课程设置进行诊断，并根据诊断结论提出可行的改进建议。

2. 借鉴加拿大安大略省亨伯（Humber）技术学院平面设计专业的课程设置诊断分析一个专业的课程体系

加拿大安大略省亨伯（Humber）技术学院平面设计专业高级文凭的学制为 3 年，其培养目标为：充分挖掘学生的图形设计潜力，学习如何构思和产生视觉材料，有效地传达信息和想法。主要训练企业形象设计、Web 与交互式设计、数字设计、信息设计、标牌和互动媒体设计等方面的技能。

3 年制平面设计专业高级文凭的课程设置如表 2-30 所示。

表 2-30　3 年制平面设计专业高级文凭的课程设置

第 一 学 期	第 二 学 期	第 三 学 期
设计 1	设计 2	设计 3
绘图 1	绘图 2	印刷术 3
印刷术 1	印刷术 2	信息设计 1
数码科技 1	数码科技 2	企业设计 1
包装设计 1	封装技术	互动媒体设计 1
包装工作室方法 1	战略思考	平面设计历史
艺术和科学简介	职场写作技巧	营销策略
大学阅读和写作技巧	通用选修课	通用选修课
第 四 学 期	第 五 学 期	第 六 学 期
数码科技 3	印刷术 4	印刷术 5
信息设计 2	互动媒体设计 3	互动媒体设计 4
企业设计 2	编辑设计 2	通信系统
互动媒体设计 2	打印技术	平面设计师生涯的体验
编辑设计 1	组合投资	平面设计项目开发
艺术指导	专业实践	企业实习
现代设计理论	通用选修课	创业教育
通用选修课		

（1）剖析亨伯（Humber）技术学院平面设计专业高级文凭课程设置的特点、学习路径、课程设置与培养目标的匹配度，分析课程设置是否遵循学生认知规律、学习规律和技能成长规律。

（2）借鉴以上亨伯（Humber）技术学院平面设计专业的课程设置，对所熟悉的一个专业的课程设置进行诊断，并根据诊断结论提出可行的改进建议。

单元3 课程建设诊断与优化

　　课程建设与改革是提高教学质量的核心，是教学改革的重点和难点，是实现人才培养目标的基本途径，是专业建设的基础性工作，是提高教育教学质量的重要途径。课程建设既是专业建设的基本内容，也是教师教学活动的重要组成部分。课程建设与改革是深化教学改革的关键因素。

　　学校根据专业建设和人才培养目标制定课程建设规划和课程建设管理规定，有计划、有目标、分阶段、分层次进行课程建设。课程建设要坚持以区域经济建设和社会发展对高素质人才的需求为导向，以落实学校人才培养模式为目标，结合专业教学改革工作，深化教学内容、课程体系的改革，更新教学方法和手段，完善课程评估机制，构建适应社会发展及学校办学定位和人才培养定位相适应的课程体系，建设一批具有示范性和一定影响力的精品课程、优质课程、网络课程。以课程建设为中心带动其他教学基础建设，切实提高学校课程建设的整体水平，实现提高学生能力、培养高素质技术技能型人才的目标，全面提高课程教学质量和人才培养质量。

【目标设置】

3.1 明确课程建设的目标

　　（1）树立教学研究与改革的意识，使教学研究与教学建设相结合，构造与高素质技术技能型人才培养相适应的课程内容体系，构建合理的知识、能力结构，培养学生的综合素质和创新精神。

　　（2）根据专业定位和人才培养目标，制定科学合理、切实可行的课程建设规划，有明确的课程建设的目标和任务。

　　（3）按照课程建设规划要求，制定课程建设相关的规章制度和政策措施。

　　（4）课程理论和实践内容符合专业人才培养目标定位要求，反映专业发展前沿和经济社会发展内容。

　　（5）课程建设体现教学方式和考核方法的改革，运用现代教育技术和手段组织教学活动。

　　（6）每门课程编写课程标准，规范课程教学内容，明确教学方式和方法，指导教师的课堂教学和学生学习。

　　（7）规范课程教学档案文件管理，建立保证课程教学质量的评估检查办法。

　　（8）切实做好在线开放课程的建设、应用与管理工作，加强优质教学资源的开发和共享，推进信息化环境下教学方法和教学手段的改革与创新，进一步提高人才培养质量。

【标准制定】

3.2 课程建设的质量标准

课程建设质量标准的指标体系如表 3-1 所示。

表 3-1 课程建设质量标准的指标体系

一级指标	二级指标	一级指标	二级指标	一级指标	二级指标
课程建设规划与课程结构规划	建设规划	教学团队	课程负责人	教学设计	课程定位
	结构规划		教学团队整体素质与结构		教学设计
教学内容	教学目标		教学团队的教学改革与教学研究	教学条件	教材与教学资源
	课程内容		教学质量提升		实践教学条件
	实践教学内容	教学方法与手段	教学方法		实践教学环境
	教学组织与安排		教学手段		网络教学环境
课程考核	课程考核	教学管理	教学文件	教学效果	同行及督导评价
	课程目标达成度评价		教学环节管理		学生评教
	课程考核形式	特色与创新	课程特色		课程教学评价
	课程考核标准		推广价值		学生的考评结果

1. 课程建设规划与课程结构规划

课程建设质量标准的课程建设规划与课程结构规划标准如表 3-2 所示。

表 3-2 课程建设质量标准的课程建设规划与课程结构规划标准

二级指标	主要观测点	建设标准
建设规划	课程建设规划	制定了课程建设规划和工作计划，课程建设规划科学、完善，建设思路清晰，建设目标清楚，可实施性强，执行效果好。 课程建设规划能较好地体现现代职业教育思想，有利于促进课程体系调整与优化，符合国内外同类课程改革趋势和建设方向。 有与规划和具体实施计划相配套的措施，并且措施具体、内容全面，有经费投入，执行情况好，成效显著
	教材建设规划	有教材建设的总体思路及配套措施，执行情况良好
结构规划	课程栏目设计	课程应有负责人介绍、课程介绍、课程标准、预备知识、教学辅导、资源、考核方式、在线作业、在线题库和在线答疑等

2. 教学团队

课程建设质量标准的教学团队标准如表 3-3 所示。

表 3-3　课程建设质量标准的教学团队标准

二级指标	主要观测点	建设标准
课程负责人	总体素质	师德师风好，能从严执教、严谨治学、教书育人，有敬业精神，在教学过程中对学生既严格要求又循循善诱，注重提高教学质量，注重学生素质、职业能力培养，教学中体现思想性和教育性。 课程负责人能有效沟通和协调课程安排与教学，切实发挥组织管理作用
	教学水平与教学效果	教学能力强，专业技能水平高，教学经验丰富，教学特色鲜明。 教学效果好，教师教学质量评价分排序位于本单位所有教师的前30%之内
	学术水平	学术水平高，能及时跟踪产业发展趋势和行业动态，分析职业岗位能力要求和更新变化，并及时纳入教学内容
	教研成果	更新教育思想和观念，认真开展教学研究与教学改革，并取得教学研究和教学改革项目及成果，建设周期内，主持或参加省部级及以上教研项目至少1项；以第一署名人在省级及以上刊物发表教学论文至少1篇或主编公开出版的教材至少1本；获过近3届校级及以上教学成果奖。 建设周期内，具有合计不少于6个月企业实践经历或承担2项以上横向课题
	科研成果	建设周期内，主持或参加过省部级及以上科研项目至少1项；有公开发表的学术论文至少1篇；获过校级及以上科研成果奖
教学团队整体素质与结构	教学团队整体素质	形成3人以上的教师梯队，形成了结构合理、专兼结合、可持续发展的教学团队，并配备足够数量的实践教师。 45岁以下教师硕士以上学位的比例≥80%，主讲教师符合岗位资格。 教学团队敬业爱生、责任感强、团结协作精神好；整个教学团队的水平能够支撑课程培养目标的达成，每位教师个人水平、经验、能力能够胜任其承担的实际教学任务，课程负责人与主讲教师须全都承担该课程的教学任务（含实践教学环节）。 团队成员整体教学效果好，教师教学质量评价分排序位于本单位所有教师的前40%之内
	教学团队结构	教学团队具有合理的知识结构、年龄结构、职称结构，合适的经验与背景。 专任教师中高级职称比例达到30%，"双师"型教师的比例≥80%，青年教师中硕士及以上比例达到35%。 来自行业企业的兼职教师与专任教师的比例不低于1∶2
	教师培养	教师的专业定位明确合理，注重对中青年教师培养，有师资培养计划与具体措施，有加强教师队伍实践能力培养的计划和措施，并取得实际效果。 有由行业企业专家参与的课程建设小组或组织，对课程建设有指导活动，作用明显。 青年教师的培养计划科学合理、措施得力，并取得实际效果。 中青年专业教师每人到企业实践建设周期内累计时间不少于3个月。 实行严格的新任课教师试讲制度
教学团队的教学改革与教学研究	教研和教改活动	有研究该门课程建设的计划，有规范的课程教研活动的计划、措施、总结以及记录，执行效果良好。 课程团队教学研究计划有目标、有内容、有措施，并按计划开展了活动，反映出教学思想活跃，教学改革有创意，团队的教研活动领域反映了高职教育教学改革的方向。 经常性地有组织、有计划、有目的地开展教学活动，每周开展一次教研活动，教研活动与课程建设相结合，包括集体备课制度，组织公开课，开展与教学有关的活动和经验交流等，教学思想先进，教学改革有思路，教研活动推动了教学改革，取得了明显的成效。 有严格的听课检查等教学检查评估制度

续表

二级指标	主要观测点	建 设 标 准
教学团队的教学改革与教学研究	教研和教改成果	建设周期内，承担有省级教改课题1项以上，或者主持院级以上教学研究、教学改革或科学研究课题2项以上。 有教研、教改立项项目及成果；发表了高质量的教育教学研究论文。 教研活动推动教改，取得了明显的成效，建设周期内，取得院级以上教学成果奖励1项以上或受过教学表彰1项以上。 建设周期内，在省级以上刊物发表高质量的教改论文2篇以上
教学质量提升、不断改进	责任与投入情况	教师在教学质量提升中承担的责任和实际投入情况有明确的要求与评价
	课堂教学	教学态度认真，责任心强，教案、讲稿齐全，做好辅导和批改作业工作，注重教学反馈，及时改进教学。 教学内容符合课程标准要求，简明扼要，适当反映本专业新成就、新知识。 启发教学，教学方法科学，注重能力的培养，概念明确，重点突出，难点讲解清楚，逻辑性强。 对教学内容准确把握，熟练自如，且富有艺术性。 根据课程需要，广泛应用现代教学手段于教学过程中，体现教学的现代化

3. 教学设计

课程建设质量标准的教学设计标准如表3-4所示。

表3-4 课程建设质量标准的教学设计标准

二级指标	主要观测点	建 设 标 准
课程调研与论证	调研过程材料、调研报告、专家论证	进行了充分的行业企业调研，在明确专业能力体系的基础上，本课程所承担的培养任务清晰。 调研报告要符合格式要求，调研目的、对象、过程、调研数据分析、结论等要明确翔实，调研结论需对课程建设工作有明显指导意义。 专家论证专题会议过程资料完善
课程定位	性质与作用	课程在专业培养目标中的定位准确，课程目标明确。 课程符合专业人才培养目标要求，课程定位准确，要求具体，面向对象清楚。 明确前导与后续课程，本课程对学生职业能力培养和职业素养养成起主要支撑或明显促进作用，且与前导、后续课程衔接得当
教学设计	教学模式	根据人才培养目标和课程内容需要，重视学生在校学习与实际工作的一致性，有针对性地采取工学交替、任务驱动、项目导向、案例教学、学练一体等具有高职特色的教学模式
	教学理念与改革思路	在教学中应用先进教育理念，突出学生的主体地位，培养学生自主学习的能力，注重课程特色的创新培育。 以职业能力培养为重点，依据岗位专用能力、行业通用能力、职业核心能力培养要求进行课程设计，能够贯彻"育人为本、德育为先"的原则，体现职业性、实践性和开放性的要求。 有课程改革的总体思路、具体计划与配套措施，执行良好，成绩显著
	项目或任务设计	项目、任务、主题和学习情境等设计合理，符合教学模式和教学理念的要求，注重设计整体性，并能通过这些项目、任务和主题等的完成，达到对学生的能力培养要求，突出了学生实践能力的培养
	课程定位分析、课程整体设计方案、单元方案设计	既有完整的课程教学整体设计，又有全部的课程教学单元设计。设计思想符合高职教育理念，突出能力培养。 能够根据课程内容和学生特征，聘请行业企业专家对教学方法和教学评价进行设计，设计有特色、有创新的教学方案，注重强化学生的动手实践能力培养

续表

二级指标	主要观测点	建设标准
教学设计	课程标准	课程标准完整、规范，指导思想明确。能够反映该课程对学生知识、能力、素质培养的要求，能有效指导课程教学及学生的学习，能准确定位课程在人才培养计划中的地位

4. 教学内容

课程建设质量标准的教学内容标准如表3-5所示。

表3-5　课程建设质量标准的教学内容标准

二级指标	主要观测点	建设标准
教学目标	教学目标制定的依据及制定的课程目标	由专业带头人及企业、行业专家参与制定的，由细化的毕业要求和课程特点共同决定的可实施、可测量的课程教学目标。
课程内容	课程内容设计	围绕课程目标进行教学内容设计，教学内容符合专业发展要求，知识结构合理；教学内容与职业能力培养紧密联系，注重行业发展需要和完成岗位工作任务所需的知识、能力和素质要求；从应用的角度进行整合改造，知识学习体现应用性。 课程内容符合课程标准要求，理论教学与实践教学内容配置合理，课程内容设计能够体现职业道德培养和职业素养养成的需要，能及时把专业发展的新成果和教改教研成果或最新技术成果引入课程教学。 理论与实践的关系、本课程与相关课程内容关系处理得当，课程内容体现于本课程相关的职业资格证书的要求
课程内容	内容选取的针对性和适用性	课程教学内容以职业活动和工作任务为导向，适应性强，内容模块划分恰当，关键环节确定，具有一定弹性，便于因材施教，突出应用要求，具有高职特色
实践教学内容	实践教学活动	高度重视实践教学环节，根据人才培养的目标，设计和更新实训项目，设计的各类实践活动能很好地满足学生的培养要求，实施效果好。实践教学内容充分体现高技能人才的培养要求，实践教学内容的技术性、综合性和探索性关系处理得当
实践教学内容	学生实践能力培养	实践教学活动注重培养学生的创新精神、创新思维能力和实践动手能力，有效培养学生发现问题、独立分析问题和解决问题的能力，显著成效
实践教学内容	实践教学的改革与创新	在实践教学上有改革与创新点，实践教学的方法不断改进，体现开放性、针对性和职业性，实践教学效果明显
教学组织与安排	内容的组织与安排	所有的课程目标都要有适当的教学环节做支撑，能够体现该课程对毕业要求的支撑。严格按照课程标准的要求，实施教学活动，对学生进行考核。 课程内容置于完成实际工作任务的过程中，或在仿真的任务、项目环境中完成，充分体现任务驱动、项目导向、主题教学的教改思路。 理论联系实际，体现动口、动脑、动手的学习氛围，强化学生实践能力、职业能力培养。 课内教学与课外实践有机结合，因材施教，措施得力，相互促进，形成有机的联系，教书育人效果明显
教学组织与安排	教学过程设计	教学过程设计做到理论与实践一体化，教、学、做一体化，融知识传授、能力培养、素质教育于一体，实训、实习等教学环节设计合理。 能根据学生的特点组织教学，注重学生主体性，形成调动学生积极性、主动性的独特教学组织与安排方式

5. 教学条件

课程建设质量标准的教学条件标准如表3-6所示。

表 3-6　课程建设质量标准的教学条件标准

二级指标	主要观测点	建 设 标 准
教材与教学资源	教材选用	选用具有思想性、科学性、先进性、启发性和适用性，符合课程标准要求的优秀教材（含国家规划教材、高职高专优秀教材），选用近三年出版的新教材
	教材建设	积极与行业企业合作开发适合专业发展和人才培养质量的工学结合特色教材；为学生自主学习的开展指定了有效的文献资料或资料清单。 有高水平的自编教材，自编教材的体例新、质量优，体现工学一体，具有高职教育的特色，获各级优秀教材奖励。 重视实训教材建设，建设与课程配套的高质量实训教材，满足教学需要
	教学资源建设	教学资源建设内容丰富，教学标准、课程标准、课堂教学设计、授课计划、教案讲稿、实训实习项目、教学指导、学习评价、课程改革资源（图书资料、教学软件、视听教材等）等教学资源格式规范、内容完整，符合高质量课程设计要求，符合专业人才培养方案设计要求，与人才培养模式改革工作相适应，能满足教学需要。 与行业企业合作开发高水平的教学案例集、学习指南、实训实习项目、实习指导书、技术支持库、教学录像、演示录像等教学相关资料，满足教学需要，为学生的课外自主学习提供帮助
	教案讲稿	结构合理、格式规范、内容充实，有一定量的对教材内容的提炼和补充，有课程前沿理论的观点
实践教学条件	实践教学环境的先进性	课程主讲教师主持和设计实践教学的内容、形式和要求，能开出具有综合性、创新性的实训项目。 实践教学体现开放性、针对性和职业性，培养学生的职业能力效果明显。 有行业企业技术骨干指导实践教学
实践教学环境	完备性	实践教学环境和设备能够满足实践教学需要；对安排实践教学环节的，要求有稳定的教学基地和充足、先进的教学设施；实验开出率达到100%，设备完好率≥95%
	开放性	有效利用实践教学条件，创造性地开展社会职业技能培训项目。 实施了开放式教学，因材施教和个性化培养效果明显
	实践教学基地建设	有满足教学要求的、稳定的校内外实践教学基地，利用效果好
网络教学环境	网络资源建设、网络教学硬件环境和软件资源	有完善的网络教学建设计划和具体实施方案，运行机制良好。 完成各类教学资源的建设及数字化工作，提供课程的课程标准、授课教案、PPT、习题、实训指导、微课、案例、授课录像、参考文献目录等教学资源，并能经常更新、上网开放，能满足本课程的教学需要。 课程网站构架合理，教学资源丰富，功能齐全，运行良好，开展了网络在线教学，进行师生网上交流，为学生自主学习服务效果好。 能够实现课程教学资源有效共享，优质教学资源使用率较高、受益面大，互动答疑效果好，在教学中发挥了良好作用

6. 教学方法与手段

课程建设质量标准的教学方法与手段标准如表 3-7 所示。

表 3-7　课程建设质量标准的教学方法与手段标准

二级指标	主要观测点	建 设 标 准
教学方法	多种教学方法的使用	因材施教，教师积极开展方法改革，根据课程内容和学生特点，灵活运用案例分析、分组讨论、角色扮演、启发引导等多种恰当的教学方法，有效调动学生学习兴趣，有效调动学生积极参与学习和自主学习，引导和促进学生积极思考与乐于实践，促进学生学习能力发展。 能采用恰当形式实现师生的互动，运用讨论式、研究式、参与式、案例式、项目式、情境式、虚拟仿真教学等教学方法，启迪学生思考，有效地调动学生的学习积极性，真正改变课堂上信息单向传递、教师单向控制的局面。 开展体验性学习、个性化学习等，促进学生职业能力发展。 实践教学方法得当，在培养学生发现问题、分析问题和解决问题的能力方面有显著成效
教学手段	信息技术的应用	能将传统教学手段和现代教育技术手段有机结合，能恰当地使用现代教育技术手段促进教学活动开展，在激发学生学习兴趣和提高教学效果方面取得实效。 课程能充分使用虚拟工厂、虚拟车间、虚拟工艺、虚拟实验等现代技术手段实现教学目标，取得较好的实效

7．课程考核

课程建设质量标准的课程考核标准如表 3-8 所示。

表 3-8　课程建设质量标准的课程考核标准

二级指标	主要观测点	建 设 标 准
课程考核	考核内容（试题难度、分值、覆盖面等）、考核方案（考核方式）、评分标准的明确性、考核知识点的权重与课程目标的匹配程度	积极进行考核评价改革，探索课内和课外相结合、线上和线下相结合、过程性评价与终结性评价相结合的多元化考核评价模式，考核评价应体现评价标准、评价主体、评价方式、评价过程的多元化，能根据课程的特点灵活运用多种方法进行课程考核，有效促进学生自主性学习、过程性学习和体验式学习。 考核标准符合课程特点，能够体现"全面考核、综合评价"的要求。围绕课程目标、依据教学环节逐项考核，所有的课程目标均有适当的考核方式；每一项考核均有明确的评分标准；考核权重要与课程目标相匹配。 考核评价的方法改革注重过程和结果、能力和知识并重，促进学生综合素质的提高。 实践教学环节的考核对促进学生动手能力、综合应用能力以及创新能力培养成效显著
	过程考核	对学生平时出勤、作业、实训、测验、课堂表现等考核过程记载清楚，平时成绩评分合理，在总成绩所占比例合适
	试卷考核	试题命题质量、内容、题量、覆盖面、难易程度均符合课程标准要求，有标准答案、评分标准客观、准确，采用流水作业阅卷，阅卷严格规范，开展题库建设，实行教考分离
	试卷和成绩分析	试卷和成绩分析科学、客观，并能反馈指导教学；成绩分布合理，成绩单记载清楚、规范
课程目标达成度评价	评价方法、评价方法的合理性及评价结果	制订合理的评价计划和方法，课程结束时进行详细的课程目标达成度评价，分析得出的评价结果，以及将评价结果用于持续教学改进工作中
课程考核形式	考评主体	通过分析课程特点和教学内容，建立基于职业胜任的教学考核评价体系，考评思路明确
	评价方式	实现了考核评价主体的多元化和考核评价形式的多样化
课程考核标准	考评内容、形成性考核、终结性考核	形成了课程考核标准，有具体的评价内容、评价方式、评价主体、评分标准，便于操作，注重考查学生的知识、技能和态度。 课程考核包括形成性考核和终结性考核。 建立了数量充足的试题库与项目库

续表

二级指标	主要观测点	建设标准
课程考核标准	考试评价	评分过程科学严谨、规范；试题、试卷和成绩质量分析中肯、翔实，认真进行考试工作总结

8．教学管理

课程建设质量标准的教学管理标准如表 3-9 所示。

表 3-9　课程建设质量标准的教学管理标准

二级指标	主要观测点	建设标准
教学文件	各教学环节的质量标准及规章制度	有完善的教学工作文件管理制度，包括课程标准、授课计划等管理制度
教学文件	教学管理制度执行情况	各主要教学环节的质量标准和规章制度认真执行，课程标准、授课计划、教案讲稿齐全、规范，符合要求；教学工作计划、教学检查、教学小结、经验总结、试卷与试卷分析、毕业设计、教学与教研活动记录等资料齐全、规范。严格执行学校的有关教学管理制度，严格遵守教学规范的基本要求，认真落实试讲、备课、听课、教学检查、教学研讨、课程标准、课程标准制定、教材选用等教学活动，以及备课、讲课、辅导答疑、批改作业、实践、实训成绩考核等教学环节。理论教学和实践教学的教学文件系统完整，并能及时归档，能充分体现教学改革和教学研究的成果，指导思想把握准确，实施有计划、有措施，成效显著。学校建设周期内，没出现过教学事故
教学环节管理	备课、辅导答疑和批改作业	备课教案规范齐全，备课认真充分；作业批改认真，有记载；辅导答疑有安排，对学生因材施教
教学环节管理	课程组教学活动	积极开展教学研究、集体备课、相互听课、教学讲评、观摩教学和试讲等活动，有记录
教学环节管理	教案或 PPT	教案要素完备，规范美观，内容与课程标准能很好匹配，具有简洁、新颖、主干突出、实用的特点
教学环节管理	教师基本素质及课堂纪律	上课时学生无人迟到，无人睡觉或做与课堂无关的事。学生精神状态好，听课专注、投入。教师教态好，语言规范流畅、节奏适中，教学内容展示效果好

9．教学效果

课程建设质量标准的教学效果标准如表 3-10 所示。

表 3-10　课程建设质量标准的教学效果标准

二级指标	主要观测点	建设标准
同行及督导评价	校内外专家评价和声誉	校内外专家、校内教学督导组对课程的教学内容、教学方法、教材和教学效果的评价均为优秀（或者是好的评价），证明材料充分可靠、真实可信，有良好声誉。课程曾被评为院级以上的优秀课程，或者课程的教学改革受到院级以上的教育行政部门的表彰
学生评教	学生教评结果	学生评价材料较充实，采样科学，综合统计真实可靠，评价结果有 90%以上的学生认为是优良。学生从不同角度反映出对教学效果的赞扬和肯定

续表

二级指标	主要观测点	建设标准
课程教学评价	课程教学质量	教师对教学内容的理解和把握，灵活的、有效的教学方法和教学手段的选择应用以及良好的教学效果，反映出教师的教学能力强。 讲课有感染力，能吸引学生的注意力；能启迪学生的思考、联想及创新思维。 教师仪态端庄，声音清晰，教学富有激情。 课堂气氛活跃，学生参与程度高，师生互动效果明显
	后续课程反映	后续课程教师反映好，为后续课程学习奠定了良好的知识、能力、素质基础
学生的考评结果	学生的考评成绩	教考分离，试题质量较高，考核方式方法科学，能综合考查学生学习质量。 学生考评成绩优良，学生考试合格率达到 90% 以上，其中优良率≥50%
	学生作品、学生相关证书获取率及竞赛获奖率	学生实际操作能力强，实训、实习产品能够体现应用价值；课程对应或相关的职业资格证书或专业技能水平证书获取率高，相应技能竞赛获奖率较高，有比较齐全的表征学生学习效果的成果

10. 特色与创新

课程建设质量标准的特色与创新标准如表 3-11 所示。

表 3-11　课程建设质量标准的特色与创新标准

二级指标	主要观测点	建设标准
课程特色	特色和创新	在队伍建设、教学改革、教学建设、教学管理等某些方面有一定特色和创新，有经验总结，对同类课程有推广意义
推广价值	教学风格	具有独特而卓有成效的教学风格，形成了具有推广价值的课程特色

3.3 精品在线开放课程建设标准

1. 课程团队

精品在线开放课程建设标准的课程团队建设标准如表 3-12 所示。

表 3-12　精品在线开放课程建设标准的课程团队建设标准

二级指标	主要观测点	建设标准
课程负责人	学术水平与教师风范	具有良好师德，教学能力强，教学经验丰富，教学特色鲜明，教学成果显著
团队成员	教学团队结构	以主讲教师为核心，形成结构合理、专兼结合、可持续发展的教学团队，团队校企融合、优势互补，并配备足够数量的辅导教师或技术顾问，及时响应课程在线辅导、讨论等。 团队知识结构、年龄结构、学缘结构及任务分工合理，协作有序，执行力强，团队成员包括专业教师和教育技术骨干
	整体素质	主讲教师具有较高的学术水平和教学能力，了解慕课规律及特点，具备较好的信息素养和高度责任感。 团队依据学生反馈对教学微视频和相关的学习资源进行合理调整，形成动态管理
	教学风格	主讲人讲课热情，精神饱满，有感染力
	教学研究与从业经验	团队成员具有网络教学或在线开放课程建设经验；有相关翻转教学、科研论文和成果

2. 课程概况与组织结构

精品在线开放课程建设标准的课程概况与组织结构标准如表 3-13 所示。

表 3-13　精品在线开放课程建设标准的课程概况与组织结构标准

二级指标	主要观测点	建设标准
课程概况	课程信息	课程标准、课程介绍、教学目标、预备知识、资源、考核方式、在线作业、在线题库和在线答疑等基本信息完整
课程结构	团队信息	课程负责人介绍、教师基本简历、研究方向及成果、以往承担课程、本课程建设团队等信息齐全，团队成员职责明确，有确定的线上答疑老师
	教学安排	能够明显传达教学进度和时间，让学生了解什么时间应该完成哪些教学内容
	资源扩展	提供相关外部资源链接和资源，所提供的资源出处准确，资料有扩展
	课后习题	有完整习题和参考答案，分值比重合理，课程至少有三次测试，单元练习与该单元内容相关，能考核学生学习程度和反映接受程度

3. 课程教学设计

精品在线开放课程建设标准的课程教学设计标准如表 3-14 所示。

表 3-14　精品在线开放课程建设标准的课程教学设计标准

二级指标	主要观测点	建设标准
教学理念与思路	有先进的教学理念，突出学生主体地位。根据教学内容，结合在线课程特点，采用合理有效的设计方式	遵循有效教学的基本规律，结合在线开放课程教学的特征与需求进行整体的教学设计。 以职业能力培养为重点，推行"学中做、做中学"，探索任务驱动、项目导向等有利于增强学生能力的教学模式，充分体现职业性、实践性和开放性要求。 围绕教学目标精心设计教学活动，科学规划在线学习资源，明确学业评价策略和学习激励措施。 课程设计、教学安排和呈现方式符合学习者移动学习和混合式教学的需求
教学目标	教学目标具体性、可衡量性、可分解性、可实现性、时限性	根据教学内容与课程体系明确课程目标定位，定位准确，清晰合理。如高校学习者、社会学习者或二者兼顾，也可结合本校专业与教学特色，设置课程定位。 能够根据课程特点和学生层次制定教学目标。课程本身与每个单元都有明确的知识、技能、素质目标，目标实现可以测量。 教学活动、学习评价和教学资源以教学目标为导向
教学结构	知识点以适度的颗粒化方式呈现，表现形式适当	在线课程教学内容应在完整知识体系下考虑泛在学习的特点，颗粒化组织教学内容及资源，设置教学情境，形成围绕知识点、技能点展开，清晰表达知识框架的短视频模块，每个短视频对长应不超过 20 分钟。针对各模块知识点或专题设置相应的作业题或讨论题，以帮助学习者掌握学习内容或测试学习效果
教学活动	活动目标、活动设计、活动类型、活动反馈	重视学习任务与活动设计，可通过网页插入式在线测试，即时网上辅导反馈，线上、线下讨论答疑，网上作业布置、提交和批改，网上社区讨论等，促进师生之间、学生之间进行资源共享、问题交流和协作学习，加强师生课堂与课下的互动，激发学生学习兴趣。 有明确的学习活动目标，能运用多种方式、多种手段开展学生的学习活动，活动形式包括但不限于在线异步讨论、信息提醒、测验、教师答疑、作业、线下讨论、问卷、实时讨论和一对一辅导。 有必要的指导，能为学生提供帮助，提供支持学生自主学习和协作学习的条件，能激发学生的学习积极性和主动性，注重对学习能力的培养

续表

二级指标	主要观测点	建设标准
学习评价	多元化的评价方式、反馈及时性、学习过程记录	运用技术手段，对教学过程及结果进行测量，进而得出全面、准确的评价。 建立多元化学习评价体系，探索线上和线下融合，过程性评价与终结性评价相结合的多元化考核评价模式，促进学生自主性学习、过程性学习和体验式学习。 根据课程特点采用形成性评价与总结性评价相结合的方式，课程成绩由过程性考核和终结性考核综合评定。有明确合理的评价策略，包括完成课程学习必须的作业数量及评分的标准、测试数量及标准等，反馈及时。 评价类型包括但不限于随堂小测验、单元测验、单元作业、讨论、调查、线下考试、期末考试和作业，原则上每个一级单元至少有一份习题作业。 实时记录学习和交互过程，并用于学习评价和教学研究
教学方法	多种方法设计、方法运用	灵活运用多种适当的教学方法，积极开展案例式、混合式、探究式等多种教学模式的学习，根据课程内容和学生特点，灵活运用案例分析、线上/线下分组讨论、角色扮演、启发引导等教学方法，增强在线课程有效性，吸引学生参与课程学习，引导学生积极思考、乐于实践，提高教学效果。 课程设计、教学安排和呈现方式符合移动学习和混合式教学的需求。 授课过程能结合网络教学特点，且授课方式能有效表达教学内容，促进学习者理解，问题阐述简练准确、思路清晰、详略得当；学生提问回复及时
教学互动	人际交互模式、交互层次、交互频次	注重信息技术的应用，人机交互模式灵活多样，在条件允许的情况下组织进行线下交互。 师生积极参与互动，答疑回复间隔时间在48小时以内
考核评价	考核标准	考核内容能够体现教学整体性，能涵盖本课程的大多数章节内容，难度具有区分性，分值设置得当，重点突出

4．课程内容与教学资源

精品在线开放课程建设标准的课程内容与教学资源标准如表3-15所示。

表3-15　精品在线开放课程建设标准的课程内容与教学资源标准

二级指标	主要观测点	建设标准
内容选择	内容思想性、科学性、实践性、先进性、创新性、扩展性	体现现代先进职业教育教学思想，符合教育教学规律，体现课程内容与职业标准对接，教学过程与生产过程对接，强化能力的培养。 及时反映专业最新发展成果和教改教研成果，具有思想性、科学性、实践性、先进性、创新性、扩展性。 适应在线开放教育和辅助学习需要，有助于学习者创新能力、实践能力和可持续发展能力的培养
	设计合理	教学内容能按课程标准合理划分，且逻辑上合理，能清晰表达课程内容，反映该专业领域基本结构，编排顺序利于学习者理解和认识
	内容科学	课程内容能遵循教学目标，课程深度适当，重点突出，科学严谨，积极向上，没有思想上、学术上的错误，资料来源可靠，能反映专业发展新思想、新概念、新成果
内容组织	课程模块、教学单元、知识点、技能点拆分、资源组织	每门课程提供一个合理的课程结构，课程内容按照合理的结构呈现出来。 教学内容结构完整，教学单元的设计和知识点、技能点的拆分或配置合理。 各类基本资源均按照教学单元、专题或模块的框架，予以合理、有序组织和配置，与知识点、技能点对应清晰。 导航简明，方便各类用户查阅、使用

续表

二级指标	主要观测点	建设标准
课程资源	资源内容、资源设计、资源可用性、资源呈现方式	教学资源以学习者为中心，重构资源体系，资源组成碎片化、内在逻辑系统合理，能反映本课程教学理念、教学思想、教学设计，展现课程团队教学风采。 课程资源丰富多样，在数量和类型上达到在线课程的教学要求，方便教师与学生自主搭建课程和学习。表现形式上，合理使用文本、图形（图像）、音频、视频、作业、习题和虚拟仿真等各类素材，充分发挥信息技术优势，开发在线习题、作业、测验、论坛等多种形式。 课程基本资源系统完整，基本资源覆盖该课程所有知识点和岗位技能点；拓展资源体现行业发展的前沿技术和最新成果，能反映本课程教学特点、建设优势，应用于教或学的某一环节，支持教学或学习过程。 按照资源的内容和性质，科学全面地标注资源属性，方便资源的检索和智能重组。资源的形式、规格应遵循行业通行的网络教育技术标准，符合在线开放课程建设技术要求。 课程网页、视频、教案和演示文稿等经过精心设计和制作，应用效果好，有助于提高学生学习兴趣，保持学生注意力。 学习任务设置清晰明了，有合理的习题与作业频度
课程教学质量	教学仪态、教学语言	仪态端庄、举止从容；语调适宜，语言生动，充满感染力，使用普通话。 教学方法富于变化，有利于学生创新能力的培养
	技术标准	有完整的学习任务教学视频内容，符合在线开放课程建设技术要求

5．学习支持与学习效果

精品在线开放课程建设标准的学习支持与学习效果标准如表 3-16 所示。

表 3-16　精品在线开放课程建设标准的学习支持与学习效果标准

二级指标	主要观测点	建设标准
导学服务	服务目标、服务模式、服务对象	提供完整的课程介绍、学习指南、常见问题、课程推荐等服务，引导学生了解和适应学习环境，指导学生学习课程内容并参与学习活动。 信息平台运行稳定，并能提供及时有效的教学数据应用分析等服务

6．课程推广

精品在线开放课程建设标准的课程推广标准如表 3-17 所示。

表 3-17　精品在线开放课程建设标准的课程推广标准

二级指标	主要观测点	建设标准
课程推介	评价	课程网站的点击率高，学生在课程讨论区内评价积极，对教学效果评价良好
	推广	课程成功在全国性课程平台上线，外校学生修读相关课程学时、人数多

3.4　课程标准的质量标准

课程标准是落实培养目标和人才培养方案的最基本的教学文件。课程标准以课程为单位，是各门课程进行教学与考核的基本依据。理论课程和实践课程必须按照人才培养方案的要求制定课程标准，教师在教学过程中必须严格执行课程标准的要求。

课程标准在执行中不得轻易变动，任课教师应根据课程标准的要求，明确本门课程的教学基本要求，认真研究和精选教学内容，组织好教学的各个环节。

课程标准的质量标准如表 3-18 所示。

表 3-18 课程标准的质量标准

一级指标	二级指标	质量标准
制定原则与总体要求	课程基本理念	能力本位，行动导向，理实一体，以学生为主体，教学贴近生产，突出课程的职业性，有利于学生可持续发展
	符合高职人才培养方案的目标要求	明确课程在人才培养方案中的地位和作用，依据专业人才培养方案确定本门课程的基本教学内容和要求。 课程标准符合专业人才培养目标的要求，突出课程在实现人才培养目标中的作用
	科学性与适时性	教学内容必须是符合教育、教学规律，经过科学检验证明是正确的内容，同时内容必须跟上时代步伐，并具有一定的前瞻性。 课程标准对课程性质、目标的规定科学准确，各章节课时分配合理。 提出的教学方法建议、考核要求、推荐的教材及参考书对教师的教学工作有较大的指导意义
	系统性与针对性	依据专业基础知识体系和该专业体系编写，要保证知识的完整性及与相关课程之间的衔接、联系和配合。 要突出专业特点，反映教学改革成果。针对高职学生的知识水平，适当把握内容的难度，增强学生的求知欲望
	规范性与关联性	格式符合学校的规范要求，保持与先修课程及后续课程之间的有机联系。 明确课程与专业的关系，课程在人才培养方案中的地位和作用分析到位，明确课程与前导、后续课程的衔接关系
课程设计	设计思路	基于工作过程的课程设计，以工作任务为课堂结构模式、课程内容确定的依据，课程安排说明
	课程教学结构	课程教学结构设计安排合理，教学思路清楚，时间分配得当，课堂教学活动突出学生主体性及多向互动，突出重、难点的有效解决过程。授课过程要以学生为主体，以专业活动为导向，以学生能力提高为目标
	学习情境设计	课程教学能较好体现"做中学"，重视学生在校学习与实际工作的一致性，有针对性地采取工学交替、任务驱动、项目导向、课堂与实习地点一体化等行动导向的教学模式
基本结构与内容	课程基本情况	按规范填写课程中文名称、课程英文名称、课程编码、课程类别、课程性质、总学时、学分、授课对象；明确指出前导课程；撰写 300 字以内课程简介，明确本课程的特色以及本课程对学生培养的作用
	课程教学目标	课程教学目标应该在分析授课对象特点的基础上，就学生学习的知识性目标、技能性目标和其他目标等方面，用简明扼要的语言概括课程的主要内容，并列出学生对于这些课程内容所应达到的目标点。 突出基本职业能力和关键能力（专业能力、方法能力、社会能力）的培养要求，深化对职业能力的理解
	教学内容及基本要求	课程内容充分考虑学生职业生涯需求，能够以职业活动与工作过程为导向。内容组织与安排遵循学生职业能力培养的基本规律，围绕职业能力目标的实现来展开。以真实工作任务及其工作过程为依据整合、序化教学内容，科学设计学习性工作任务、项目。 对课程具体内容的详细说明，是各门课程标准的主体。应根据课程的教学要求确定各部分内容，不要求与某特定教材章节顺序挂钩固定。各部分应写明支撑的课程教学目标点、教学基本知识点、基本要求以及重点、难点等。 课程内容具有系统性、先进性，反映和吸收课程所在专业新成果（知识、技术与方法等）

续表

一级指标	二级指标	质 量 标 准
基本结构与内容	课程内容与学时分配	明确教学内容的各大部分的总学时、理论学时和实践学时
	课程教学方式与考核	明确课程的教学方式、考核形式和成绩评定方式。 教学方式写清楚课程是课堂讲授、线上到线下、实训、翻转课堂、案例讨论等授课方式中的哪一种或哪几种。 考核形式指定本课程是"考试"还是"考查"、"开卷"还是"闭卷"、"提交作业"或"报告"等其中哪一项或哪几项。 成绩评定方式指定课程的学生成绩构成方式，鼓励积极开展形成性评价，注重过程考核，过程考核成绩比例为20%～70%（具体比例由课程组确定）；鼓励采用多元化评价
	教材与参考资源	由教材和参考资源两部分组成。给出该课程的推荐参考教材（包括配套的习题、实训教材），以及其他主要参考资源，必要时还可附录与本课程有关，或与课程标准编写有关的资料及文献目录
课程实施	教学方法	教学方法运用恰当，符合课程内容和学生特点，灵活运用案例分析、分组讨论、角色扮演、启发引导等教学方法，利于激发学生主动学习
	教学手段	能合理使用现代教育技术、建立虚拟项目等仿真教学环境，优化教学过程，提高教学质量和效率
	教学评价和考核要求	评价考核方式合理、灵活、恰当，平时评价考核与集中评价考核相结合，教师评价与学生评价相结合。运用评价信息分析教学，并说明教学效果的提高和进一步改革的思路。 注重考核方法改革，有教学过程考核，课程考核方式及考核内容、课程成绩评定方法等符合课程标准的要求
课程资源开发与利用	硬件条件	建立了完善的校内实训基地条件、校外实训基地、网络条件
	师资条件	任课教师职业能力强，知识结构合理，专业教师和兼职教师组成具有双师结构特点的教学团队
	教材编写	教材体现任务驱动、行动导向的课程设计思想
组织与实施	制定程序	指定负责开设课程的主讲教师起草，并充分听取相关专家的意见，发扬学术民主，力求使制定的课程标准科学、规范、适用
	审核流程	主讲教师完成课程标准初稿后，需组织相关专家进行审核，需要修改的提出修改意见后返回教研室修改

【概念解析】

3.5 相关概念的内涵解析

1. 课程开发

课程开发是指根据岗位能力模型进行需求分析，确定课程目标，编制教学内容，设计相关教学活动，并进行计划、组织、实施、评价、修订，以最终达到胜任岗位、改进工作为课程目标的过程。

2. 能力本位课程开发模式

能力本位课程开发模式起源于美国，后在北美和澳洲等地得以广泛推广。该模式采用 DACUM 课程开发方法，运用模块式方案，以能力为主线开发课程，并把职业能力看作是职业教育的基础。DACUM 是 Develop A Curriculum 的缩写，它的前提是教育服从于产业的发展，其目的是通过了解用人单位的需求，帮助教师开发出满足行业需求的、新颖的、本地化的课程。

3. 学习领域课程开发模式

学习领域课程开发模式是目前德国针对传统职业教育课程的专业化问题提出的一种模式，其实现的办法是在知识组织中彻底打破专业界限，实行"学习领域"。学习领域课程开发的基础是职业工作过程，其基本思路是由与该教育职业相关的职业行动体系中的全部职业"行动领域"导出相关的"学习领域"，再通过适合教学的"学习情境"使之具体化。这一课程开发的基本路径可简述为"行动领域→学习领域→学习情境"。

4. 工作过程导向课程

工作过程导向课程持有的是综合职业能力观，是专业能力、方法能力和社会能力有机统一下的职业行动能力，它不仅关注在复杂工作情境中的行为能力和操作技能，而且还关注在行动过程中解决问题的"关键能力"的培养。也就是说，关键能力的培养不是虚无缥缈的，只能在完整的工作过程（或普通教育的行动过程）中实现，并且只能在"专门的领域"中获得。

5. 行动导向教学原则

为了实现工作现场的"行动过程"与学习领域的"学习过程"相统一，"行动导向教学"就成为了工作过程导向课程的主要教学原则。它是以工作任务引领行动的教学指导思想，是以学生为主体的教学方式方法的总和，核心思想是倡导学习者针对来源于实践的开放性学习任务，独立设计解决问题的策略、尝试解决问题并进行评价。

行动导向教学原则具有鲜明的特色：在教学内容方面，主张完整的综合性工作任务或项目；在教学过程方面，主张"完整的行动过程"；在教学组织方面，主张小组合作学习形式；在教师角色方面，主张教师作为学习活动的组织者、咨询者和引导者；在学生角色方面，主张学生作为行动的主体地位和作用。

6. 公共通识课

公共通识课也称"公共基础课"，是指如高等数学、计算机基础、创新创业教育、英语、心理健康、安全教育、健康教育等素质教育类课程，强调培养学生的基础知识素养和人文素养。

7. 专业导论课

专业导论课也称"专业认知课"，旨在帮助学生系统认识该专业，包括专业的内涵特点、主要专业/专业知识和课程体系、人才培养目标和实现途径、专业发展历程和未来方向、专业与行业职业的关系、相关专业及国外相应专业发展状况等介绍。

8. 专业基础课

专业基础课是和专业相关的基础课程，是学生进行专业学习的基础，提供和专业相关的基础知识、基本理论和基本技能的课程。

9. 专业核心课

专业核心课也称"专业主干课"，是本专业人才培养的核心课程，提供专业方向或岗位工作所必须掌握的科学原理和方法，培养学生使用这些原理和方法分析、判断、解决生产一线或工作现场实际问题的能力。

10．课程形式

在线开放课程平台目前支持三种形式的数字课程，即精品资源共享课、视频公开课、大规模在线开放课程。

11．精品资源共享课

精品资源共享课以课程资源的系统性、完整性为基本要求，包括教案、课件、教学视频、练习、作业、考题等全套教学资源，往往以类似书目章节的形式组织和呈现教学资源，既可以作为其他同行备课的参考，也可以成为学生自学的资源，还可以在校内课堂教学时直接用于展示和讲解。

12．视频公开课

视频公开课是面向高校学生和社会公众免费开放的科学文化素质类网络视频课程，包括大众感兴趣的学术专题讲座和专业导论课，以视频讲座的方式宣传科学理论和科学常识，介绍现代科学技术的前沿知识和高等教育的特色专业，增进社会大众对高职专业及人才培养情况的了解和认识。

13．大规模开放在线课程（MOOC）

慕课（MOOC），英文直译"大规模开放在线课程（Massive Open Online Course）"，是一种在线课程开发模式。

所谓"慕课"（MOOC），顾名思义，"M"代表Massive（大规模），与传统课程只有几十个或几百个学生不同，一门MOOC课程动辄上万人，甚至数十万人；第二个字母"O"代表Open（开放），以兴趣导向，凡是想学习的，都可以进来学，不分国籍，只需一个邮箱，就可注册参与；第三个字母"O"代表Online（在线），学习在网上完成，无须旅行，不受时空限制；第四个字母"C"代表Course，就是课程的意思。

慕课主要特点如下：

（1）大规模的：不是个人发布的一两门课程，"大规模开放在线课程"（MOOC）是指那些由专门机构或参与者发布的课程，只有这些课程是大型的或者叫大规模的，它才是典型的MOOC。

（2）开放课程：尊崇创用共享（CC）协议，只有当课程是开放的，它才可以称之为MOOC。

（3）网络课程：不是面对面的课程；这些课程材料散布于互联网上，上课地点不受时空局限。无论你身在何处，都可以花最少的成本享受大学的一流课程，只需要一台计算机（或智能终端）和网络连接即可。但与此同时，网络课程也被证明是一种高效的学习方式。

14．媒体类型

媒体类型是指课程建设所需资源内容的呈现形式，包括文本、图片、音频、视频、动画、PPT演示文稿、虚拟仿真、网页课件等。

15．授课计划（教学日历）

授课计划（教学日历）是教师组织教学的实施计划表，包括日期、授课主题、授课形式（实训、讲授、网上）、作业等。授课计划（教学日历）采用文本方式呈现，建议使用表格的方式制作。

16．教学设计方案

教学设计方案是教学实施的详细设计文档，包括教学目标、教学内容、教学方法、所用到的资源文件、评价考核题目等方面的内容。教学设计方案的颗粒度可以是模块（情境/项目/章等），也可以是单元（任务/节等）或知识点/技能点。

17．课程特色

课程特色是在教学改革和建设过程中不断丰富、长期积淀形成的，体现本课程的优质风貌，可体现在课程建设思路、教学内容和课程体系、教学方法和手段、实践环节等不同层面，对提高教学质量作用大，效果显著。

18．教学资源

课程的教学资源包括基本资源和拓展资源。

基本资源是指能反映课程教学思想、教学内容、教学方法、教学过程的核心资源，基本资源的主要特点是颗粒度小，完整且允许冗余，是教学过程中使用的教学素材，通常包括学习指导、授课视频、专家讲座、演示文稿、动画课件、教学图表、教学案例、工程录像、电子教材、文献资料、教学例题、习题作业、试卷、工程图纸、任务工单、实践指导、常见问题、学生作品、行业名家介绍等教学活动必需的资源。

拓展资源是集成度相对较高的资源，强调资源的整合性和交互性，一般需要下载后独立运行。例如，可自动评判程序设计作业的软件系统，或者某个模拟软件系统。

19．学习指导

学习指导描述了教学目标、重难点或学习建议。学习指导可以按模块或按章提供，也可以针对教学单元或节提供，还可以文本或概念图（图片）方式提供。

20．授课视频

授课视频是指课堂教学全程录像，视频无片头片尾要求。拍摄环境要求光线充足，教师衣着整洁，讲解声音清晰，教师讲解和 PPT 能合理切换，如有板书，应确保拍摄的板书清楚。课堂过程如有交互，需提供至少双机位拍摄，确保交互过程的完整性。

21．演示文稿

演示文稿是指教师上课（代板书）使用的 PPT 文件，制作需符合 PPT 的技术要求。如果使用除 PowerPoint 之外的软件（如思维导图软件）制作演示文稿，除原始文件外，还需提供可以通过常见浏览器预览的版本。

22．动画课件

动画课件特指 HTML5 格式以及 SWF 格式的动画文件，一般用于演示工作原理（工作过程中所依据的规律或理论基础）、内部结构（产品的内在组成形式）、工作过程、操作规范等内容，也可以用于制作富于趣味性的练习活动，比如连线题、拼图题、排列组合题。动画课件的制作需符合相关的技术要求。

23．教学图表

教学图表是指辅助教师授课和学生学习的图片资料，可以是单幅图片，也可以是相关图片组成的图片集。在各类教学文档、演示文稿、动画课件等资源中使用的图表都需要单独作为教学图表提供。教学图表的制作需符合图片的技术要求。

24．教学案例

教学案例是指帮助学生理解内容、掌握技能所需要的实际案例，以及对案例的分析说明。教学案例大多来自行业企业、生活实践的真实场景，可根据教学要求进行适当改编。教学案例类资源除了提供案例内容之外，还需要单独提供对案例的分析说明。教学案例的格式不限，需符合对应媒体类型的技术要求。

25. 电子教材

电子教材是一类遵循学生阅读规律、符合课程目标要求、按图书风格编排的电子书或电子读物，供教师或学生在个人数字终端设备上独立使用。电子教材如果是正式出版物，在课程中使用需要得到出版社与作者的授权；如果电子教材遵循知识共享协议（CC 协议），则可以在课程中直接引用或使用。电子教材的颗粒度可以是课程，也可以是模块(情境/项目/章等)、单元（任务/节等)、知识点/技能点，建议采用较小的颗粒度，方便使用。电子教材可以采用文本方式或电子书呈现。

26. 文献资料

文献资料是指各类文本资源，如拓展阅读、程序样例、说明书、使用与维护手册、检测与验收报告、国家政策性文件、法律法规、行业规范、企业规范、国家规范和国际规范等。要对具体文献资料提供概要性说明，用于具体教学的文献资料需要提供对该资料的分析解读。

27. 教学例题

教学例题必须具有典型意义，并且结构完整，至少包括题干、解答过程（解析）两部分。例题可以采用文本方式，也可以采用授课视频方式提供，制作需符合相应要求。

28. 习题作业

习题作业是指用于课内练习的习题或课后布置给学生完成的作业。习题作业的综合程度可以是模块（情境/项目/章等），也可以是单元（任务/节等）或知识点/技能点，建议采用较小的颗粒度以方便使用。

习题作业以文本格式提供，同时提供答案、选项解读和提示。习题作业需满足测试目标的要求，涵盖考查范围内的主要知识点。

29. 考试试卷

考试试卷是为评价考核学生的学习成果而编制的，试题应满足测试目标的要求，涵盖考查范围内的主要知识点。考查内容的题量和试题难度分布应与教学内容结构一致，具有一定的效度和信度，前后顺序必须合理，试题之间不能相互提示，不能相互矛盾。试卷以文本格式提供，同时提供答案、答案解读和提示。

30. 工程录像

工程录像是指来自工程现场等实际职业场景的视频材料，用于演示职业环境、工作过程、设施设备、工具材料、企业生产过程、安全规范等方面的内容。工程录像采用视频 MP4 格式，采用在真实工作场景录制的方式，适当地近远景切换，并配音讲解。

31. 工程图纸

工程图纸是指提供教学内容演示的工程类图纸。工程图纸需提供源文件，如果源文件格式不是常见存储格式，如 GIF、PNG、JPG 等，还需提交一个 JPG 格式的预览文件。

32. 任务工单

任务工单也可称为项目工单、任务单、任务书等。任务工单包括任务描述、任务要求等。任务工单使用文本格式，需要结合任务要求列出相关反思问题，并提供学习者填写记录的区域。

33. 实践指导

实践指导是指实验、实训、实习环节中对实践过程的介绍性文档，或是对操作规范的说明等指导说明资料。实践指导使用文本格式，制作需符合相应媒体类型的技术要求。

34. 学生作品

学生作品是指学生在教学过程中生成的各类作品，例如设计方案、有形产品、论文、报告等。学生作品可采用文本、图片、视频、动画等格式，制作需符合相应媒体类型的技术要求。

35．资源库

资源库包括案例库、专题讲座库、素材资源库等。这类资源库以特定类型的教学资源为核心，强调同类资源的丰富性、完整性和可扩展性，需要具备智能检索、推荐、上传更新等多种功能。资源库的开发需符合在线开放课程平台的接口要求，还需提供完整的安装指南和不同类型的用户使用帮助文档。

36．虚拟仿真实训（实验、实习）系统

虚拟仿真实训（实验、实习）系统是指利用计算机模拟实际工作场景、设施设备、工具材料、工作对象等要素，方便学生按照工作过程、操作规范进行仿真实操训练的教学软件。学生可以通过键盘、鼠标、操纵杆、手柄等简单设备实现对操作对象的交互操作。

虚拟仿真实训（实验、实习）系统要以比较先进的、具有代表性的真实实习实训环境作为背景，根据真实职业岗位活动，设计虚拟仿真的单元，要求具有漫游、操作、交流、互动的功能。

虚拟仿真实训（实验、实习）系统的开发需符合在线开放课程平台的接口要求，还需提供完整的安装指南和不同类型的用户使用帮助文档。

37．试题库系统

试题库系统、作业系统、在线自测/考试系统统称"试题库系统"，支持学生在线测试、自动批改与反馈等功能。试题库系统的基础是试题库，试题库建设以专业或课程为基础，针对不同考查目标提供不同难度层次的题目，题目类型丰富，题型不限于选择题和填空题，有一定的特色题型。试题库系统往往提供自动随机组卷、自动批阅反馈、同伴互评等多种功能。试题库系统的开发需符合在线开放课程平台的接口要求，还需提供完整的安装指南和不同类型的用户使用帮助文档。

38．网络教学课程

网络教学课程是指具备完整教学资源，整合学生学习交流工具的单门课程教学系统。网络教学课程中的教学资源制作需符合本标准中相应的制作要求，课程系统的开发需符合在线开放课程平台的接口要求，还需提供完整的安装指南和不同类型的用户使用帮助文档。

【方法指导】

3.6 课程开发的步骤

课程开发按以下步骤操作：

（1）定位课程目标。

一是确定教学主体；二是确定教学达到的效果，即通过教学，学习者应该具备的知识与技能。

（2）构建课程框架。

根据课程目标，对课程所需知识点进行梳理、编排，设计课程实施路径，撰写课程标准。

（3）选取与整合教学内容。

根据课程标准，开发案例、萃取知识，选取适当素材充实教学内容。

（4）设计教学策略。

根据教学内容，选择教学方法和教学手段，设计课程实施方案，提升学习效果。教学方法有讲授法、研讨法、视听法、角色扮演法、案例分析法、任务训练法、游戏模仿法等。教学手段包括板书、PPT、音乐、动画、视频、实物、模型、实验、肢体语言等。

（5）开发课程素材。

根据教学策略，通过设计课程PPT、编写教案和讲稿、制作视频等完成课程开发。

3.7 课程建设的内容与任务

（1）建设一支素质优良、结构合理的教学队伍。

结合学校教师岗位聘任制和人事分配制度改革，选拔和培养具有一定教学能力和教学改革成果、动手能力强的教师担当课程建设的主持人；通过引进、培养、聘任、兼职等途径，逐步形成一支专业结构合理、教学水平高、教学效果好、动手能力强的教师梯队。

（2）建立具有先进性和实用性的课程标准。

课程标准是课程教学的规范性、指导性文件，是教学工作的基本依据。课程标准应根据专业人才培养的总体方案，根据课程在知识、能力、素质等方面所具有的功能，依据学校课程标准的编写规则的要求和格式编写。教师在教学过程中要严格执行课程标准，依据课程标准选定教材、撰写教案、组织教学及对学生进行考核。

（3）设计与安排具有科学性和可行性的实践教学内容。

根据课程性质和教学需要，并与理论教学相衔接，科学合理地设计和安排实验或具有设计性、操作性的实验或实训课程内容；合理安排课程设计或社会调查等实践教学内容；制定实验或实训课程标准，并对实践教学环节有计划、有安排、有检查、有总结，达到培养学生技术操作能力和创新思维能力的目的。

（4）选用优秀教材和积极开展教学资源建设。

教材是教学内容和课程体系改革的集中体现，是教师教学和学生学习的主要参考书。要依据课程标准的要求选用优秀教材。优先选用教育部推荐的高职高专规划教材和获得教学成果奖的教材。积极开展教学资源和教学辅助资料的建设工作。要有一套与基本教材相配套，起补充、拓展和深化教材作用，供学生进一步学习的教学资源；要具备一套能体现课程标准要求、启发学生自学和思考、博采众长、规范教师教学工作的教学指导书；要相应具备案例集、实验或实训教学指导性资料、思考题或练习题等资料库；要充分利用国家高等职业教育专业教学资源库。

（5）探索教学方法改革和充分利用现代教学手段。

教学方法的改革是课程建设的难点。要积极开展教学改革研究，探索教育教学规律，重视学生在教学活动中的主体地位，充分调动学生学习的积极性、主动性和创造性。要根据学生的特点和需要，因材施教，改革"灌输式"以及在教学中偏重讲授的教学方法，积极采用启发式、讨论式、做中学等生动活泼的教学方法；积极采用案例教学法和现场教学法；积极运用现代化教学手段和技术，有效利用校园网，采用计算机辅助教学、计算机多媒体教学等手段组织教学，使其在提高教学质量中发挥更大作用。

（6）建立科学而又严格的课程考核制度。

课程考核方式必须符合课程要求和特点，能客观反映教学效果和学习质量。考核的方式要根据课程性质和学习目标的不同而有所不同，既可以采用传统考试模式，如书面答卷测试，也可以采用作业、案例分析报告、论文、口试、现场操作、面谈、自评、工件制作、作品设计、技能竞赛、视频制作等模式。考试内容在注重基本知识、基本技能的同时，应重点考核技术应用能力、分析和解决问题的能力。积极探索考核方式与方法改革。

（7）建立保证课程教学质量的评估检查办法。

每门课程均应有科学有效的课程教学评估检查办法，要建立教师之间互相听课与评课、学生座谈会、毕业生教学信息反馈以及教务处、督导室、院（系、部、中心）评估检查等制度，并针对反馈意见提出改进措施，不断提高教学质量。

（8）加强课程教学档案文件的建设。

课程教学档案文件是课程建设、改革、评估等活动的基础性材料。课程档案建设的有关文件资料包括课程标准、课程授课计划、考试试题、试卷分析表、考试试卷、教案与讲义、教学资源、教材习题集（库）、教学指导书、实验任务书、实验报告、课程设计（论文）选题、课程设计任务书、教学课件、教师任课情况与总结、教师获得的教学奖励、教师发表的教研论文等，都应及时进行整理、归档，使课程教学档案管理规范化、制度化。

（9）注重课程教学效果，不断提高教学质量。

课程教学中应注重对学生思维能力、创新意识和实践动手能力的培养；教师讲解重点突出、条理清晰；启发学生思维，注意扩大学生知识面；理论联系实际；学生积极参与；教学案例使用效果良好；教师教学态度端正，教学时间有保证；作业量适当，并及时检查；教材和资源的选取要有较强的系统性和时效性。

（10）突出课程特色建设。

根据不同课程在实现人才培养目标中的作用和地位，以及课程所在专业的特点，从专业人才培养模式和专业发展方向方面，系统分析、研究课程体系和课程结构的科学性、合理性、可行性，有计划地抓好教学内容、教学体系和教学方法的改革，使课程建设与同类课程相比具有显著特点，并在一定范围内具有重要影响。

3.8 精品在线开放课程建设的指导思想与建设目标

精品在线开放课程是以全校师生为服务主体，同时面向社会学习者的网络共享课程，主要包括 MOOC（Massive Open Online Course，慕课，大规模开放在线课程）和 SPOC（Small Private Online Course，私播课，小规模限制性在线课程）两种形式。其中，MOOC 是通过专门的网络服务平台，面向全球学习者进行知识传授；SPOC 是利用在线开放课程平台在校内（或小范围内）开展在线学习与课堂教学相结合的混合式学习的有效方式，例如开设网络进阶式课程、开展翻转课堂教学模式实践等。

1. 指导思想

以转变教学思想观念为先导，以培养适应社会需要的高素质技术技能型人才为目标，用现代职业教育观点选择和整合课程教学内容，改进教学方式方法，更新教学手段，强化实践性教学环节，改革课程考核制度，建立和完善课程教学质量评价机制；通过课程的建设，逐渐形成合格课程、院（系、部）优质课程、精品课程（院级、省级、国家级）的课程体系；通过对师资队伍、课程内容、教学方法、教材建设、课程管理等方面采取有效措施，形成以课堂教学为核心，以教学名师、教学改革与教学成果为载体的课程建设标准。

2．建设目标

建设在线开放课程旨在促进转变教育教学观念，引领教学内容和教学模式改革，实现以教为主向以学为主转变、以课堂教学为主向课堂教学与课外教学相结合转变、以结果评价为主向结果评价与过程评价相结合转变，深入推进人才培养模式的改革与创新。鼓励各学校发挥专业优势和现代教育技术优势，以大学生文化素质教育课、受众面广量大的公共课和专业核心课程为重点，建设适合网络传播和教学活动的质量高、教学效果好的在线开放课程。鼓励各学校跨学校或跨专业通过协同创新和集成创新的方式建设满足不同教学需要、不同学习需求的在线开放课程或课程群。鼓励教师积极探索在课堂教学中有效利用在线教学资源，研究使用手段，开展实际应用。

充分利用信息技术优势，探索线上线下混合式教学、全程在线和翻转课堂的信息化教学新模式，实行在线课程学分认证制度，学生修读在线课程纳入学分认定范围。

以在线课程教学共享平台为依托，融通先进职业教育教学理念，应用前沿信息技术，共享优质资源，打造一批具有学校特色、展现学校水平和实力的精品在线开放课程，积极参与国家在线开放课程建设；逐步构建开放式、可扩展的在线课程平台，促进人才培养模式的创新发展，提升教育教学水平和人才培养质量。

通过建设基于互联网技术与应用的课程平台，实现优质教育资源共享，提高资源使用效率，创新教育教学模式，推动教学方法改革，促进交流合作，扩大学校社会影响力，提高优秀教师社会知名度。

3.9 精品在线开放课程建设的原则与内容

1．基本建设原则

（1）教育性原则。

课程结构、课程内容满足高职教育教学需求和技术技能人才培养需要，符合国家有关法律法规；教学设计符合教育教学规律和学生学习特征；课程资源体现高等职业教育特点，表现形式凸显信息化教学特色。

（2）系统性原则。

根据课程特点，综合考虑教师、学生和相关行业、岗位从业人员等各个层面的需求，进行课程整体设计与优化，构建完整、系统化的对接岗位能力的课程教学资源。

（3）前瞻性原则。

在保证课程改革成果先进性、实用性的基础上，加强信息技术与教育教学深度融合，将教学方法、教学内容、教学模式、教学管理、教学手段、教学组织等方面最新的研究成果应用到课程开发与实施中。

（4）边建边用原则。

充分考虑服务对象的需要及实现可能性，根据课程需求、课程内容分步建设，边建边用，重在应用与推广。

（5）共建共享原则。

以课程团队为核心，以技术平台为支撑，设置必要的交互接口，汇聚专业及行业企业的力量共同参与建设，共享优质资源。

坚持应用驱动、建以致用，整合优质教育资源和技术资源，实现课程和平台的多种形式应用与共享，促进教育教学改革和教育制度创新，提高教育教学质量。

2. 主要建设内容

精品在线开放课程一般包括课程概要、教学设计、知识与能力要素、教学视频、教学课件、习题答疑、资源、考核评价等栏目。课程团队也可根据课程特色与教学需求，增加相应的子栏目。

（1）设计开发课程。

选用学校在线课程平台提供的课程模板或自主设计课程模板，对现有课程的课程结构、教学设计、教学内容、课程资源、评价体系等进行综合改革，精心设计教学模式、资源呈现与课程互动方式，科学编排知识点。

（2）制作微课视频。

围绕学习任务及教学内容和资源间关系，碎片化组织教学内容及资源，设置教学情境，撰写视频脚本，并将脚本中涉及的多媒体资源（PPT、图像、动画、录像、文本等）进行美化加工，精心制作视频，每个微课视频以5~15分钟时长为宜，并配有字幕。

（3）推送资源。

课程网站须提供可推送的课程标准、授课课件、微课视频、教学素材、思考练习、在线作业、在线题库以及其他拓展资源等学习课程所需的图、文、音、视频资料。

3.10 精品在线开放课程建设的基本要求

1. 课程理念与目标定位

拥有先进的教学理念、教学改革热情与资源共享的意识。了解网络教学规律、学生的网络学习与认知规律、MOOC碎片化交互式学习课程的特性，在教学中积极推进信息技术与专业教学的深度融合。了解该课程主要学习群体的需求，有明确的课程学习目标。

体现现代教育思想、教学理念，符合教育教学规律，及时反映专业最新发展成果和教改教研成果。

2. 教学内容与资源

根据预设教学目标、课程特点、学生认知规律及教学方式，围绕学习任务及教学内容和资源间关系，颗粒化组织教学内容及资源，合理设置教学单元或教学情境，形成围绕任务展开、清晰表达知识技能的教学单元、专题或模块的框架。知识点覆盖面达到课程定位的要求，教学内容适合学习者认知特征，理论联系实际，内容实用性、实践性和时效性强，融知识传授、能力培养于一体。

课程应能够覆盖该课程所有知识点和岗位技能点，应依据技术领域和职业岗位（群）的任职要求，参照相关职业资格标准，从职业岗位能力分析出发，基于先进职教理念构建课程结构和改革教学内容，并将专业建设、课程改革成果应用到精品在线开放课程。

以学生为中心组织学习内容、建设学习资源，课程资源应力求丰富多样，在数量和类型上大大超出结构化课程所调用的资源范围，实现资源冗余，以方便教师自主搭建课程和学生拓展学习。表现形式上，合理使用文本、图形（图像）、音频、视频、动画和虚拟仿真等各类素材，充分发挥信息技术直观、形象、分析、探究等方面的优势，方便学生进行拓展学习，文本和图形（图像）资源在总资源中的占比少于 50%，提高微课、动画、虚拟仿真等资源比例。按照资源的内容和性质，科学全面地标注资源属性，方便资源的检索和智能重组。资源的形式规格应遵循行业通行的网络教育技术标准。

每门课程应有负责人介绍、课程介绍、课程标准、预备知识、教学辅导、资源、考核方式、在线作业、在线题库和在线答疑等栏目。

每个短视频以 5~15 分钟时长为宜，针对各模块知识点或专题应设置内嵌测试的作业题或讨论题，以帮助学习者掌握学习内容或测试学习者学习效果。

3. 教学设计与方法

根据专业特点及学生层次制定课程教学目标，课程本身与每个教学单元、专题都有明确的知识、技能、素质目标。

遵循有效教学的基本规律，结合精品在线开放课程教学的特征与需求进行整体的教学设计。围绕教学目标精心设计教学活动，科学规划在线学习资源，明确学习评价策略和学习激励措施。课程设计、教学安排和呈现方式符合学习者移动学习和混合式教学的需求。开展在线学习与课堂教学相结合、翻转课堂等多种方式的课堂教学模式，优先支持具有混合式学习等改革实践经验的课程。对教学内容、教学方法、教学手段等进行了统筹、集成，应用效果好，有助于提高学生学习兴趣，改善教学效果。

4. 教学活动与评价

要重视学习任务与活动设计，体现以学生为主体、以教师为主导的教育理念，能综合运用多种方式、多种手段开展学生的学习活动。积极开展案例式、混合式、探究式等多种教学模式的学习，通过在线测试，即时网上辅导反馈，线上、线下讨论答疑，网上作业布置、提交和批改，网上社区讨论等，促进师生之间、学生之间进行资源共享、问题交流和协作学习，加强师生课堂与课下的互动，激发学生学习兴趣。

5. 学习评价设计

根据课程特点建立多元化学习评价体系，探索线上和线下融合，过程性评价与终结性评价相结合的多元化考核评价模式，促进学生自主性学习、过程性学习和体验式学习。有明确合理的课程整体评价策略和各学习周、知识单元的评价策略，包括完成课程学习必须的各项学习活动的数量及评分的标准等；实时记录学习和交互过程，并用于学习评价和教学研究。课程成绩由过程性考核和终结性考核综合评定。评价类型包括但不限于随堂小测验、单元测验、单元作业、讨论、调查、线下考试、期中考试、期末考试和作业，原则上每个一级单元至少有一份习题作业。

6. 团队支持与服务

课程建设负责人应为具有丰富的教学经验和较高的学术造诣的教师，至少应承担本课程 25%以上的授课视频录制任务，课程主讲教师应为教学一线长期承担本课程教学任务的教师。支持和鼓励教学名师主讲开放课程。鼓励开展跨校、跨专业、跨层次建设满足不同教学需要、不同学习需求的在线开放课程或课程群；课程团队的知识结构、年龄结构、学缘结构及任务分工合理，团队成员包括专业教师和教育技术人员。除主讲教师外，还需配备必要的助理教师和现代教育技术人员，能长期在线服务课程建设，承担课程内容更新、在线辅导、答疑等。

课程正式运行后,能保证每学年都对外校开放。课程团队应负责课程相关教师的培训及教学研讨工作。通过精品在线开放课程建设,形成一支教学、辅导、设计和技术支持等结构合理、人员稳定、教学水平高、教学效果好、资源设计和制作能力强的优秀课程教学团队。

7. 教学效果与影响

注重对教学效果的跟踪评价并开展教学研究工作。基于大数据信息采集分析,全程记录和跟踪教师的教学和学生的学习过程、学习进度、内容、反馈,全面跟踪和分析每个学生的个性特点、学习行为,对进度缓慢或有可能弃学的学生进行回访和提醒,同时为学习者提供及时的反馈信息。开展学习者问卷调查,及时根据调查反馈信息改进课程资源设计和教学,促进因材施教。

充分发挥课程共享作用,推进精品在线开放课程学分认定和学分管理制度创新。

8. 信息安全及知识产权保障

严格遵守国家网络与信息安全管理规范,依法依规开展教学活动,实施对课程内容、讨论内容、学习过程内容的有效监管,防范和及时制止网络有害信息的传播。重视版权和知识产权问题,构建课程内容所使用的图片、音视频等素材应注明出处并获得相应授权。

课程建设团队均须签订平等互利的知识产权保障协议,明确各方权利和义务,切实保障各方权益。

9. 课程运行与管理

精品在线开放课程需在 MOOC 平台上运行,提供授课视频以及各种文字形式的教学资源,并建设网上授课所需的所有资源,能够开展在线学习、作业、考试、答疑和讨论等。

3.11 精品在线开放课程的基本要素

1. 课程介绍

课程介绍包括课程特点、教学目标、教学内容覆盖面、教学方法及组织形式、授课对象要求、教材与资源、课程已开设和面向社会开放情况等内容。

2. 课程标准

课程标准以纲要形式规定课程的教学内容,具体应包括课程的教学目的、教学任务、教学内容的结构、模块或单元教学目标与任务、教学活动以及教学方法上的基本要求等。

3. 授课计划(教学日历)

授课计划(教学日历)是教师组织线上课程教学的具体实施计划表,应按周来明确规定教学进程、授课内容、授课方式、讨论主题与要求、线上线下作业等教学活动的时间进度。

4. 课程导学

课程导学包括课程学习指南、学习建议,各课程单元的学习指南、学习方法建议,各种学习活动和学习方法介绍,常见问题等。

5. 教师授课视频

教师授课视频按教学知识单元录制,每个视频针对 1~2 个知识单元,要求结构完整。每个视频片段以 5~15 分钟为宜,最多不超过 20 分钟。每 1 个学分当量的课程学时应不少于 16 学时,教学视频(不含素材)应不少于 120 分钟。

6. 教学资料

教学资料包括每个授课单元的课程教学演示文稿，以及其他资源、文献、案例等。演示文稿和其他格式文档需以 PDF 文档的格式上传，也可使用平台提供的富文本编辑器在线编辑。每讲的 PPT 教案，可放在该讲教学内容的最后，供学生下载。

7. 教学团队

教学团队包括课程负责人及主讲教师基本情况介绍，课程团队构成及介绍，团队成员包括教学设计人员、助教、拍摄制作人员、技术支持人员、志愿者等。

8. 课堂讨论

每个单元可以安排一个或多个课堂讨论，需设定讨论的主题。课堂讨论是教学团队在教学单元中发起的讨论。教师可选择将学生发言情况记入学生的平时成绩。

9. 课程测验

测验包括随堂测验和单元测验。随堂测验和单元测验一般由客观题组成，题型可以是单一的单选题、多选题、填空题、判断题，或是上述多种题型的组合，平台自动判分。

随堂测验便于及时考查学生对教学内容的理解和掌握程度。随堂测验没有提交时间的限制，一份随堂测验可以由多种题型的客观题组成，题目数量不限。随堂测验可以安排添加在某个教学单元中的多个教学视频间，可以方便学生即学即练，也便于老师随时考查学生对教学内容的理解和掌握程度。

单元测验和单元作业设有提交截止时间，教师可选择计入平时成绩，发布前需确保题目和答案核查无误。一份单元测验可以由多种题型的客观题组成，题目数量不限。单元测验一般安排在整个教学单元学习完成之后进行。

10. 单元作业与课堂作业

单元作业一般是主观题，采用学生互评或教师批改的方式进行判分。

课堂作业的形式可以是主观题、客观题，或是两者的组合，可以采用学生互评或教师批改的方式进行判分。

11. 考核试卷

考核试卷是检测学生课程阶段性或整体学习情况的正式测验题，可以包括客观题、主观题及两者的组合题；试题满足测试目标的要求，涵盖考查范围内的主要知识点，考查内容的题量和试题难度分布应与教学内容结构一致，具有一定的效度和信度，前后顺序必须合理，试题之间不能相互提示，不能相互矛盾。客观题由平台自动判分，主观题采用学生互评或教师批改的方式进行判分。

12. 课程评价

课程评价包括完成课程学习必需的课程整体评价策略和各学习周、知识单元的评价策略，评价策略明确了完成每个知识单元、每个学习周以及整门课程学习所必须按时完成的各项学习活动的数量、评分标准及成绩合成比例等，列入评价的学习活动包括视频点播、学习讨论、在线测试、在线作业、材料阅读等。

13. 拓展资源

拓展资源是指反映课程特点，应用于各教学与学习环节，支持课程教学和学习过程，较为成熟的多样性、交互性辅助资源。例如案例库、专题讲座库、素材资源库，专业知识检索系统、演示/虚拟/仿真实验实训（实习）系统、试题库系统、作业系统、在线自测/考试系统，课程教学、学习和交流工具及综合应用多媒体技术建设的网络课程等。

14. 课间提问

时长超过 5 分钟的视频应插入课间提问；有条件的课程，建议每 5～6 分钟插入一次。课间提问为 1 道客观题，题型可以是单选题、多选题等。课间提问也可以计入平时成绩。

15. 课程考试

课程考试是检测学生课程阶段性和整体学习情况的正式测验题，可以包括客观题和主观题，数量不限。考试题一经发布将不允许修改，发布前需确保考试内容核查无误。

考试题的形式与单元测验和单元作业一致，客观题由平台自动判分，主观题采用学生互评或教师批改的方式进行判分。考试题学生只能提交一次，且有答题时间限制。

3.12　在线开放课程建设技术规范

在线开放课程的教学内容包含视频、教学资料（PPT 课件、资源等）、课间提问、随堂测验、课堂讨论、单元测验及单元作业、考试等。应保证各类教学资源知识产权清晰、明确，不侵犯第三方权益。

课程结构原则上按周设计教学单元，每周发布一次教学内容，课程持续时间建议不超过 15 周。课程结构设置为两级：第一级结构仅包括标题（建议按"周"命名），以及单元测验或单元作业；第二级结构下包括标题、视频、课堂讨论、教学资源、随堂测验等各类教学内容。二级结构的标题可自主编写，每个二级结构中可以包含多个视频文件和其他类型的教学资源，数量不超过 15 个，以 1～2 个学时的课堂负荷为宜。

1. 视频内容规范

在线开放课程的视频内容规范如表 3-19 所示。

表 3-19　在线开放课程的视频内容规范

项　　目	规　　范
屏幕图像	构图合理，画面主体突出。人像及肢体动作以及配合讲授选用的板书、画板、教具实物、模型和实验设备等均不能超出镜头所及范围
视频背景	背景可采用彩色喷绘、计算机虚拟或现场实景等背景。背景的颜色、图案不宜过多，应保持静态，画面应简洁、明快，有利于营造学习气氛
视频角度	摄像镜头应保持与主讲教师目光平视的角度，主讲教师不应较长时间仰视或俯视
教学手段	使用资料、图片、外景实拍、实验和表演等教学手段，应符合教学内容要求，与讲授内容联系紧密，手段选用恰当
视频素材来源	选用影视作品或自拍素材，应注明素材来源。影视作品或自拍素材中涉及人物访谈内容时，应加注人物介绍。 选用的资料、图片等素材画面应清楚，对于历史资料、图片应进行再加工。选用的资料、图片等素材应注明素材来源及原始信息（如字画的作者、生卒年月，影视片段的作品名称、创作年代等信息）
动画视频	动画的设计与使用要与课程内容相贴切，能够发挥良好的教学效果。 动画的实现须流畅、合理，图像清晰，具有较强的可视性

2. 视频单元技术规范

在线开放课程的视频单元技术规范如表 3-20 所示。

表 3-20　在线开放课程的视频单元技术规范

项　目	规　范
视频编码方式（Code）	H.264.mp4（视频压缩采用 H.264 编码方式，封装格式采用不包含字幕的 MP4）
视频分辨率（Resolution）	提交的高清成片，分辨率不低于 1920×1080 像素。 单个视频文件大小不能超过 1GB，如高清视频文件过大，还同时需要分辨率不低于 1280×720 像素的标清视频文件
视频帧率（Frame Rate）	25fps 或者 29.97fps（fps：每秒帧数）；扫描方式为逐行扫描
视频码率（Bit Rate）	动态码流的最低码率不得低于 1024kbps（bps：每秒比特数）
视频画幅宽高比	视频画幅宽高比为 16∶9，分辨率设定为 1280×720 像素或 1920×1080 像素
图像效果	图像不过亮或过暗；人、物移动时无拖影、耀光现象；无其他图像质量问题
音频格式（Audio）	线性高级音频编码格式，Linear AAC（Advanced Audio Coding）
音频采样率（Sample Rate）	采样率不低于 48kHz
音频码率（Bit Rate）	不低于 128kbps（bps：每秒比特数）
音频信噪比（SNR）	大于 50dB
音频声道	应采用双声道，做混音处理
声音效果	声音和画面同步；声音无明显失真，无明显噪声、回声或其他杂音，无音量忽大忽小现象。 伴音清晰、饱满、圆润，解说声与现场声无明显比例失调，解说声与背景音乐无明显比例失调。 无交流声或其他杂音、噪声等缺陷，无其他声音质量问题
剪辑	剪辑衔接自然，无空白帧
后期动画文字	后期制作的动画、显示的文字（非字幕文件）不能出现错误，同一门课程中字体风格一致
字幕要求	中文授课视频提供对应的中文字幕，英文授课视频提供相应的英文字幕
字幕文件格式	字幕不能固定加在视频上，必须以单独的 SRT 文件格式提供，中、英文字幕需分成两个 SRT 文件
字幕编码	中文字幕必须采用 UTF-8 编码
字幕时间轴	时间轴准确，字幕出现时间与视频声音一致
字幕文字内容	字幕要使用符合国家标准的规范字，不出现繁体字、异体字、错别字。字幕文字错误不能超过 1%
片头	片头长度不超过 20 秒，片头中应出现明显、不失真的课程所属院校、机构的字样和标志
片尾	时长应不超过 10 秒，可包括版权单位、制作单位、录制时间，可以有鸣谢单位或个人信息
视频 Logo	视频的相应位置应加上课程所属院校、机构统一设计的 Logo 标志，表示应明显且不影响正常视频内容
视频时长	5～25 分钟（尽量控制在 10 分钟以内）

【诊断改进】

3.13　课程建设的诊断与改进

运用如表 3-21 所示的"课程建设的主要指标体系与主要诊断点"以及表 3-22 至表 3-28

专业建设、教学管理的诊断与优化

各项课程诊断指标的诊断要点，对一门课程建设情况进行诊断，并根据诊断结论提出可行的改进建议。

表 3-21　课程建设的主要指标体系与主要诊断点

一级指标	二级指标	主要诊断点
师资队伍建设	课程负责人	课程负责人
	教学团队	中级职称、高级职称教师比例
		硕士学位以上教师比例
		职业资格
		国家级或国外师资培训
		企业研修经历
		承担教学学时
		双师素质教师
		兼职教师授课学时
		主持或参与教科研课题
		论文发表
		主编或参编高水平教材
		主持或参与院级及以上精品课程建设
		教师教学质量评价
	青年教师培养	青年教师培养计划和考核方案
		指导教师每学期听课记录
		青年教师听课记录
		青年教师学习情况总结及成果
课程地位与作用	课程定位	能力本位课程体系
		课程地位与性质
		前导、后续课程衔接
	课程设计	教学理念
		课程整体设计
		课程单元设计
教学内容	内容选取	支撑职业岗位能力所需的知识、能力、素质要求
	内容组织	工作任务、案例或项目
		理论与实践一体化
		实践教学比重
	教学资源	教材选用
		工学结合校本教材编写
		网络课程资源
		教学录像
教学管理	教学文件	课程建设计划及建设实施方案
		课程标准

续表

一级指标	二级指标	主要诊断点
教学管理	教学文件	授课计划
		教案
		教研活动记录
		听课评课记录
		试卷、评分标准及试卷分析
教学方法与教学手段	教学模式	行动导向的教学模式
	教学方法	教学方法
	教学手段	现代教育技术和虚拟现实技术运用
		多媒体课件
实践条件	校内实训条件	实验、实训室
		实验、实训项目开出率
		实验设备、设施完好率
	校外实习环境	校外实习基地
教学效果	主要教学环节质量	辅导课情况
		作业、读书笔记、实训报告、创新成果等情况
		考试情况
		课外辅导情况
	授课质量	授课质量
		教学态度与教书育人
	教学评价	校外专家、行业企业专家、校内督导及学生评价
	社会评价	职业资格证书获取率
		技能竞赛奖励
课程特色	特色与创新	课程特色

1. 课程教学团队的诊改（如表 3-22 所示）

表 3-22 课程教学团队的诊改

二级指标	诊断要点	诊断依据
课程负责人	严谨治学，教书育人，教学能力强，教学经验丰富，教学特色鲜明；有教学研究和教学改革项目及成果；学术造诣深，有科技立项项目及成果。 具有本科学历、教师系列高级职称，从事本专业教学 5 年以上，承担本课程教学任务每学年不低于 60 学时，具有技师职业资格或非教师系列中级技术职称执业资格，经常参加行业企业的相关活动，有 1 年以上企业研修经历。 参加国家级或国外师资培训，近三年主持或参与省级及以上教学改革课题 1 项或省级科研课题 1 项以上，近三年有 1 篇论文在中文核心期刊等以上刊物发表。 主持院级及以上精品课程建设。 教学评价成绩在学校教师排名中位于前 30%	课程负责人学历证书、职称证书、课程表、企业研修证明；培训资料，课题申报书，论文复印件等；精品课程建设申报书及网站；教学评价成绩表

续表

二级指标	诊断要点	诊断依据
教学团队	形成了结构合理、专兼结合、可持续发展的教学团队，并配备足够数量的实践教师。 硕士学位以上教师≥70%，高级职称教师比例≥60%。 教师敬业爱生、责任感强、团结协作精神好；双师素质教师比例高。 承担本课程课堂教学及实践教学任务，平均达到 40 学时。双师素质教师比例到达 90%以上；人均有 3 个月企业研修经历。 教学团队成员由 5 人以上组成，近三年兼职教师承担课程学时到达 20%以上。 近三年主持或参与院级及以上教科研课题 2 项；在国内外公开发行的刊物上发表论文 2 篇；主编或参编高水平教材。 主持或参与院级及以上精品课程建设。 教师教学质量评价平均达到 95 分以上	教学团队人员一览表；教学团队人员学历证书、职称证书、职业资格证书、企业研修证明、课程表；团队成员课题申报书，论文复印件，编著教材证明材料；精品课程申报书及网站；教学成绩评价表
青年教师培养	青年教师的培养计划科学合理，考核方案和培养措施得力，并取得实际效果。有加强教师队伍实践能力培养的计划和措施。 实施青年教师导师制，指导教师和青年教师认真履行职责，指导教师每学期听课不少于 15 学时，青年教师听课不少于 30 学时。 培养期间，指导教师和青年教师按要求完成指导和学习记录，指导期满，青年教师完成学习总结，并以第一作者发表 1 篇论文	青年教师培养计划及考核方案；指导教师与青年教师听课记录；青年教师学习总结；青年教师撰写论文等其他资料
教学改革与教学研究	教学思想先进，教学改革有思路；教研活动推动了教学改革，取得了明显的成效。 有教研教改立项项目及成果；发表了高质量的教育教学研究论文	教学团队开展教育教学研究和教学改革活动的记录材料

2. 课程定位与设计的诊改（如表 3-23 所示）

表 3-23　课程定位与设计的诊改

二级指标	诊断要点	诊断依据
课程定位	每年召开 1 次专业岗位能力分析会，构建符合技术技能型人才培养目标和专业相关技术领域职业岗位（群）任职要求的专业课程体系。 本课程对学生职业能力培养和职业素养养成起主要支撑或明显促进作用，且与前导、后续课程衔接得当	岗位能力分析会会议日程及会议记录等；课程定位分析
课程设计	在教学中应用现代职业教育理念，突出学生的主体地位，培养学生自主学习的能力，注重课程特色的创新培育。 以职业能力培养为重点，校企合作进行基于工作过程的课程开发与设计，充分体现职业性、实践性和开放性的要求。 课程设计有整体设计和单元设计，有项目分析，工作过程分析，工作任务分析、标准和评价方法。重视课程设计在优化课程结构、构建基于工作过程系统化课程体系中所起的重要作用。 根据课程内容和学生特征，聘请行业企业技术骨干对教学方法和教学评价进行设计，设计有特色、有创新；对实践性强的课程，注重强化实践能力培养	课程标准、课程设计

3. 课程教学内容的诊改（如表 3-24 所示）

表 3-24　课程教学内容的诊改

二级指标	诊 断 要 点	诊 断 依 据
内容选取	分析行业企业发展需要和完成职业岗位实际工作任务所需要的知识、能力、素质要求，教学目标明确，教学内容选取符合培养目标要求，为学生可持续发展奠定良好的基础。 教学内容符合专业发展要求，知识结构合理；注重行业发展需要和完成岗位工作任务所需的知识、能力和素质要求；注意把专业发展的新成果和教改教研成果引入课程；课程内容的设计能处理好理论与实践的关系。 实践教学内容的技术性、综合性和探索性关系处理得当，能有效地培养学生的动手能力、创新思维，以及独立分析问题、解决问题的能力	课程标准、课程设计
内容组织	遵循学生职业能力培养的基本规律，以真实工作任务及其工作过程为依据整合、序化教学内容，科学设计学习性工作任务；融知识传授、能力培养、素质教育于一体；注重学生实践能力培养，教书育人效果明显。 教、学、做结合，理论与实践一体化，实训、实习等教学环节设计合理	课程标准、课程设计
表现形式	选用国家级、省部级优秀教材或特色教材，与行业企业合作编写工学结合校本教材。 课件、案例、习题、实训实习项目、学习指南等教学相关资料齐全，符合课程设计要求，满足网络课程教学需要。 完成课程说课视频及教学视频	教材选取目录，校本教材，课件、教案、习题、实训实习项目、学习指南等； 说课录像和授课录像
教学文件	以专业调研和岗位能力分析会为依据，制订课程 3 年建设计划，每年制订课程建设实施方案。 以能力培养为主线，融合职业资格标准和技能大赛标准，制定课程标准。充分体现教学改革和教学研究的成果，指导思想把握准确，实施有计划、有措施，成效显著。 课程标准、授课计划、教案、教研活动记录、听课评课记录、试卷、评分标准、试卷分析等资料齐全。 严格遵守教学规范的基本要求，理论教学和实践教学的教学文件系统完整，并能及时归档	课程建设计划及课程建设实施方案； 职业资格标准与课程对接分析报告； 课程标准、授课计划、教案、教研活动记录、听课评课记录、试卷、评分标准、试卷分析等资料
实践教学	高度重视实践教学环节，设计的各类实践活动能很好地满足学生的培养要求，实施效果好。 在实践教学上有改革与创新点，在培养学生动手能力和分析解决实际问题的能力方面有显著成效	实践教学内容与项目、实训报告

4. 课程教学方法与教学手段的诊改（如表 3-25 所示）

表 3-25　课程教学方法与教学手段的诊改

二级指标	诊 断 要 点	诊 断 依 据
教学模式	重视学生在校学习与实际工作的一致性，有针对性地采取工学交替、任务驱动、项目导向、课堂与实习地点一体化等行动导向的教学模式	课程设计
教学方法	根据课程内容和学生特点，灵活运用案例分析、分组讨论、角色扮演、启发引导等教学方法，引导学生积极思考、乐于实践，教学效果好，学生评价高。 教师积极开展方法改革，因材施教，改革效果明显。 能灵活恰当地运用多种教学方法，有效调动学生积极参与学习与自主学习，促进学生积极思考，促进学生学习能力发展。探索、改革考核方式	课程设计

续表

二级指标	诊断要点	诊断依据
教学手段	建立和运用虚拟社会、虚拟企业、虚拟车间、虚拟项目等仿真教学环境，优化教学过程，提高教学质量和效率，取得实效。 能够熟练运用多媒体等现代化教学手段进行教学。合理充分地使用现代教育技术手段促进教学活动开展，并在激发学生学习兴趣和提高教学效果方面取得实效	课程设计、授课计划

5. 课程教学条件的诊改（如表3-26所示）

表3-26　课程教学条件的诊改

二级指标	诊断要点	诊断依据
校内实训条件	实训（实验）教学条件能够满足教学要求；能开出综合性、创新性等实验或实训项目；能够进行开放式教学，效果明显；有行业企业技术骨干指导实践教学。 有1个以上实验、实训室，能够满足课程生产性实训或仿真实训的需要，对教学要求的必做实验、实训项目开出率达到100%，实验设备、设施完好率达到85%以上。 有满足教师教科研及训练技能大赛项目的现代实验设备与实验技术	实验实训设备一览表、课程实验实训项目、实验实训登记表、技能大赛指导记录、教师教科研相关材料
校外实习环境	有满足教学要求的、稳定的校内外实践教学基地，利用效果好。 建立1家以上稳定的校外实训基地，满足课程实践教学及实习需要	校外实训基地协议书、校外实训基地支撑实践教学项目一览表、学生实训实习记录
教材及相关资料	积极选用教育部推荐的高职高专教材和获得教学成果奖等优秀教材，注意教材的新颖性。 积极与行业企业合作开发适合专业发展和人才培养质量的校本特色教材（讲义）；为学生自主学习的开展提供有效的文献资料或资料清单；实践教材配套齐全，满足教学需要	教材、讲义
网络资源建设	网络教学资源建设成效明显，运行机制良好，并能经常更新，上网开放，能够实现课程教学资源共享；优质教学资源使用率较高，受益面大，互动答疑效果好，在教学中发挥了良好作用	网络教学资源

6. 课程教学管理的诊改（如表3-27所示）

表3-27　课程教学管理的诊改

二级指标	诊断要点	诊断依据
教学文件	有符合教学要求的课程标准、教学进度表和教学情况总结表及辅导资料，反映教改经验，且严格执行	有关文件及资料
教学运行	有完整的备课教案、新开课教师试讲记录、教师听课记录、试卷等，资料齐全，执行教学管理条例到位	有关佐证材料

7. 课程教学效果的诊改（如表3-28所示）

表3-28　课程教学效果的诊改

二级指标	诊断要点	诊断依据
辅导情况	有合理比例的启发式讨论或习题课	讨论题、习题课安排

续表

二级指标	诊 断 要 点	诊 断 依 据
考试情况	公共基础课或面广量大的课程用试题库或统一命题的试卷，实行教考分离，统一评分。采用多样化的考试方法，须提供评分标准	教考分离方案、考试试卷与评分标准
作业、习题、总结等	绝大多数教师能通过认真批改作业指导学生学习，学生都能按时完成作业，批改量≥70%	作业批改
课外教学指导	开出相关课程系列讲座，组织、提供学生课外阅读书目，指导课外学术讲座和社会调查，有较好的书面报告及读书笔记，鼓励学生开展创新活动	课外阅读书目、读书笔记
授课质量	70%以上的教师讲课有启发性、有深度，利于学生创新精神和自学能力的培养，优秀学生有钻研余地	授课视频
教学态度与教书育人	备课认真、充分、规范，工作负责、为人师表；绝大多数教师能掌握学生情况，对学生严格要求并主动开展育人工作，效果明显	备课材料
教学评价	课程教学效果好，校外专家、行业企业专家、校内督导及学生评价结果优良	评价相关材料
社会评价	学生实际动手能力强，实训、实习期间得到企业赞誉。课程对应或相关的职业资格证书获取率达到 95%，参加技能竞赛获得市级及以上表彰	企业对学生评价证明、职业资格证书获取情况一览表、学生技能大赛获奖证明

3.14 精品在线开放课程的诊断与改进

参考如表 3-29 所示"课程数据信息表"，诊断一门精品在线开放课程的课程数据信息是否完整、准确。

表 3-29 课程数据信息表

基本信息	课程名称			
	学校名称			
	课程负责人			
	课程开设周数			
	课程运行平台名称			
课程开设情况	开设学期	起止时间	选课人数	课程链接
第（ ）、（ ）期课程资源与学习信息	授课视频	总数量（个）		
		总时长（分钟）		
	非视频资源	数量（个）		
	课程公告	数量（次）		
	测验和作业	总次数（次）		
		习题总数（道）		
		参与人数（人）		

续表

第（ ）、（ ）期 课程资源与学习 信息	互动交流情况	发帖总数（帖）		
		教师发帖数（帖）		
		参与互动人数（人）		
	考试	次数（次）		
		试题总数（题）		
		参与人数（人）		
高校 使用情况	使用课程学校总数			
	使用课程学校名称			
	选课总人数			

运用如表3-30所示的精品在线开放课程的诊改要点对一门精品在线开放课程的建设质量进行诊断，并根据诊断结论提出可行的改进建议。

表3-30　精品在线开放课程的诊改

一级指标	二级指标	诊改要点
教学设计与方法	教学目标	能够根据课程定位、特点和学生层次，制定合适、明确的教学目标，体现全面性（知识、技能、素质三维教学目标有机整合）、具体性（知识和技能目标要求明确、量化，素质目标落实在知识和技能的培养过程中）、适宜性（以本专业课程标准为指导，难易适当，符合学生认知规律，考虑学生个体差异）
	教学方法	根据知识点内容特点和教学目标，灵活采用合适的学习路径，多形式表现课程内容，将自主、合作、探究三者学习方式有机结合，适合学生主动发展，有利于学生创新意识和实践能力的培养
	教学组织	注重探索以学生为中心的课程教学组织新模式，教学思路清晰，紧扣教学目标，设计相应的学习任务，教、学、做结合
	教学模式	建立线上与线下、同步与异步、分散与集中、固定与移动相结合的泛在教学模式，适合在线学习和混合式教学，构建教与学新型关系
教学内容与资源	内容选择	导向正确，弘扬社会主义核心价值观，遵循教育教学规律，体现现代教育思想，反映本专业最新发展成果和教改教研成果，体现丰富性、实践性、时代性、适度性、创新性
	内容组织	遵循学习者认知规律，符合各内容模块之间的逻辑关系，合理组织编排课程内容，做到重点突出、难点突破、层次分明、详略得当
	课程资源	提供课程介绍、负责人介绍、课程标准、授课视频、演示文稿、教学课件、微课、课程公告、测验和作业、考试题库等形式多样的教学资源，以及满足高校教学和学习者自主学习需求的资源
	视频质量	画面清晰，构图合理，无杂音干扰，视频背景与教学内容相符；教态端庄从容，语调适宜，普通话标准
团队支持与服务	课程负责人	具有良好师德、丰富的教学经验和较深的学术造诣
	团队成员	具有良好的梯队结构，职称、年龄、知识结构合理，任务分工明确
	团队合作	课程负责人、主讲教师、助理教师、辅导教师等配合良好，把控好教学节奏和教学运行秩序
	学习支持	为学生提供在线学习过程中的帮助和指导，提供线上答疑、作业批改等学习支持服务，帮助学生能顺利达成学习目标

续表

一级指标	二级指标	诊改要点
教学互动与评价	教学活动	对教学活动进行专题设计，有明确的活动目标与计划，提供活动方案和活动主题，活动氛围良好，学生学有实效，知识、技能和情感等得到提高与和谐发展
	教学互动	课程讨论、发帖和笔记较多，回复间隔较短，每门课程每学年至少组织一次巡回见面课或课堂直播等交互
	学生评价	学生对课程学习的整体评价好
教学效果与影响	反馈完善	根据学习者的学习反馈，对课程内容、教学设计、教学方法、考核形式进行更新完善；教学过程中，注意指导学生形成良好的情感体验，积极主动的学习态度和正确的价值观，培养科学思维方法和综合素养
	校内使用	校内选课人数、访问量、访问时长等活跃度较高
	共享使用	被多所其他高校选用，非本校选课人数较多
	课程特色	课程特色鲜明，推广性强

3.15 课程标准的诊断与改进

运用如表 3-31 所示的课程标准的诊改要点对一门课程的课程标准进行诊断，并根据诊断结论提出可行的改进建议。

表 3-31 课程标准的诊改

项 目		诊 改 要 点
课程基本描述	课程名称	与专业人才培养方案中是否一致？是否科学、规范（符合"名词+动词"形式）
	适用专业代码、学分	与专业人才培养方案中是否一致
	课程定位	是否支撑专业人才培养目标？ 是否符合课程设计理念？ 是否明确课程在课程体系中的地位？ 是否明确在职业能力培养中的地位？ 是否准确、清晰、全面
	课程性质	有课程性质分析，分析到位：□有，分析到位　□有，分析基本到位　□没有 课程在人才培养方案中的地位：□定位准确　□定位不太准确　□没有描述
	课程功能	准确、清晰描述课程的主要功能：□是　□有描述，但不明确　□没有描述
	课程衔接	与其他课程关系的分析：□准确　□有描述，但不准确　□没有
课程设计思路	整体思路	课程设计思想是否符合当前职教理念？ 课程设计流程是否符合课程开发规律？ 内容选择和结构序化是否符合教育规律和学生认识规律？ 是否符合高职教育教学改革方向
	设置依据	根据专业人才培养方案中的工作任务与职业能力分析表设置： □完全是　□部分是　□不是
	项目设计思路	各个任务之间关系的分析：□分析到位　□分析基本到位　□没有

续表

项 目		诊改要点
课程目标	课程总体目标	是否体现能力导向？ 是否体现学生主体？ 是否体现项目载体？ 是否体现素质培养？ 是否体现理实一体化
	技能目标 素质目标 知识目标	符合专业人才培养目标要求，且合理、准确：□符合　□基本符合　□不符合
		技能目标设计来自岗位需求： □来自岗位需求 □来自岗位需求，未脱离课本知识体系 □基于课本知识体系
		能够用具体的语言准确描述本课程的技能目标： □以"能（会）操作（使用）……"（动作技能）、"能（会）分析（判断）……"方式描述 □不甚清楚，但能理解 □用抽象的概念描述
		学生的素质目标分析：□有，且分析具体、明确　□有，但分析不到位　□没有
		学生的知识目标分析：□有，且分析具体、明确　□有，但分析不到位　□没有
课程设计	整体设计	是否是该课程服务岗位或适应领域高度概括后的"典型"工作任务？ 学习单元是否与典型工作任务对应？ 学习单元名称是否为名词+动词？ 学习单元理论与实践时间分配是否合理？ 任务名称是否精确（名词+动词）？ 任务描述是否全面、准确、清晰？ 是否体现职业岗位的针对性？ 是否涵盖拟实现的专业、方法和社会能力？ 是否对学习性工作任务或项目进行总体设计？ 是否包含对其他课程内容的整合
	项目或学习性 工作任务设计	任务或项目设计（载体或活动）是否能实现本主题学习单元能力目标要求？ 任务或项目设计是否明确、具体？ 学习成果是否可展示、可测量？ 是否涵盖（国家）职业资格有关标准要求
教学内容	课程内容 分析表	符合课程设计思路，内容学时分配合理：□符合　□基本符合　□不符合
		工作任务的确定依据本专业"工作任务与职业能力分析表"中的内容： □完全是　□部分是　□不是
		课程内容的组织体现岗位实际需要：□很好体现　□一般体现　□没有体现
实施建议	教材编写与使用	教材的编写与选用：□有合理的建议　□有建议，但合理性欠佳　□无建议
	教学建议	以学生为主体，体现"融教、学、做于一体"的教学方法： □完全体现　□基本体现　□未能体现
		对"融教、学、做于一体"教学实施环境的基本要求： □有合理的建议　□有建议，但合理性欠佳　□无建议

续表

项　目		诊 改 要 点
实施建议	教学建议	使用现代教育技术： □有具体合理的建议　　□有建议，但合理性欠佳　　□无建议 对教师素质的要求：□有明确要求，且合理　□有建议，但不明确　□无建议
	教学评价	考核方法是否体现多方综合考核评价思路？ 是否含第三方考核评价因素？ 考核是否具有可操作性
		考核评价方式： □既有形成性评价，又有过程性评价，且设计合理 □只有形成性评价考核 □都没有
		考核标准是否明确：□明确　　□不明确
	教学资源	对网络课程的建设使用是否有建议： □有，建议明确　　□有，建议不具体　　□没有
		对教学资源库的建设使用是否有建议： □有，建议明确　　□有，建议不具体　　□没有
		对校内外实训条件的开发是否有建议： □有，建议明确　　□有，建议不具体　　□没有
课程某一主题学习单元设计	学习目标	是否有明确的能力目标，即学习本单元拟实现的专业能力、方法能力、社会能力，与课程总体目标内在关联度，学习目标与学习主体契合度
	学习方法	是否符合能力目标的学习要求
	学习准备	与实现本主题学习单元能力目标的吻合度
	学习性工作任务	是否有明确的学习性工作任务或项目？与课程总体学习性工作任务或项目的关联度是否较强
	学习过程组织实施	学习过程组织实施的针对性与可测量性是否较强？对实施过程难点与重点的分析，是否体现学习的层次性和渐进性
	学习重点提示	提炼归纳的准确性

单元4 实训基地诊断与优化

实训基地建设是提高教学质量、实现人才培养目标的重要保证，是支撑专业建设和科研创新的重要条件。加强实训基地建设，不断完善实训教学环节，对培养学生理论联系实际的能力、实践与创新能力，对促进学生个性发展具有十分重要的意义。

实训教学实训基地建设包括校内实训、实习基地建设和校外实训、实习基地建设。校内实训基地是培养学生职业能力和职业素养的主要实践教学场所，是实现人才培养目标的重要基础，必须重视和加强校内实训基地的建设与管理。校外实训、实习是人才培养过程中重要的实践性教学环节，是强化学生专业知识、理论联系实际的综合性教学环节，是提高教学质量和人才培养质量的有效途径，更是深化职业教育教学改革、优化育人环境的必由之路。校外实训、实习教学的目的是使学生了解社会，接触生产实际，初步获得与本专业相关的生产技术和管理方面的实际知识，培养学生的实际操作能力和独立工作能力。建设稳定的校外实训、实习基地是完善实践教学体系，提高专业实训、实习质量和就业率，产学研结合实现人才培养目标的重要保障。

【目标设置】

4.1 明确实训基地建设的目标

（1）以促进大学生的全面发展和适应社会需要为宗旨，以培养创新精神和实践能力为核心，通过建设布局相对合理的实训基地，推动职业院校实训教学改革，实现职业教育人才培养水平的不断提升。

（2）根据教学实际需要有计划地建设一批相对稳定的校内外实训、实习教学实训基地，对实践教学实训基地建设进行全面规划、逐步实施。明确各类实训、实习基地的教学任务与目标，实训要尽可能与生产、建设、管理、服务第一线相一致，形成真实或仿真的职业环境。建立起能够调动实训、实习基地教学积极性的管理机制。

实训基地的建设规划必须符合学校的总体发展规划，建设项目设置必须经过充分的调研，实训室内布局合理，能有效改善实训条件，学生受益面广，对学生的能力培养能起到积极作用。

（3）建立健全实践教学环节质量评价标准，对实践教学环节进行质量监控和评价，通过校内外实训、实习，使学生的专业技能得到锻炼和培养，综合素质得到提升，成为具有创新精神、实践能力和就业能力的高素质技术技能型人才。

（4）校内实训基地建设以满足能力培养为目标，按照"统筹规划、合理配置、突出重点、打造品牌"的建设原则，以"真设备、真项目、真要求"的"三真"建设为要求，软硬件建设并重，使其具有先进性、生产性、开放性和职业性，具备教学、培训、技能鉴定、生产和技术服务五位一体功能。

校内实训基地建设要与专业建设、课程建设相匹配，防止分散配置、分散管理、局部使用、低水平重复的低效益建设方式，要首先满足教学基本需要，确保主干课程和必修课程实训开出率和教学质量。

（5）加强校内实训室的计划管理、技术管理、固定资产管理和经费管理，提高投资效益和使用效果，提高设备利用率。校内实训、实习基地的建设，要突破仅限于感性认识、技能训练的旧模式，使之成为可模拟企业、社会真实环境，进行综合教育训练的课内外实践教学实训基地。同时，要改善实习条件，健全实习管理规章制度。

（6）制订实训教学队伍建设激励政策措施和年度培养计划，不断提高实训教学队伍的业务素质，提高实践教学环节教学水平。

【标准制定】

4.2 实训基地建设标准

实训基地建设要在实训教学、实训队伍、管理模式、设备与环境等方面的改革与建设中做出独特的、富有成效的、有积极示范推广意义的成果。实训基地建设标准的指标体系如表 4-1 所示。

表 4-1 实训基地建设标准的指标体系

一级指标	二级指标	一级指标	二级指标
建设规划与目标	指导思想	实训教学运行	教学理念与改革思路
	建设目标		实训教学改革创新
	建设规划		教学体系与教学内容
	建设措施		教学实施状态
实训设备与环境	实训场地建设		教学方法与教学手段
	实训场地维护运行		实训考核评价
	仪器设备状况		培养质量
	仪器设备管理	实训教学效果	实训教学效果
	环境与安全		教学成果
	清洁卫生		技能培养效果
	信息化建设		资源共享
实训教学队伍	队伍建设		社会服务
	队伍状况		辐射作用
实训基地管理	管理机制	特色与创新	
	运行机制		
	制度建设		

1. 建设规划与目标

实训基地建设标准的建设规划与目标标准如表 4-2 所示。

表 4-2　实训基地建设标准的建设规划与目标标准

二级指标	主要观测点与指标内涵
指导思想	遵循职业教育改革与发展规律，按照现代职教体系建设要求，坚持以立德树人为根本，以服务发展为宗旨，以促进就业为导向，密切校企合作，深化教学改革，加强实训基地建设，为经济建设培养高素质技术技能型人才。 以政府为主导、行业企业为支撑、学校为主体，对接职业岗位群和专业技术领域，优化资源配置，实现实训基地多方共建共享
建设目标	实训基地建设调研要论证充分，规划方案要科学合理，体现规范化、集约化、信息化、国际化等现代化实训基地建设理念。 建设目标要明确，符合职业院校学生的培养目标，对接职业岗位群和专业技术领域，服务专业群建设，支撑人才培养模式改革，提高人才培养质量，建成区域技术技能人才培养中心和技能教学研究中心。 实训基地服务产学研，坚持教学培训、技能鉴定、生产与技术服务为一体，推动产学研相结合，建成区域技术创新推广中心。 实训基地服务创新创业教育，建成区域创业孵化中心
建设规划	学校建设规划或工作计划中有校内实训基地建设内容。 有学校年度实训室的建设执行计划或工作计划
建设措施	以人才培养模式改革为主线，以创新实训基地管理、运行机制为突破，以高水平实训师资队伍建设为支撑，有计划、有重点地开展实训设备、实训课程、信息化教学资源建设，推进教学与生产相结合，提高实训基地运行效率，提升实训基地社会效益和经济效益

2. 实训设备与环境

实训基地建设标准的实训设备与环境标准如表 4-3 所示。

表 4-3　实训基地建设标准的实训设备与环境标准

二级指标	主要观测点与指标内涵
实训场地建设	实训基地建筑面积，理工医类专业不低于 1500m^2，其他类专业不低于 1000m^2。按照所服务专业的学生数计算，生均不低于 2.5m^2。 实训基地符合相关建设标准，布局合理，有相对独立的理论授课空间，基础性实训与生产性实训相对分开，便于开展理实一体化教学。实训场景与现代企业生产服务场景相接近，有机融合传统文化、企业文化，有专业技术发展历史、安全生产规程、环境保护知识等专业文化环境。 设施设备配置合理，专业核心技能实训设备数量充足，满足人才培养、教育教学的需要，满足技能教学研究、社会培训、技能鉴定、生产与技术服务及创业孵化项目需要。 有与全国、省级技能大赛相适应的设施设备，具备承办市级以上技能大赛的条件
实训场地维护运行	仪器设备管理制度健全，运行效果好，账、物相符率达 100%。 仪器设备维护经费足额到位，维护措施得力，维修要及时，设备完好。 仪器设备有专人负责，维护保养过程记录完整。
仪器设备状况	仪器设备数量配置合理、种类齐全、购置到位，体现基础性、实用性、配套性、生产性、先进性，满足学生基础性实训和生产性实训的要求，专业核心技能实训教学保证 1 人 1 工位，设备完好率达到 95%以上，能很好地满足实训教学的需要，使用效益高。 生均仪器设备值，理工医类专业不低于 8000 元，其他类专业不低于 5000 元。近两年新增仪器设备，理工医类专业不低于 200 万元，其他类专业不低于 120 万元。 仪器设备具有一定的先进性，部分设备达到行业企业先进水平，满足产学研、技术创新需要。 改进、自制仪器设备有特色，教学效果好

续表

二级指标	主要观测点与指标内涵
仪器设备管理	单价 5 万元以上的精密仪器大型设备有技术档案、使用管理办法和专人管理，使用管理办法挂在墙上。 每台设备年使用机时不低于 400 学时
环境与安全	实训基地场地面积、空间能满足实训容纳人数需要，实训设备放置科学合理，结构安排便于教学。 实训室设计、设施、环境体现以人为本，安全、环保严格执行国家标准，应急设施和措施完备，实训环境能创造出相应专业的真实情景。 实训室的通风、照明、控温度、控湿度等设施完好。电路、水、气管道布局合理、规范，电线无裸露，火线过保险，保险丝规范合适。 实训室内的安全制度和措施到位，警示标志醒目，有防火、防盗、防爆炸、防破坏的基本设备和措施，消防器材完备、良好、未过期，经常开展师生安全教育，师生会使用消防器材
清洁卫生	实训室内及走廊、过道无与实训无关的杂物，实训仪器设备和家具整齐。 实训室地面、桌面和仪器设备无尘、无积水、无纸屑、无香烟头等垃圾。墙面、门窗及管道、线路、开关板上无积尘与蜘蛛网等杂物
信息化建设	建成数字化教学环境，实现信息点全覆盖，网络安全、运行稳定。计算机数量配备达标，满足实训、实习教学和管理需要。 建有 1 个以上数字化技能训练实训室，具有必要的技能训练实物装备、支持技能训练的虚拟仿真训练软件、与相关企业对接的信息通道、实时摄录像设备和考试考核平台。 建有 1 个以上虚拟仿真实训室，具备仿真实训虚拟环境。建有与国家职业标准目录对应的数字化职业体验馆，或能进行数字化信息浏览的实物展示场馆。特定专业建有互动体验室，具备视景系统和仿真系统。 建有与专业教学配套的数字化、网络化实训实习教学和实训室管理信息平台，实现网上辅助教学和网络化、智能化管理。建有技能教学资源库，有丰富的校本数字化实训、实习教学资源。 师生具备信息化应用能力。教师利用数字化教学资源开展实训、实习活动，引导学生利用信息技术进行学习。学生利用网络获取和应用数字化实训、实习资源，改进技能学习和训练方法，提高技能训练效率

3. 实训教学队伍

实训基地建设标准的实训教学队伍标准如表 4-4 所示。

表 4-4 实训基地建设标准的实训教学队伍标准

二级指标	主要观测点与指标内涵
队伍建设	重视实训教学队伍建设，规划合理，政策措施得力，能引导和激励高水平教师积极投入实训教学。 具有一支核心骨干相对稳定，专、兼职结合的实训教学师资队伍；实训基地师资队伍的结构、数量合理，符合实训基地实际，能很好地满足教学要求。 实训基地负责人具有高级专业技术职称或中级以上职称且具有硕士及以上学位，实训基地专职人员中具有中级专业技术职称与硕士及以上学位人员不少于 40%，兼职教师占指导教师总数的 20% 以上。 实训教学队伍培养培训制度健全、措施落实到位，培训富有成效
队伍状况	实训教学队伍与理论教学队伍互通，核心骨干相对稳定，形成动态平衡。 实训基地负责人学术水平高，专业教研实践经验丰富，热爱实训教学，管理能力强。 实训教学队伍教风优良、治学严谨，勇于探索和创新，专业教研创新能力强，实训教学水平高，积极参加教学改革、社会应用实践，广泛参与同行交流。 实训基地专职管理人员累计有一年以上的企业实践经历，能做好实训基地常规管理、设施设备日常维保和简单维修，并辅助专业教师开展技能教学

4. 实训基地管理

实训基地建设标准的实训基地管理标准如表 4-5 所示。

表 4-5 实训基地建设标准的实训基地管理标准

二级指标	主要观测点与指标内涵
管理机制	融合企业管理理念，渗透企业管理文化，建立由行业企业、学校、地方政府或主管部门共同参与的管理体制。 在校、院（系、部、中心）二级管理体制下，设立专门的实训基地管理机构，实行主任负责制，人员配置合理，职责分工明确，考核、评价、奖惩制度健全。 实训基地教育教学资源统筹调配，充分发挥实训设备的使用效益，突出实践教学的地位
运行机制	实训基地开放运行，实训教学质量保证体系完善，保障机制健全，保障措施落实得力，实训基地运行良好。 实训基地建设的专项资金使用有政策与制度保障，运行有维护经费保障，实训教学运行经费投入制度化。 设备采购程序规范，资产管理账物相符、处置规范，实训室及设备使用与维护有计划、有记录。耗材领取、产品入库有登记。 实训教学评价办法科学合理，鼓励教师积极投入和改革创新，措施到位
制度建设	实训基地管理制度健全、规范，设备管理制度、人员管理制度、安全操作规程、相关专业工艺守则等规章制度健全，管理制度执行规范、有效，实施信息化管理。 有安全检查制度并挂在墙上，有专人（安全员）负责安全工作，有翔实的定期安全检查记录。应急预案齐全、科学、可行。 以教育教学为中心，建设科学、健全、严格的实践教学制度。建立健全规范且能严格执行的教学计划、课程标准、教学规程等教学文件。 建立教学质量检查、监督、保障、调控体系，并具有规范的教学过程运行管理制度

5. 实训教学运行

实训基地建设标准的实训教学运行标准如表 4-6 所示。

表 4-6 实训基地建设标准的实训教学运行标准

二级指标	主要观测点与指标内涵
教学理念与改革思路	实训教学改革思路符合党和国家教育方针，符合地方经济和高等职业教育发展的需要，注重提高学生的实践技能和创新能力。 实践教学指导思想明确，以人为本，促进学生知识、能力、素质协调发展，重视实训教学，相关政策配套落实。 实训教学改革和校内实训基地建设思路清晰、规划合理、方案具体，适用性强，效果良好。 实训教学定位合理，理论教学与实训教学统筹协调，安排适当
实训教学改革创新	依托实训基地积极开展人才培养模式改革，积极实施"做中学、做中教"的教学模式，创新项目教学、案例教学、场景教学、模拟教学、主题教学和岗位教学等教学方法。 深化教学改革，不断开发新的实训项目，更新教学内容，教学内容注重传统与现代的结合，与社会应用实践密切联系，融入科技创新和实训教学改革成果，有满足实践教学的实际项目。 积极推进教学方法改革，注重现代教育技术在教学中的应用，根据不同专业特点建立以学生为主体、学生自我训练为主的教学模式。 实训教材不断改革创新，有利于学生创新能力培养和自主训练
教学体系与教学内容	建立与理论教学有机结合，以能力培养为核心，职业技术技能、职业综合能力、职业素质有机结合，分层次的实训教学体系，涵盖基础技能型实训、专业技能型实训、综合与创新型实训等。实训课程标准充分体现教学指导思想

续表

二级指标	主要观测点与指标内涵
教学实施状态	建立实践教学质量保障体系，实训教学文件齐全，有规范完备的实践教学计划、课程标准、技能教学教材等教学文件，有实训教材和指导书。 实训教学实施过程管理规范，有实训教学质量检查、监督、保障、调控手段，有实训教学质量信息反馈渠道和实训教学过程控制点。 教学实施计划、教学日志、实训仪器设备使用记录、实训考核记录等台账资料齐全完整，对教学文件、实训、实习项目及相关资源、教学过程进行信息化管理。 实训教学安排科学、合理，实训教学质量检查、督导制度完善、执行到位。 实训、实习开出率达到100%，自开率达到95%以上；实训室学年平均利用率达到60%以上
教学方法与教学手段	重视实训技术研究，实训项目选择、实训方案设计有利于启迪学生科学思维和创新意识。 改进实训教学方法，形成以自主式、合作式、研究式为主的学习方式，以保证教学质量与教学水平的不断提高。 实训教学手段先进，引入现代技术，融合多种方式辅助实训教学
实训考核评价	建立评价主体多元和评价方式多样的实训教学评价体系，重视过程评价和形成性评价，强化综合实践能力的考核。 学生的实训管理与考核科学、规范、及时、准确，可操作性强。 认真履行实训考核，积极改革考核方法，统筹考核实训过程与实训结果，激发学生实训兴趣，提高实训能力，全面提高实训教学质量
培养质量	学生综合职业能力有效提升，学生的基本能力、技术技能和职业素质明显提高。 学生学习积极性高，参加职业技能鉴定和职业资格考试成绩好，毕业生95%以上学生取得本专业中级工以上职业资格证书，20%以上获得本专业高级职业资格证书或2个以上中级证书。 毕业生就业率达到95%以上，对口就业率达到70%以上，当年劳动合同签订率达到80%以上。 本专业学生在技能大赛、创新大赛上获省级二等奖以上奖项。 毕业生就业质量高、起薪高、就业满意度高，毕业生就业创业典型多

6. 实训教学效果

实训基地建设标准的实训教学效果标准如表4-7所示。

表4-7 实训基地建设标准的实训教学效果标准

二级指标	主要观测点与指标内涵
实训教学效果	教学覆盖面广，实训开出率高，教学效果好，学生实训兴趣浓厚，对实训教学评价总体优良。 学生基本知识、实训基本技能宽厚扎实，实践创新能力强，实训创新成果多，学生获省部级以上竞赛奖项等
教学成果	近三年实训教学有成效，有校级以上教学成果奖、精品课程、各种竞赛奖励等。 近三年通过专业技能资格鉴定人数多；近三年专职人员发表实践性教学研究论文多；近三年获得的相关荣誉多，有获省部级以上奖励的项目、课程、教材
技能培养效果	近三年实训基地积极开展对学生的技能培养，效果好。 职业技能鉴定通过率高，企业对学生的评价好，社会声誉好
资源共享	实训基地面向社会开放，覆盖国家及地方重点支持专业领域；为本校其他专业及兄弟院校同类专业提供实训服务，建立并形成良好的运行机制
社会服务	校企合作密切，为区域内企业开展技术服务，参与解决生产、技术难关，共同研制开发企业新产品。在技术服务、技术咨询、技术开发、技术转让等方面有成果，能紧密与社会经济发展相联系，主动为行业和企业开展生产加工、各类技能培训、技术研发与服务、职业技能鉴定等工作，与相关企业有稳定的联合生产订单和产品研发项目。积极提高实训基地的效益，实际到账资金不低于30万元/年。 主动面向市场，为其他学校学生、企业职工、复转军人、社会人员开展多类型、多层次技术技能培训，年培训人数与实训基地所服务专业的在校生数大致相当，技能鉴定人数不低于200人次/年。 近三年承办过市级以上技能大赛，或依托实训基地开展市级以上教学研究活动

续表

二级指标	主要观测点与指标内涵
辐射作用	在实训基地建设的教学理念、教学模式、运行机制、管理制度、实训环境、实训教学、对外培训等方面有显著成绩，对省内同层次职业院校的实训基地有带动、辐射、促进作用
特色与创新	实训基地建设过程中取得了独有的、富有成效的、有示范与推广意义的成果。 实训基地建设在技术技能人才培养中心、技能教学研究中心、技术创新推广中心和创业孵化中心建设方面进行探索创新，成绩显著，特色鲜明，体现规范化、集约化、信息化、国际化建设理念，经验模式具有较大的推广价值。 实训基地建设在实训设备、师资队伍、实训课程教材、信息化教学资源、实训基地情景文化等方面，实训基地管理、校企合作机制深化，以及教学、生产、科研等方面进行创新与探索，取得显著成绩，形成鲜明特色，经验模式具有较大的推广价值

4.3 校外生产性实训基地建设标准

校外生产性实训基地建设具体要求如下：

（1）使学生初步了解所学专业的地位、作用及发展趋势，激发学生热爱本专业、奋发学习、立志成才的热情。

（2）增强学生对本专业知识的感性认识，收集有关的资料，并为后续课程的教学做好准备。

（3）训练学生从事本专业生产、建设、管理、服务等工作所必需的各种基本技能和实际动手能力。

（4）巩固和运用所学的理论知识，培养学生分析、解决实际问题的基本能力。

（5）虚心向实习单位的工作人员学习，增强劳动观念、群众观念和社会责任感，培养学生热爱劳动的品质和爱岗敬业、开拓创新、团结协作的精神。

校外生产性实训基地建设标准如表4-8所示。

表4-8 校外生产性实训基地建设标准

一级指标	二级指标	建设标准与目标
合作机制	合作模式	合作企业技术先进、管理规范、社会责任感强，具有典型行业特色。 探索企业主导、学校主导、校企共建等多元主体合作模式
	制度保障	实训基地管理架构合理、制度完善，合作各方责任明确、产权明晰、运行顺畅。 建立实训教学资源多元投入制度，形成校企共建长效机制
实训条件	实训环境	实训设备先进，生产工艺、设备升级紧跟企业技术更新步伐；实训设备台套数、生均工位数满足实践教学需求；引入先进企业文化，创设真实的工作情境和管理模式
	师资队伍	校企人员互聘，组建专兼结合的实践教学团队，教师数量、职称结构合理。 教师教学水平高，实践能力强，能够满足教学、生产、培训需要。 制订教师发展计划，提高专任教师实践能力和企业人员教学水平
实践教学	实训项目	开发源于企业真实生产任务的实训项目；引入企业产品生产技术标准、工艺标准和管理规范，开发实践教学资源
	实训组织	按照企业生产流程组织教学活动；借鉴企业职工绩效考核模式，进行项目化、过程化、多元化考核评价；探索实施工学结合、半工半读、现代学徒制等人才培养模式

续表

一级指标	二级指标	建设标准与目标
社会服务	社会培训	面向企业开展专业技术和专项技能培训、职业技能鉴定；面向新型职业农民、农村转移劳动力开展短期职业技能培训
	科研创新	校企合作开展技术攻关和协同创新，服务企业转型和技术升级，社会和经济效益显著。引进、开发大学生创新创业项目，孵化培育创新科技成果

4.4 实训基地 7S 管理标准

7S 管理起源于日本，实训基地 7S 管理标准如表 4-9 所示。

表 4-9 实训基地 7S 管理标准

项 目	管 理 标 准
整理 （Seiri）	工作区域无与工作无关的个人物品、公用物品、物料等。 物品摆放整齐有序，有固定区域存放和标识。 现场摆放的物品定时清理，工作桌面、置物架、工具架（箱）、抽屉等定时清理。 工位没有无用的设备、工夹具等。 工作区域张贴物整齐有序，无污损
整顿 （Seiton）	工作区域有定位标识。 加工材料、待检材料、半成品、成品等物品标示明显、摆放整齐。 工作区域通道（走道）保持畅通、界线清晰，且不得摆放任何物品。 工具架（箱）工装夹具、实训设备及仪器等标识明确、定位放置，且摆放整齐、易于取用。 消耗用品及清洁工具如手套、抹布、扫把、拖把等定位放置。 悬挂图纸、报表等摆放整齐。 师生座椅、休息区物品等摆放整齐。 统一区域的私人用品需定位放置，或同一方向放置。 文件、资料及档案应及时分类，并整理归档
清扫 （Seiso）	实训设备、工作台、工作桌、办公桌以及窗户等清理、擦拭。 工作时产生的废料、垃圾是否及时清扫。 下课（下班）前应打扫作业场所、收拾物品。 废料、余料随时清理，垃圾、纸屑等及时清理，抹布、包装材料等定期清理
清洁 （Seiketsu）	有卫生清洁规定或相关清洁、清扫规定。 排定轮值打扫实训室值日表，工作环境保持整洁、干净。 定期擦拭窗户、门板、玻璃等，办公桌等保持干净，无杂物。 工作台面、设备仪器、工装夹、盛放物品的器具等清洁干净，摆放整齐。 成品、材料、辅材等按规定包装，长期放置（一周以上）的材料和设备等须加盖防尘设施。 工作区域地面、门窗保持整洁干净，无水、杂物、油渍等，无卫生死角。 清洁工具、卫生间等干净整洁，无异味
素养 （Shitsuke）	师生知道 7S 的含义，有 7S 责任分工或相关规定。 遵守学校各项规章制度，进出实训场地规范、有序，无打闹喧哗现象。 严格遵守作息时间，按时出勤，不迟到、不早退、不旷课。 师生统一着装、佩戴证件、服装整齐，并保持仪表仪容。 使用仪器设备、工具等按规定取放，使用公物时能保持物品清洁。 下课、下班后能及时打扫和整理工作现场。 上课无随意串岗、谈笑聊天、接打手机等现象，上课期间无随地吐痰及乱扔垃圾现象。 不破坏工作现场的环境，例如乱丢垃圾、工具任意摆放等

续表

项　目	管 理 标 准
安全 （Safety）	有安全管理规定、事故应急预案、安全警示标志。 课前进行安全教育，掌握操作规程，戴好防护用具。 师生熟悉安全疏散路径，会使用消防器材。 物品摆放无妨碍安全通道、警示标志现象，设备维修要有标识。 电源线路安全、没有破损，应急照明灯实用。电源插座应标明电压，并注意用电安全。 设立必要的消防设备和设施，消防器材没有过期使用。 化学等危险物品按规定存放，按操作说明使用。 隔离有害物、易燃易爆物品，并加以标识。 危险部位应注明标识"危险！请勿靠近！"等字样。 正确操作使用各种机器设备和实训设备。 不得带有危险的物品进入实训、工作场所。 实训室无人时要关闭门窗，防止失窃
节约 （Saving）	节约使用水电，下课、下班时关掉工作区的电源，无长明灯、长流水现象。 节约使用各类物品，合理利用实训耗材，无浪费教学资源现象。 爱护公共设施，无破损现象，规范使用仪器设备，无人为损坏。 离开实训室要切断电源、水源，关好门窗

【概念解析】

4.5　相关概念的内涵解析

1．实训、实习与实验

在职业教育中，实训、实习和实验是实践教学环节中非常重要的组成部分，是培养高技能人才不可缺少的教学环节。实训是为了掌握完成某项工作所需技能而进行的模拟性训练；实习是指去企业中以学生身份具体参加工作实践；实验是为了验证某种科学原理或方案的可行性和正确性，或者为了察看某事的结果或某物的性能而从事某种活动，是一种验证性的活动。

实训教学是教学环节中的重要组成部分，是理论教学的继续、补充、扩展和深化。校外实训、实习教学是课堂教学的延伸，主要包括认知实习、跟岗实习、顶岗实习。

实训是专业技能实际训练的简称，是指在学校控制状态下，按照专业人才培养目标与要求，对学生进行专业技术应用能力训练的教学过程。实训是对学生单项技能和综合技术应用能力进行的训练。实训教学过程中以学生亲自动手操作为主，教师讲授指导为辅。实训教学的目的不一定是做出合格的"产品"，而在于这一"产品"的形成过程，旨在使学生体验工作的过程，训练操作的技能与技巧，从而形成特定任务下的心智与行为习惯。

通过实训使学生熟练掌握职业（岗位）要求的工作技能和所学知识的综合应用方法。强调通过综合实训和模拟实训来提高学生分析解决实际问题的能力，提高实际工作能力。实训中同时也要注重职业素养的教育，培养学生的职业意识、质量意识和安全意识。

2. 实训室 7S 管理

7S 的全称为整理（Seiri）、整顿（Seiton）、清扫（Seiso）、清洁（Seiketsu）、素养（Shitsuke）、安全（Safety）、节约（Saving）。因这七项内容在日文的罗马发音中，均以"S"为开头，故简称为 7S。

（1）整理。

区分要用和不用的东西，不用的清除掉，把"空间"腾出来活用。对实训场地不必要的物品进行清除，腾出实训室空间，空间活用。

（2）整顿。

将整理好的物品明确规划、定位放置，将需要物品配置齐全，并明确地对其予以标识；按规定对物品进行科学的定位、定量、整齐摆放，达到标准化放置要求；物品用后及时复位，节约寻找物品的时间。

（3）清扫。

将实训场地打扫干净，使场地保持无垃圾、无灰尘、无脏污、无异味、干净整洁，并防止其污染的发生，清除"脏污"。

（4）清洁。

维护整理、整顿、清扫的工作成果，并对其实施的做法予以标准化、制度化、持久化，使 7S 活动形成惯例和制度。

（5）素养。

通过整理、整顿、清扫、清洁等合理化的改善活动，使全体人员养成守标准、守规定的良好习惯，永远保持妥当的行为，进而促进各成员素养的全面提升，形成一种文化素养。

（6）安全。

消除隐患，排除险情，预防事故发生。遵守纪律，提高安全意识，每时每刻都树立安全第一的观念，做到防患于未然，创造无意外事故发生的工作场所。

（7）节约。

对时间、空间、能源等方面合理利用，并发挥其最大效能，讲究速度和效率，创造出一个高效率、物尽其用的实训环境，减少浪费，提高效率。

【方法指导】

4.6 实训与实验的分类

1. 实训的分类

从形式上分，有动手操作技能实训和心智技能实训；从内容上分，有岗位训练、过程训练、项目/任务训练、模拟仿真训练等模式；从方式上分，有模拟训练和实操训练等模式，模拟训练的意义在于不受学校现有条件的局限，能使学生在较真实的环境中进行实训的动手操作。

2. 实验的分类

实验共分四类：演示性实验、验证性实验、综合性实验、设计性实验。

（1）演示性实验：必须对实验内容、先进的实验方法和现代实验仪器有所认识和了解的，由实验员操作、学生观摩的实验。

（2）验证性实验：学生通过一个实验结论论证某个定义的实验。

（3）综合性实验：学生经过一个阶段理论课和实验课的学习，综合运用所学知识和技能，完成一定的实验内容。可以在一门课程的一个小循环之后安排综合实验，培养学生理论联系实际和综合实验能力。

（4）设计性实验：学生根据实验题目，运用所学知识，确定实验方案（可以包括选择实验方法和步骤，选用仪器设备），独立操作完成实验，写出实验报告，并进行综合分析。设计性实验重在培养学生的思考能力、组织能力、实验能力和创新能力。

4.7　实训基地建设

实训基地是指具有一定规模，接纳学生参加实践锻炼，相对稳定的校内外实训、实习场所。实训基地建设对提高大学生创新、创业和实践能力有重要作用。

1．实训基地的建设原则

（1）坚持"校企合作、共建、共享、共管、共赢"的原则。学校利用实训基地条件安排学生实训、实习和参加实践锻炼，培养学生创新、创业和实践能力；实训基地合作方则可借助学校的科研、师资力量开展技术攻关、产品研发和人员培训等工作，并可优先从毕业生中选拔优秀人才。

（2）坚持生产、教学、科研相结合的原则。积极探讨实践教学模式，将实训基地建成生产、教学、科研相结合的重要场所。

（3）坚持质量第一的原则。实训基地建设要把教学质量放在首位，能完成专业人才培养计划中实践教学环节规定的各项内容，使学生得到实际锻炼，切实提高学生的实践能力与综合能力，保证实践教学质量。

（4）坚持素质教育原则。实训基地应有良好的育人环境，有利于学生的全面素质培养，使学生在思想道德素质、业务素质、科学文化素质以及身心素质方面得到提高与完善。

2．实训基地的建设内容

实训教学基地应在教学、师资、资源、管理和信息化等方面发挥示范和引领作用。

（1）先进的实训教学理念。

充分发挥实践教学在增强学生的社会责任感、激发学生的创新精神、培养学生的实践能力等方面的重要作用，形成重视实践教学，实践教学与理论教学协同培养高素质技术技能型人才的良好氛围。

（2）先进的实训教学体系。

遵循实训教学规律和人才成长规律，建立以能力培养为主线，目标清晰、载体明确、评价科学的实训教学质量标准。建立以实训教学基地为依托，与行业企业联合培养人才的新模式。重视基本规范的养成，重视基础能力的培养，重视与工程实际和社会应用实践的密切联系。

（3）先进的实训教学方式方法。

创新和使用多样化的教学方法、现代化的教学手段，积极开发综合性、设计性、创新性实训项目。重点实行以学生为本的基于问题、项目、案例的互动式、研讨式教学方式和自主、合作、探究的学习方式。注重经典与现代相结合，虚拟仿真与真实体验相结合，基本规范养成、基础能力训练与创新能力培养相结合，促进学生多样化成才。

（4）先进的实训教学队伍建设模式。

重视实训教学队伍建设，制定相应政策，采取有效措施，鼓励高水平教师投入实训教学工作。建设实训教学与理论教学队伍互通，教学、科研、技术兼容，核心骨干相对稳定，年龄、职称、知识、能力、素质结构合理的实训教学团队。重视实训教学基地主任的选拔和使用，加大人员培养培训力度，拓宽与有关部门、科研院所、行业企业人员交流的途径。形成由专业带头人或高水平教师负责，热爱实训教学，教育理念先进，专业能力强，信息技术水平高，实践经验丰富，勇于创新的实训教学队伍。

（5）先进的仪器设备配置和安全环境。

实训仪器设备配置符合教学要求，体现专业特色，适应科技、工程和社会应用实践的变化与发展，满足人才培养需求。实训教学资源及仪器设备使用效益高，运行维护保障充分。环境、安全、环保符合国家规范，经常性组织安全教育和培训。创造性开展体现专业实训教学特点和学校特色的实训教学文化建设。

（6）先进的实训教学基地建设和管理模式。

坚持科学规划、资源整合、开放共享、高效管理原则，对实训教学基地建设进行科学规划，对实训教学资源和相关教育资源进行整合，建设面向多专业的实训教学基地。理顺实训教学基地管理体制，实行实训基地主任负责制。建设有利于学生自主实训、个性化学习的实训环境，建立健全实训教学评价与保障机制，完善并落实实训教学质量保障体系。创新对外交流与合作模式，利用科研院所、行业企业人才和技术优势，建设校内外互惠互利、可持续发展的实践育人条件。

（7）先进的实训教学信息化水平。

推进信息技术与实训教学深度融合，加强信息技术在实训教学过程中的广泛应用。建设技能训练实训教学、探究性实训教学和虚拟仿真实训教学等信息化实训教学资源，建立统一的实训教学基地信息管理平台，推动课程管理、师生交流、教学评价的信息化，实现实训内容、空间、时间、人员、仪器设备等资源的高效利用和开放共享。持续提高实训教学队伍应用信息技术的能力。

（8）突出的建设成果与示范作用。

实训教学基地特色鲜明，实训教学效果显著，建设成果丰富，受益面广，学生实训兴趣浓厚，自主学习能力增强，实践创新能力明显提高，发挥了良好的示范作用。

4.8 生产性实训基地建设

生产性实训基地是实践性教学场所，它承担学校的实训教学任务和技术开发、职业技能培训、技能鉴定考核、新技术的应用推广等功能，是实现高等职业教育人才培养、服务行业、服务社会的重要实训基地。

1．建设原则

高等职业教育的目标是"培养生产、建设、服务、管理第一线的高素质技术技能型人才"，因此生产性实训基地的建设遵循以下几个原则：

（1）先进性原则。

生产性实训基地要以先进的职业教育理念为指导，借鉴发达国家和地区的先进经验；实训基地的设计和建设方案要有一定的超前性，实训设备要注重先进性与实用性的统一，符合科技发展的趋势。在技术要求上要具有专业领域的先进性，使学生在实训过程中，学到和掌握本专业领域先进的核心技术路线、工艺路线以及技术实际应用的本领。

（2）生产性原则。

生产性实训基地的环境、场地、布局以及设备配置要仿照企业典型产品或典型生产线的工艺流程和操作规范，使学生能够按照职业、岗位（群）的技能要求得到有针对性的训练，缩短学校与企业的距离，在保证实践性教学有效进行的同时，实现经济效益的最大化。

（3）综合性原则。

生产性实训基地要以骨干专业学生技能训练为基础并覆盖相关专业群；实训基地要将专项技能训练与综合技能训练有机结合；实训基地要将技能训练、技能竞赛、技能鉴定、创业就业训练和技术服务有机结合，充分发挥实训基地的综合功能。

（4）开放性原则。

生产性实训基地不仅为学生技能训练、竞赛、鉴定服务，还要为教师培训提高服务；不仅要为本校服务，而且要为其他院校服务；不仅要为教育系统服务，还要为企业服务、为社会服务，使实训基地成为校企合作、校校合作的桥梁，社会服务的实训基地，达到互惠共赢。

2．建设标准

生产性实训基地建设应以系统集成、搭建跨专业和交叉专业的平台为重点，充分体现基础性、多功能性和共享性，因此应符合以下标准：

（1）生产性实训基地必须配备符合本校专业设置足够数量的、比较先进的仪器设施。

（2）生产性实训基地必须配备符合本校专业设置足够数量的、精通业务的实训指导教师。

（3）生产性实训基地必须配备符合技术要求的房舍、场地、附属设施及配套环境。

（4）生产性实训基地建设必须全盘考虑、统筹兼顾，力求资源共享。

（5）生产性实训基地建设必须立足于本校专业建设和学生实训需要。

（6）生产性实训基地必须具备符合职业岗位要求的课程内容，体现新知识、新技术、新工艺、新方法，课程结构模块化。

（7）生产性实训基地必须有完善的规章制度，专人管理，建立并形成良好的运行机制。

【诊断改进】

4.9　校内实训基地的诊断与改进

运用如表4-10所示校内实训基地的诊改要点和诊改依据，对校内实训基地进行诊断，并根据诊断结论提出可行的改进建议。

表 4-10　校内实训基地的诊断

诊改项目	诊改要点	诊改依据
校内实训基地建设	实训室的建立要有充分的依据，高等职业教育特色鲜明，目标定位准确，符合办学宗旨； 校内实训基地建设计划的各项具体要求清楚可行，并有具体的分步实施计划与相应措施； 按计划购置仪器设备并完成建设任务	校内实训基地建设计划，学校建设规划或工作计划中有无校内实训基地建设内容；实训室设备购置、安装与验收资料等；学校实训教学相关政策，实训教学定位及规划，实训教学改革思路及方案等；实训教学体系建设，实训课程、实训项目名称等数据
实训室功能设计	能承担建设计划中预期的实践教学内容，并具有相应的场景和氛围； 能承担对应专业技术、技能鉴定和考核任务； 能承担非学历职业培训与技能训练及竞赛任务； 能承担科学研究、技术开发与应用任务	仪器设备清单和购置费用清单，仪器设备技术资料，实践教学标准，实训（实验）项目清单，实训（实验）指导书等
承担并完成实训任务	实践教学计划、标准、任务书、教材等教学文件规范齐全，执行严格； 能完成所承担的实践教学任务，并对学生进行职业素养训导； 每个实训项目，目标明确、实施效果良好，并有完整的实训室或其仪器使用记录，有实训报告，有具体考核办法并实施； 实践教学指导人员落实，有明确的岗位职责及详细的分工安排	实践教学文件，年度实训课程、项目统计资料，实训室或其仪器设备使用记录等，实训技术、方法、手段，实训考核方法等
仪器设备管理状况	仪器设备的固定资产账、物、卡相符率达到100%； 单价低于800元的低值耐用品的账、物相符率不低于90%； 仪器设备维修及时，完好率高； 单价10万元及以上的仪器设备有专人管理和专门的技术档案	仪器设备管理制度、措施，维护维修经费保障，购置经费保障情况，更新情况，利用率，自制仪器设备情况等，列表说明主要仪器设备类型、名称、数量、购置时间、原值，精密大型设备使用登记表，设备利用率统计表等
实训师资队伍状况	实践教学指导人员结构合理，实践教学能力强，大部分实训室人员具有本科及以上学历或中级职称，具有较强的实训指导能力； 有实践教学指导人员培养、培训计划和措施	实践教学指导人员培养、培训实施情况资料，实训室工作人员的技能等级证书等，管理人员，名单、报表、档案技术及开机使用的原始记录，学校实训教学队伍建设规划及相关政策措施等，师资队伍组成模式，培养培训优化情况等
实训环境与安全	实训室通风、照明等设施完好，电路、水、气管道布局安全、规范； 实训室有防火、防爆、防盗、防破坏的基本设备和措施，实训室与办公室分开； 室内布局合理，整洁无杂物，家具、用具、仪器设备摆放整齐，桌面、仪器设备无灰尘，地面无积水、无纸屑等，房顶无蜘蛛网等符合7S的要求	实训室及室外走廊等处的环境，实训室智能化建设情况，安全、环保，网络实训教学资源，实训室信息化、网络化建设及应用等

续表

诊改项目	诊改要点	诊改依据
实训教学管理	实训室有仪器设备的管理制度，仪器设备损坏、丢失赔偿制度，低值耐用品管理制度，精密仪器大型设备使用管理制度，实训守则，实训室安全管理制度等，这些制度能成文、上墙，并有专人定期进行安全检查；对实训室教学质量有监控措施，效果好。	相关管理制度，质量监控记录，实训基地管理模式、资源利用情况等，开放运行情况，管理制度，考评办法，质量保证体系，运行经费保障等，有无安全制度和专人定期检查记录
实训质量	学生实训（实验）报告的综合评价良好；实训室开出率高、设备完好率高；学生取得专业资格证书的比例逐年提高；用人部门对毕业生实践能力与职业能力反映良好；实训室在校企合作、技术服务、社会培训中作用明显	实训（实验）报告，实训室使用率、设备完好率等统计数据，学生取得技能等级证书的统计资料，学生实践教学情况反馈统计，技能培训相关资料等，学生学习效果，近五年来主要实训教学成果，获奖情况等

4.10 校外实训、实习基地的诊断与改进

运用如表 4-11 所示校外实训、实习基地的诊改要点和诊改依据，对校外实训、实习基地进行诊断，并根据诊断结论提出可行的改进建议。

表 4-11 校外实训、实习基地诊改

一级指标	二级指标	诊断要素	诊断依据
实训基地建设与管理	实训基地规划与管理	实训（实习）基地建设纳入学校建设发展规划	学校发展规划；学校实训（实习/实验）建设方面的规定
		学校及系部制定了实训（实习）基地管理规章制度	实训（实习）基地管理的规章制度，实训（实习）管理规章制度
		实训（实习）基地管理机构健全，人员、政策措施落实到位	专门机构或职能部门管理实施实训基地管理工作，人员政策措施情况资料
	实训基地建设情况	实训基地建设单位条件符合教学需要，实训基地建立时间长（两年以上），实训基地相对稳定，服务面广	相关实训（实习）基地建立协议、单位设备及学生实习记录材料
		学校与实训基地所在单位签订了正式协议，职责任务明确	协议书及相关资料
实训基地条件	实训基地条件	实训基地设施设备能够满足实训（实习）需要，实训基地交通便利	实训基地设施设备情况
	师资条件	有满足实训（实习）需要的专兼职教师	专职（兼职）教师基本情况
	食宿条件	实训基地能够提供师生实训（实习）的生活条件	实训基地食宿条件
	环境与安全	实训基地安全有保障	实训基地安全条件
实训（实习）效果	实训（实习）教学管理文件科学完整齐全	所开出的实训（实习）有标准、指导书和其他资料	相关资料
		实训（实习）计划安排科学、周密、合理，符合培养目标要求	相关材料

续表

一级指标	二级指标	诊断要素	诊断依据
实训（实习）效果	实训（实习）教学工作	实训（实习）计划完成情况良好	相关材料
		学生实训（实习）过程组织周密，实施情况良好	相关材料
	实训（实习）效果	实训（实习）管理指导工作到位，学生能力得到提高	实训（实习）指导过程记录等
		学生对实习单位的条件组织管理和学校的教学效果评价良好	相关材料和学生评价等
特色与创新	实训基地特色	学校企业间建立了良好的合作关系，在学生就业、教师锻炼等方面合作良好	相关材料
		形成独特的实训基地建设管理特色	相关材料
	实训基地创新	学校和企业单位间进行产学研合作，有项目及成果，创新管理模式和内容	相关材料
	实训基地的示范作用	实训基地设立、管理，校企合作、顶岗实习、服务范围、资源共享等方面在同类学校中发挥了较好的示范作用	相关材料

4.11 实训室 7S 管理的诊断与改进

运用如表 4-12 所示实训室 7S 管理的诊改要点，对实训室 7S 管理进行诊断，并根据诊断结论提出可行的改进建议。

表 4-12 实训室 7S 管理的诊断与改进

项 目		诊 断 要 点
整理	门牌标识	各实训室有统一样式的门牌标识、安全责任牌
	区域划分	工作区、材料区、工具区、成品区、半成品区等区域划分清楚，并有固定的标识，区域内物品摆放整齐
	设备线路布局	设备设施布局科学合理，预留疏散通道，各种线路规范整齐
	非必需	非必需品清除干净
整顿	物品放置规范	实训设备科学放置、固定位置、配套使用，不能私自拆卸、更换、挪动，设备及配件摆放整齐、规范
	实训工具材料整齐	即刻使用的实训工具、材料整齐地放置在工作区域容易取到的位置，不是即刻使用的物品存储在准备区域，不再使用的物品按报废程序办理报废手续
	桌子凳子整齐划一	实训桌子、凳子摆放整齐，成排成行，多余凳子集中整齐摆放
	卫生工具规范	卫生工具按要求整齐地摆放在工具角，笤帚、拖把挂上墙
	实训室文化美观	实训室规章制度、安全操作规程齐备，实训室文化标识整齐、美观，各类标识（警示、禁止、提示）醒目，无残损、污垢
清扫	形成习惯，建立制度	养成自觉清洁的习惯，督促每位学生做到"工作间隙勤清扫，下课之前小清扫，每周结束大清扫"，建立实训室清扫制度
	及时清扫	实训设备、工作台、工作桌、办公桌以及窗户等及时清扫、擦拭，工作时产生的废料、垃圾及时清扫，实训室门外走廊及时清扫，下课（下班）前及时打扫作业场所、收拾物品

续表

项	目	诊 断 要 点
清扫	及时清理	废料、余料、抹布、包装材料、垃圾、纸屑等及时清理
	清扫无死角	清扫到边到角,卫生角垃圾及时清除
清洁	日常保持	实训设备、工具等实训用品摆放整齐、干净整洁面无灰尘,无乱写乱画;墙面无蜘蛛网、无乱写乱画痕迹,无过时的公告、标语,墙上悬挂物统一规范;桌面、桌洞干净、无灰尘、无垃圾;门窗玻璃、门框洁净;地面无污迹、脚印、垃圾;卫生角周围干净整洁,铁簸箕内无垃圾,卫生工具放置整齐规范;窗帘干净整齐;实训室内外整洁明亮,实训室门外走廊地面、墙面干净整洁,无污迹、无垃圾
	记录材料	实训室使用记录、设备维修记录齐备,记录完整
	实训室环境	环境舒适,光线、温度、湿度适宜,通风良好,废弃物处理环保化
素养	实训资产管理	各实训室建立实训设备、低值易耗品台账,做到账目清晰、账物相符。每学期一次实训资产清查,新购置设备及时上账;损坏、淘汰设备完善报废手续,及时清理。执行实训资产管理规定,严格购置、借用、报废手续,实训设备不准挪做他用
	着装	有工装的专业,要求工作服、工作帽穿戴干净整齐;微机室上机须穿鞋套
	教师素养	实训设备要精心维护保养;故障设备及时报管理员维修,设备正常使用率达到90%以上。按教学要求,课前认真准备设备材料,满足实训教学需要。实训课组织有序,学生操作规范,全员参与。实训课结束,组织学生整理实训设备、用品,填写实训记录,安排值日生整理、整顿、清扫实训室。实训室安全管理,断电、断水、断气,关闭空调、风扇、门窗,防火、防盗、防雷电,杜绝安全事故发生
	学生素养	学生进入实训楼保持安静,进入实训室组织有序,爱护室内外公共设施。实训课学生出勤率达到95%以上,中间无外出。实训期间无喧哗打闹、玩游戏等与实训无关的事情。实训过程中,没有私自拆卸、更换实训设备及配件。实训工具、材料仅限实训需要,没有带出实训室。手机、移动存储器、游戏机等没有带入实训室。实训课按规程认真安全操作,杜绝安全事故。实训课结束,正确关闭实训设备电源,设备、工具、材料整理到位,桌凳归位
安全	制度健全	实训室有安全操作规程或安全管理制度,并上墙
	用电安全	各类电源开关、插座、线盒无破损,正常安全使用,线缆连接规范,统一捆扎
	安全警示	设备无故障使用,发现安全隐患应停止使用,及时修正;实训室有安全操作规程,易造成人身伤害的强电、强动力设备要有安全操作警示,学生要在教师的指导、监督下使用
	对学生安全教育	对学生加强安全教育,课前进行规范操作、安全警示教育,危险设备在老师的监督、指导下使用
	工具管理	实训刀具、剪子、螺丝刀、钳子等工具有专人、专柜保管,仅限实训室内规范使用,严禁打闹,实训结束及时全部回收
	危险品管理	没有携带易燃、易爆和强磁性等危险物品进入实训室
	安全常规	离开实训室,断电、停水、关气,关闭门窗,做好防火、防盗、防雷电等工作
	消防器材	消防设施齐全,摆放在醒目、易取位置。设置安全通道并有明显标识

续表

项　目		诊　断　要　点
节约	爱护设备	设备规范使用，定期保养，延长使用寿命；严禁违规操作，以免造成人为损坏
	科学维修设备	故障设备及时维修，在保修期中的设备，不能拖延出保修期，增加维修成本；设备报废时，要提供专业人员的检测报告
	废旧利用	不能维修、计划报废设备，通过学校指定专业人员技术检验，并将可用配件拆下作为同类设备的维修配件备用，专人保管，按程序办理报废，集中放置到学校指定位置
	节约实训材料	按实训计划，做好材料购置预算，建立材料入账、出账、使用记录账，做到日清月结，账目清晰；能重复使用的材料要反复使用
	节约能源	实训室不能开长明灯、流长流水，空调、电暖气在规定时间使用

4.12　实训教学工作的诊断与改进

运用如表 4-13 所示实训教学工作的诊改要点，对实训教学工作进行诊断，并根据诊断结论提出可行的改进建议。

表 4-13　实训教学工作的诊断与改进

诊　改　项　目		诊　改　要　点
仪器设备和耗材管理	仪器设备台账	实训室有仪器设备登记簿，且记录完整、账物卡相符
	仪器设备的使用	有仪器设备借用制度及登记簿，且记录完整。 大型设备（单件五万元以上）有使用记录簿，且记录完整
	材料、易耗品使用	有材料、易耗品登记簿，且领用手续齐全，记录完整
	仪器设备维修维护	有设备维修维护记录簿，且记录完整。新购仪器设备资料存档规范
实训教学	实训教学制度	有实训教学管理相关制度或办法
	实训教学计划	有本学期实训教学计划，实训室有教学安排表
	实训教学过程管理	实训室有实训教学情况登记簿，记录完整。有教学检查登记
	实训课开出率	实训教学按计划开出
实训教学环境	制度守则	实训室内有实训室管理制度，有实训室简介和承担的实训项目简介，大型仪器设备（单件五万元以上）有设备操作规程
	室内布局、设备摆放与环境卫生	实训室仪器设备摆放位置明确，摆放整齐，有标识，实训室整洁干净，仪器设备无尘无灰
	安全消防	实训室内有安全管理制度，实训室门、窗、水、电、设备无安全隐患。 实训室危险品存放安全且有记录，重要设备有具体的安全措施。重要实训室内有灭火器等消防设施。 院（系、部、中心）对实训室有定期安全检查

单元5 教材建设诊断与优化

教材是体现教学内容和教学方法的载体，是教学过程中教师教学、学生学习的基本工具，是深化教学改革、提高教学质量、全面推进素质教育、培养创新人才的重要保证。

教材建设与管理是学校深化教学改革、开展专业建设和课程建设的重要内容。做好教材建设与管理工作，是提高教育教学质量、实现专业人才培养任务的基础性工作。教材建设应当注重培养学生求实的思想方法，注重激发学生自主学习，注重提高学生综合素质和创新能力。教材建设应当适应现代信息技术手段的要求，促进教师更新教学观念、教学方法和教学手段。

【目标设置】

5.1 明确教材建设的目标

教材建设的主要内容包括教材规划、教材编写、教材选用和教材质量评价等。学校根据专业建设和课程建设的进程，制定教材建设规划，建立教材编写、评价、选用制度。各教学单位应注重依据课程标准，优先选用高质量的高职高专统编教材和国家规划教材。要注意发挥理论教材、实践教材、电子教材、网络教材等各类型教材在专业教学中的协同作用，形成科学的教材体系。鼓励教师编写能够反映生产、建设、管理和服务第一线的新技术、新知识、新工艺，体现高职特色的教材和讲义。

（1）按照专业建设和课程建设需要制定学校教材建设规划和年度建设计划。

（2）制定教材建设与管理的规章制度和政策措施。

（3）选用教材符合课程标准的基本要求，并与人才培养目标和培养规格相适应，与课程在培养方案中的地位和作用相适应。

（4）制定政策措施鼓励教师编写自编教材，编写工作按计划和规定的程序进行，保证自编教材的编写质量。

（5）建立教材质量信息反馈机制和质量评价制度，有科学的选用教材和自编教材质量评价标准，定期开展教材质量评价活动。

【标准制定】

5.2 教材建设质量标准

1. 内容质量

教材建设质量标准的内容质量标准如表 5-1 所示。

表 5-1 教材建设质量标准的内容质量标准

项目		建 设 标 准
思想水平	思想性	自觉把中国特色社会主义理论体系贯穿教材建设全过程，引导学生学习掌握马克思主义理论，树立正确理想信念和思想观点，弘扬民族文化，反映时代特色。坚持以社会主义核心价值观引领知识教育，深入开展爱国主义、集体主义、社会主义教育，有机融入中华优秀传统文化、革命传统、法制意识和国家安全、民族团结以及生态文明教育，全面开展社会主义核心价值观教育
	逻辑性	层次分明、条理清楚，教材体系能反映内容的内在联系及本专业特有的思维方法
	教育性	知识阐述与职业道德、职业意识、基本职业素养教育有机结合，有利于学生养成良好职业道德和职业素养，有利于培养学生树立正确的择业观
教学水平	教学适应性	符合人才培养目标及本课程教学的要求，教学目标明确，所选理论内容的广度和深度能够满足实践教学和未来从事岗位工作的需要
	认识规律性	符合认知规律，逻辑性强，富有启发性，便于学生自主学习，所选理论教学内容完全可以满足学生未来职业活动所需的最基本、最常用的理论知识，同时也包括学生未来可持续发展所必须深化和拓展的知识，有利于激发学生兴趣及各种能力的培养。让学生能自然地做到由基础理论到专业基础理论、由专业课到实践课的从容转换
	结构完整性	前言、正文、习题（思考题）、索引、参考文献齐全，教学组织结构合理，学习路径明确，知识关联清晰

2. 编校质量

教材建设质量标准的编校质量标准如表 5-2 所示。

表 5-2 教材建设质量标准的编校质量标准

项目		建 设 标 准
科学水平	先进性	以最快的速度反映科技发展和教学研究的最新信息、知识、成果，把新工艺、新方法、新规范、新标准及未来发展可能提出的新要求及时纳入教材内容
	系统性	完整地表达本课程所包含的知识，反映其相互联系和发展规律，结构严谨
	理论性	正确阐述本专业的科学理论和概念，注意理论联系实际，以案例阐述理论，对实践有指导作用
职业能力培养水平	能力综合性	教材的开发源于对企业现状、岗位的人才需求规格分析基础之上；体现以服务为宗旨，以促进就业为导向，走产学研结合的发展道路的办学方针。 能综合反映对学生职业岗位能力（专业能力、应变能力和创新能力）、职业道德修养和其他相关能力（协调、合作、心理素质等）的培养。 融入对学生创新精神和创新能力培养的内容，使学生能够把所学知识灵活地应用于实际，创造性地解决实际问题
	校企合作	有一定数量的企业界人士参与教材编写，在培养学生重点掌握专业领域基本技能的基础上，能够与学生顺利获得相应的专业技能等级证书有效衔接

续表

项　目		建　设　标　准
文图水平	语言文字	文字规范、简练，符合语法规则，语言流畅、通俗易懂、叙述生动
	图表	图文并茂，图表设计清晰、准确
加工水平	具体内容	无政治性、科学性、知识性错误，正确反映内容，目录、正文一致，参考文献著录准确
	各类符号	标点、符号、公式、数据、计量单位符合标准规范
设计水平	封面设计	封面、扉页、封底能恰当反映本书内容，构思合理、格调健康、风格鲜明、文字准确、色彩和谐
	版式设计	版式规范、统一，字号、字型、序号使用合理，符合阅读心理
绘图水平	绘图水平	绘画清晰、准确、美观，图文合理，大小恰当，位置准确
校对水平	校对水平	文字、图表、标点符号无错误、遗漏，封面书名、作者名、出版者名与内封、版权页一致，差错率低于万分之零点五

3. 印刷质量

教材建设质量标准的印刷质量标准如表 5-3 所示。

表 5-3　教材建设质量标准的印刷质量标准

项　目		建　设　标　准
印刷水平	开本尺寸	开本选择合理，版心正直，订口、切口、天头、地脚等规格符合要求，翻套准确，纸质厚薄适中，价格合理
	大压墨色	墨色符合印样，全书墨色均匀一致，压力一致，图版网点清楚、层次分明，无缺损字、污损字
	彩色套印	翻套准确，色版墨色均匀，图版网点清晰光洁，层次丰富
	照片插图	印品压力均匀，墨色均匀，字迹、插图清楚，图版网点清晰光洁，层次丰富
装订水平	书页装订	无缺页、白页、脏页，无颠倒、顶头、倒头，装订平整
	压膜裁切	压膜坚实，裁切尺寸符合工艺要求，不歪不斜，书皮、书芯切口处整齐规范，不皱不裂

5.3　电子教材及课件建设质量标准

1. 教学指标

电子教材及课件建设质量标准的教学指标如表 5-4 所示。

表 5-4　电子教材及课件建设质量标准的教学指标

项　目		建　设　标　准
科学思想水平	科学先进性	能反映本专业国内外科学研究和教学研究的先进成果，体现新的学术和教学思想
	思想正确性	符合辩证唯物主义，弘扬民族文化精华，无政治性和政策性错误
教学内容水平	教学适应性	符合本专业或课程教学要求，教学目标明确，取材合适，深度适宜，分量适度
	认知规律性	符合学生认知规律，逻辑性强，富有启发性，便于学生学习，有利于学生获取知识，培养能力
	结构合理性	教学内容组织符合对学生知识构建与能力培养的要求，学习路径明确，知识关联清晰
	生动趣味性	知识表述生动趣味，能引起和保持学习者的学习动机和注意力，有利于激发学生创新思维和能力的培养

续表

项　目		建　设　标　准
交互反馈水平	教学交互性	具有一定的认知策略和情感设计，人机交互性强，学习进度可控，学习路径可选，交互参数可设
	评价反馈性	习题、思考题及自测题等质量高，题型适当，设计水平高，习题和思考题操作简便，具有较好的学习评价和反馈
媒体规范水平	文字与图表	文字表达规范，字体、字号和色彩适合阅读，图表清晰、准确，符号、公式和计量单位符合国家标准和相关知识表述规范
	音视频素材	讲解、配音和对白的教学水平高，标准普通话播音，图片、动画、声音、视频等素材制作符合多媒体教学和电教片规范

2．软件指标

电子教材及课件建设质量标准的软件指标如表5-5所示。

表5-5　电子教材及课件建设质量标准的软件指标

项　目		建　设　标　准
软件运行水平	软件运行	软件安装方便、运行正常、可靠性高、兼容性强，退出或中断后恢复原系统状态
	软件性能	软件各功能正确无误，功能划分合理，响应速度快，能方便内容扩展和功能升级
	软件容错性	软件对错误输入和错误操作的容忍性强，并有错误提示
软件操作水平	用户指导	附有用户手册，内容完备，表述简明，便于使用
	操作使用性	操作界面友好，步骤明确，使用简便
辅助功能水平	求助与管理	求助功能强，具有一定的管理功能
	性价比	教学软件的教学性价比高
	开放扩展性	具有较好的内容调整、组合、更新和补充等开放性和可扩展性功能

3．媒体指标

电子教材及课件建设质量标准的媒体指标如表5-6所示。

表5-6　电子教材及课件建设质量标准的媒体指标

项　目		建　设　标　准
质量水平	素材质量	音效质量高，图片、录像清晰，动画生动准确，技术水平高
	媒体特色	在解决教学内容的重点和难点设计上显示出的教学水平高，特色鲜明
设计水平	媒体选择	根据教学内容，优选能最佳表现内容的图、文、声、像等媒体形式，媒体的质量和技术水平高
	教学设计	媒体在解决知识点讲解设计上符合学生认知规律，并融入了启发式教学模式，教学设计水平高
	界面设计	界面设计简明；色彩协调，符合视觉习惯；布局合理，美观大方，重点突出
智能化水平	导航检索性	提供简明易用的学习导航和检索、学习记录及书签功能，访问、检索和定位学习内容方便快捷
	教学智能性	具有较好的人工智能性和专家系统性
	辅助性功能	具有多种媒体的学习提示、交叉参考、导航和定位等辅助功能

5.4 校本教材编写质量标准

校本教材编写质量标准如表 5-7 所示。

表 5-7 校本教材编写质量标准

项 目		编 写 标 准
思想水平	思想性	符合辩证唯物主义，弘扬民族文化精华，突出落实"立德树人""德法兼修"的要求，无政治性和政策性错误
	价值引领	弘扬中国立场、中国智慧、中国价值，传递积极向上的正能量
	逻辑性	层次分明，条理清楚，教材能反映内容的内在联系和本专业特有的思维方法
教学水平	教学适应性	符合人才培养目标及本课程教学的要求，取材合适，深度适宜
	认识规律性	符合认知规律，富有启发性，便于学习，有利于激发学习兴趣，培养多种能力
	结构完整性	前言、正文、习题（思考题）、索引、参考文献齐全，教学组织结构合理，学习路径明确，知识关联清晰
科学水平	先进性	能反映本专业国内外的科学研究和教学研究的先进成果
	系统性	能完整地表达本课程所包含的知识，反映其相互联系和发展规律，结构严谨
	理论性	能正确地阐述本专业的科学理论和概念，注重理论联系实际
	实践性	把学生应用能力培养融汇于教材之中，且贯穿始终
编辑排版水平	语言文字	文字规范、简练，符合语法规则，语言流畅、通俗易懂、叙述生动
	图表	图文配合恰当，图表清晰、准确，标点、符号、公式、数据、计量单位符合国家标准，目录、正文匹配
教材特色	内容结构	体现素质教育和能力本位，反映专业知识、能力素养与社会需求之间的联系
	立体配套	有配套的教师参考用书、学习辅导书、实训教材，积极研制配套的电子教案、多媒体课件、电子教材或网络教材

【概念解析】

5.5 相关概念的内涵解析

1. 项目

项目是指一系列独特的、复杂的并相互关联的活动，这些活动有着一个明确的目标或目的，必须在特定的时间、预算、资源限定内，依据规范完成。项目是一件事情、一项任务，也可以理解为在一定的时间和一定的预算内所要达到的预期目的。

2. 教学项目

在职业教育中，教学项目是指以生产一件具体的、具有实际应用价值的产品或提供一项有价值的服务为目的的任务。教学项目也是源自实际项目，是多项任务的集合，但这些任务通常由一个学生在不同时间段完成，当然也可能由一个小组在不同时间段完成。让学生尝试不同岗位的不同工作任务。

3. 任务

任务即一组相关联的工作元素的集合，通常指交派的工作、担负的责任。任务是有目的性的，而且是有意义、有价值的。

任务通常有工作任务、学习任务等说法。将实际工作时完成的任务称为工作任务；将在校期间学习阶段完成的任务称为学习性任务，简称为学习任务。工作任务通常是指在一定的工作环境或工作条件下，花费一定的时间完成一项工作，任务结束后有结果或成果。学习任务在完成过程中有可能涉及一些方法学习、知识学习、问题研讨等方面，即包含有"学"的成分，案例研讨、方案研讨、问题解决等任务也可以认为是学习任务。而工作任务更多地是"做"，强调的是执行与操作。

4. 典型工作任务

典型工作任务又称典型职业工作任务，描述的是一项具体的专门工作，是根据一个职业中可以传授的工作关系及典型的任务和事项来确定的，具有该职业的典型性和代表性，同时具有促进该职业领域的职业能力发展的潜力。

【方法指导】

5.6 教材建设的原则与要求

教材建设的基本原则与要求如下：

（1）教材建设要体现"一本教材、多种职责"的核心要求，既讲解专业知识，又传递积极向上的正能量，展现改革创新的时代风采。重点要落实"立德树人""德法兼修"的人才培养要求。

教材内容要符合社会主义核心价值观的要求，能够全面、准确地阐述本课程的基本理论、基本知识和基本技能。

（2）充分利用学校教师资源、学术资源、数字网络平台等资源优势，推进互联网形势下课程资源建设，建设高质量的立体化教材。鼓励、支持教师编写能够反映学校专业优势和特色的教材，加强校内重点建设课程和优势专业教材的编写。

（3）教材应当符合各专业人才培养目标与课程教学要求，取材合适，深度适宜，有利于激发学生学习兴趣，有利于促进学生专业知识的积累、能力和素质的提升。

教材应当反映本专业国内外科学研究、教学研究的先进成果，完整表达课程应当包含的知识，结构严谨，理论联系实际，兼顾专业发展上的先进性和教学上的科学性与合理性。

（4）教材应当文字精练、语言流畅，图文配合恰当，图表清晰准确，符号、计量单位符合国家标准；加工、设计、印刷、装帧水平高，价格合理。

（5）有计划地做好课程标准及辅助教材的编写及出版工作，并加强经费支持和条件保障。努力增加教材品种，实现教材系列配套。

（6）建立完善的教材评价机制。秉承质量第一的理念，坚持思想性、科学性和政策性原则，注重理念创新和方法创新。及时听取教材使用者对优化教材内容的反馈意见，定期征求学生对提升教材质量的意见。

5.7 教材选用的原则与要求

教材选用应以立德树人为根本任务，以推进中国特色社会主义理论体系进教材、进课堂、进头脑为主线，以提高教师队伍思想政治素质和育人能力为基础，积极培育和践行社会主义核心价值观。坚持育人为本、德育为先，把坚定理想信念放在首位，确保社会主义办学方向。教材选用应立足学生全面发展，努力构建全员、全过程、全方位育人格局，形成教书育人长效机制，增强学生社会责任感、创新精神和实践能力，全面落实立德树人根本任务。为保证各门课程的教学质量，按照思想性、科学性、启发性、先进性和适用性等标准认真选用教材，确保高水平的教材进入课堂，使高质量的新版优秀教材成为教材选用的主体，提高教材的优选率。

（1）先进性原则。

优先选用国家优秀或规划教材，教育部高职高专规划教材；优先选用省部级以上获奖的高职高专教材；优先选用与本专业培养计划中所要求的职业资格证书、技能证书等考试相结合的教材。"思想政治理论课"必须使用教育部指定教材。

（2）时效性原则。

所选教材的教学内容要能反映新知识和新技术，尽量选用3年内出版（或再版、修订）的新教材，禁止选用教学内容陈旧、老化的教材，不断提高教材的更新率。

（3）适用性原则。

选用教材必须符合高职高专教育教学的要求，符合本专业人才培养目标及课程教学的要求，适应教学需要，深浅恰当、难易适中，印刷质量好，内容准确，价格合理。

（4）创新性原则。

鼓励教师开展教学方法和教学手段的改革，有针对性地选用优秀多媒体教学课件及数字化教材，推动现代化教育技术在教学过程中的应用，注重对学生实践应用能力的指导和培养，能体现本专业特色和高职教育特色。

5.8 校本教材编写的原则和要求

（1）科学性。

校本教材编写要以岗位需求为导向，遵循课程改革和职业教育发展规律，体例科学、规范、统一，内容充实、系统、合理，注重培养学生的职业道德、创新思维和动手能力。

（2）适应性。

适应现代职业教育专业建设、课程体系建设、课程改革、岗位（群）能力培养的要求，适应学生掌握职业技能所需基本知识和认知能力发展的基本要求。

（3）先进性。

反映国内外课程改革和教材建设新成果和水平，体现先进教育教学理念；紧跟科学、技术、生产的发展实际，及时反映新知识、新技术、新工艺、新方法。优化教材结构，适时更新教材内容。

(4) 综合性。

以"应用"为主旨合理整合教学内容；以培养综合职业能力为主线，设置综合性的教学模块；对内容相互关联而又交叉的课程，进行综合化开发，形成新的课程教材体系。

(5) 多样化。

教材的形式要丰富多样，图文并茂，尽量多用"图、表"等方法，使内容易于接受。"纸质教材"与"电子教材"形式并存，满足多媒体教学和实验实训要求，实现教材的多元性。

(6) 原创性。

教材的编写应结合地区、行业企业和学院、学生的实际，创造性地对原有教材进行知识结构、体例和形式等方面调整、创作。不得抄袭、剽窃他人成果。

(7) 特色性。

有行业企业生产一线专家参与校本教材编写，并与企业专家一道共同进行系统化设计，使理论教学内容与实验实训指导内容有机结合，提高教材内容与社会对职业技能人才需求的契合度，体现本校、本专业或编写团队在课程开发中的特色与优势。

【诊断改进】

5.9 教材选用的诊断与改进

1. 从学生角度诊断与改进选用的教材

运用如表 5-8 所示的诊改要点，从学生角度对选用的教材进行诊断，并根据诊断结论提出可行的改进建议。

表 5-8 从学生角度对选用教材的诊断

诊改项目	诊 改 要 点
思想性	思想观点正确，层次分明，条理清楚，教材能反映内容的内在联系及本专业特有的思维方法
教学性	所使用的教材有利于学生掌握基础知识和基本技能。所使用的教材有利于培养学生学习能力，掌握学习方法。所使用的教材有利于学生通过实践、体验活动获得学习经验。教材的内容安排符合认知规律，富有启发性，便于学习，有利于激发学生学习兴趣，习题、训练设计合理
科学性	所使用的教材有利于学生运用合作、交流方式进行学习，所使用的教材有利于学生自主探究学习的开展，所使用的教材有利于进一步拓展学生思维和想象空间
可用性	所使用的教材为近三年出版（或再版、修订）的教材，价格适宜
文图水平	文字表述准确、流畅，图、表选取清晰、准确，图文设计合理，标点、符号、公式、数据、计量单位符合标准规范
教材质量	教材的编写质量高，文字规范、简练，符合语法规则；教材的编排质量高，风格鲜明、文字准确、色彩和谐；教材的印刷质量好，装订规范
总体评价	对所使用教材的总体评价高

2. 从管理者角度诊断选用的教材

运用如表 5-9 所示的诊改要点，从管理者角度对选用的教材进行诊断，并根据诊断结论提出可行的改进建议。

表 5-9　从管理者角度对选用教材的诊断

诊改项目	诊改要点
教材综合评价	有较强的理论性、时代性、前瞻性、实践性、适用性
教材结构	结构严谨、编排合理、顺序清楚、内容精练，前言、正文、习题、思考题、索引、参考文献等齐全
教材内容	思想观点正确，内容具有科学性、先进性，弘扬民族文化精华，反映了科学研究的新进展和未来发展方向，无政治性和政策性错误。 符合课程标准要求，对教学目的的符合度高，满足本课程教学目标的基本要求，满足本专业培养目标的基本要求。 内容的广度与深度符合学生专业需求，能为学生所理解，有利于培养学生的自学能力。 能为不同特点的学生提供发展空间，即教材所选用的知识内容有利于学生进一步学习和发展，有利于培养学生的科学思维和创新能力。 教材要件构成适合学习要求，教材内容包括了必要的组成部分，如正文、插图、注解、练习、活动安排、辅助材料等；各部分的作用明确，相互间的配合协调
教材内容组织	教材章节编排合理，层次分明、条理清楚、逻辑性强。 符合学生的认知规律，富有启发性，便于理解和掌握，即教材在编排上由浅入深、由表及里。 符合教育教学规律，有利于最大限度地发挥教材的功能，各章节的关系清楚、协调。 组织体系符合知识的内在逻辑，能反映知识间的相互联系及发展规律
教材内容表达	文字简练规范，语言流畅，通俗易懂，叙述生动，文图搭配适当，图表科学规范、可读性强，适合学生的阅读水平。 表达方式适合学生心理特点，案例搭配适宜，易于被学生理解和接受，有利于学生自主使用教材。 教材的外观和版面美观、有吸引力，并方便学生的使用；教材的印刷清楚，无错漏情况

5.10　校本教材编写质量的诊断与改进

运用如表 5-10 所示的诊改要点，对编写的校本教材进行诊断，并根据诊断结论提出可行的改进建议。

表 5-10　校本教材编写质量的诊断

诊改项目	诊改要点
教材原创性	教材的编写坚持原创性，不抄袭、剽窃他人成果
教材内容	基本理论以必需、够用为度，以"应用"为主旨，突出技能培养。 采用任务驱动编写模式，创设工作情景，强化项目训练，变书本知识的传授为动手能力的培养，能够让学生在完成项目的过程中引出相关专业理论知识，在完成项目的过程中加深对专业知识和职业技能的综合运用。 与职业技能证书的相关知识配套，与劳动部门颁发的技能鉴定标准衔接，将国家职业资格技能的要求融入职业教育的教材中
教材体例	能突出培养应用型人才的特点，具备"教、学、做"基本要素，通过案例分析、工作任务驱动等模式使学生获取知识，形成能力
编写手段	教学手段丰富多样，图文并茂、形象生动；"纸质教材"与"电子辅助教材"形式并存，实现教材的立体化
教材特色	体现本校或编写团队在课程开发中的特色与优势，注重培养学生的实践能力和创新精神，教材内容和市场需求的契合度高

单元6 备课环节诊断与优化

备课是教学过程的起始环节，是教师在课堂教学之前进行的教学设计准备工作。备课环节主要包括把握课程标准、钻研教材、编写授课计划（教学日历）、了解对象、设计教案、准备教学方法、撰写讲稿、开发课件、准备教具等工作。

课程学期授课计划是课程讲授内容、方式、进度的具体安排表，由任课教师根据课程标准和校历安排在学期开学前提前编制，教研室和分管教学领导应指导任课教师制订课程学期授课计划，经常检查授课计划执行情况，督促教师按计划完成各项教学任务。各院（系、部、中心）应做好授课计划备案存档工作。

教案和讲稿是教师组织教学的必备教学文件，是任课教师落实课程标准的基本环节，是任课教师实施教学的重要依据，是保证教学质量、提高课堂教学效果的基本前提。教案和讲稿的规范化建设是课程建设的重要组成部分。

教案是任课教师的教学实施方案，编写教案是教学工作的一个重要环节，是教师为实施课堂教学而形成的具体行动计划或教学方案。教师应根据本课程的特点，依据课程标准和实施要求，按照教学内容及教学计划安排的周学时、总学时，以课次（章节）顺序形成详细的文字方案。教案设计是根据教学目的进行教学内容、教学方法、教学手段（教具及信息化教学手段）、教学活动、师生互动、教学资源、学时安排、板书设计、作业布置等的选择或设计。

【目标设置】

6.1 明确备课环节的目标

（1）详细了解学生的学习基础和条件等有关情况，了解相关专业的培养目标和培养计划，明确课程在教学计划中的地位和作用，处理好与相关课程的联系和衔接。

（2）认真研究和熟悉课程标准，提前组织、安排本课程各环节的教学工作，包括选定与课程标准匹配的教材和参考书、制订授课计划、编写教案和讲稿等。

（3）按照课程标准要求，认真、深入钻研教材，阅读参考文献资料，认真撰写教案，精心做好各教学环节的安排。明确备课目的，树立以学生为本的思想，重视学生综合素质提高。

（4）广泛猎取和掌握丰富的相关知识，注意吸收新思想、新信息，掌握本专业领域的新知识、新技术、新方法、新工艺，充实备课内容。教师备课应注重教学内容的广度、深度、前沿性以及理论联系实际。

（5）既要考虑面向全体学生，又要兼顾学生的个体差异，因材施教，克服教学中的片面性和一般化，讲究备课的针对性。要针对课程标准、教材、授课对象，结合课程特点和自己的教学风格，使备课工作具有实效性。

（6）掌握教学内容，弄清主要问题的来龙去脉及领悟关键内容的前因后果，精心构思教学内容的先后次序和重点内容的展开与深入步骤，做到重点突出、难点分散、条理分明、层次清楚、循序渐进，注意教学设计的层次性。

（7）注重备课的计划性，对每一章节、每一单元的知识点认真进行梳理，对分析判断结果加以整理、归纳，从宏观和微观上把握课程的重点、难点，编制学期教学进度计划表，并编写成教案和讲稿。

（8）做好教学模型、挂图、教学演示实验、教学课件安装等教学准备工作，使教学用具处于完备状态。

【标准制定】

6.2 备课环节质量标准

备课环节质量标准如表 6-1 所示。

表 6-1 备课环节质量标准

项目		质量标准
备内容	钻研课程标准	明确所授课程在本专业人才培养过程中的地位、作用，理解本门课程与其他课程的相互关系；吃透课程标准精神，明确本课程的教学目的、任务与要求，掌握本课程内容的深度、广度及要点、重点、难点、疑点和弱点
	钻研教材	清楚与本课程有关的"已学课程"和"后续课程"的内容及相关知识点，钻研、吃透教材的知识结构，明确各知识点的相互关系，弄清教材的重点章节和各章节的重点、难点，熟悉习题的设置与解答，并有针对性地适度拓展备课内容；深入挖掘教材中有利于学生能力培养和思想提高的潜在因素，寓于讲稿之中
	准备教学资源	广泛阅读有关教学参考资料、查阅相关网站，结合课程实际给学生推荐学习参考文献或参考网站；针对所授课程的内容，广泛搜集典型案例，并融入教学内容之中
备学生	知识基础	了解所授对象的生源构成，清楚学生的文化基础和已学课程的知识储备情况，研究学生的知识水平现状
	学习能力	了解学生的思想情况、品德意志、情感状态、学习态度和思维方式，了解学生自习情况和学习习惯，掌握学生在学习方面的个体差异
	学习要求	主动收集学生在学习上的疑点、难点和对教学的意见等，并根据所获得的信息，及时恰当地设计或修订教学方案
备方法	讲授次序	备课时能够根据学生的认知特点，根据由浅入深、由近及远、从具体到抽象、循序渐进的教学原则来编写教案，导入新课、讲授、复习巩固、小结等过程设计合理
	讲课重点	能够科学合理地安排教学内容，针对课程特点，在备课中注意突出重点（每节课至少明确一个重点，但重点也不宜过多），化解难点，抓住关键，处理弱点（易混、易错内容）
	教学方法	根据课程特点和学生情况，运用恰当的教学方法，注意启发式教学。对于学生在学习过程中易混淆、易出错或易疏忽的问题，采取设问、质疑、比较、讨论等方法搞清楚；熟练合理地采用讲授与自学、讨论与交流、指导与研究、理论学习与案例分析、理论学习与实践实习相结合的教学方法，实施因材施教和个性化教学，强化学生的学习动机

续表

项	目	质量标准
备方法	教学手段	根据专业特点和教学内容的需要选择适合的教学手段，积极采用现代教育技术和教学手段进行教学，注意教学手段的改进，将传统教学手段与现代化教学手段优化整合，多媒体教学手段交互应用、科学可行，增进教学效果
备结构	教学步骤	结合讲授内容合理安排教学步骤，对学生预习、导入新课、讲授新课、复习巩固、课末小结等有精心的构思，做到有条不紊、环环相扣、严谨有序
	时间分配	根据不同内容、不同要求及有关内容的重要性，科学划分教学时数，同时结合讲授内容合理安排每次课的时间进程，做到内容紧凑、时间分配科学、留有余地
	教学组织	精心设计教学环节，重点、难点突出，师生双边活动安排适当，计划周密科学，联系生产实际、生活实际和社会实际，做到教书育人。采用班级授课、小组讨论、实地考察参观等多种教学组织形式
	教学内容展示设计	有详细的教学内容展示设计，布局合理，条理清楚，富于启发，重点内容充分体现
备教具	教具器材	熟悉常用教具器材的功能和使用方法，教案设计中明确上课演示要用到的教具和器材名称
	案例资料	针对专业课程教学需要，对典型案例资料进行梳理，将资料的引用和介绍写入教案，做到安排紧凑、突出实效
	实验试做	课前对演示性实验应亲自试做，对试做中出现的问题有原因分析和处置方法，精心设计实验程序
备进度	授课计划制订	认真编写授课计划，表中各项目完整，说明清楚，理论教学、辅助教学（实验、操作、讨论、习题）等环节安排科学；授课进度计划表在学期第一周编制完成，经教研室主任和院（系、部）教学负责人审核后按时上报
	教案编写	教案按规定要求编写，课堂教学目标明确，安排教学内容详细，教学过程设计合理、重点突出，各项目书写规范、内涵完整、整体和谐。在讲课前已全部完成
	讲稿编写	具体讲稿（课件）按学校要求每 2 课时或 4 课时作为一个单位编写，教学环节完整，安排合理，课前完成
	备课量	每堂课的教学准备至少应提前一周完成

6.3 授课计划质量标准

拟定授课计划时，要根据课程标准的要求，科学划分教学时数，合理安排教学进程，做到各项目内容填写规范完整、说明清楚。授课计划中的课程名称、学时数应与人才培养方案的内容相一致。教学内容安排应以每次上课的课时数为单位，不能以单元或章为单位填写。

授课计划质量标准如表 6-2 所示。

表 6-2 授课计划质量标准

项 目	质量标准
基本要素	授课计划基本要素应包括课程名称、授课专业、授课班级、课程计划总学时、课程类型、任课教师、院系（部）名称、制订日期、教材名称、参考教材、其他资源、本学期教学周数、本课程周学时数、周次、节次、授课课题名称、学时、教学内容、授课方式、教学方法、课外作业、授课日期等

续表

项 目	质 量 标 准
基本要求	遵循教学规律，在认真备课的基础上，针对具体教学对象，学期授课计划做到科学、合理、适用、针对性强，达到预期课程教学要求和目标。 根据本门课程的任务和特点，分清主次，突出重点，合理确定本门课程的知识、技能、态度目标，合理设计本门课程的教学方案。 根据课程标准要求、校历、课程表及任课班级的教学进程，统筹编写课程的学期授课计划，并确保在学期教学进程规定的教学起止周内完成全部教学任务。 "授课方式"应根据课程性质和课程标准来填写，明确各种教学形式。 "教学方法"应结合课程内容的实际情况，填写行之有效的教学方法。 "课外作业"主要填写作业数量和主要内容
正确性	文字、符号、单位和公式符合国家标准规范。 语言清晰、简洁、明了
一致性	"课程名称"与人才培养方案中的课程名称一致。 "授课专业"与教育部最新公布的普通高等学校高等职业教育（专科）专业目录中的名称一致。 "授课班级"与学校公布的班级名称一致。 "课程计划总学时"与对应授课专业的人才培养方案课时一致，与每学期教学进度表实际教学课时保持一致。 "课程类型"与对应授课专业的人才培养方案一致。 "院系（部）名称"与学校公布的机构名称一致。 教材选择与实际使用教材或学院征订教材一致。 "本学期教学周数"与每学期教学进度表实际教学周数一致。 "本课程周学时数"与对应授课专业的人才培养方案的周学时一致。 "周次"与每学期教学进程表实际教学周数一致，填写时以校历和全校教学进程表为依据
完整性	授课计划结构要素完整。"课程名称"必须写完整的全称。"授课专业"必须写完整的全称。 "授课班级"必须写完整的全称。"院系（部）名称"必须写完整的全称
规范性	字体美观整齐、图表规范、布局合理。"制订日期"填写本授课计划编制完成的实际日期，包括年、月、日。 每学期授课周数一般为18~20周，需要一学期授完的课，从1填至20周止。因法定假日、运动会、考试、实习等冲掉的课时应在计划中体现。 "授课课题名称"以具体项目、任务、案例、情境等命名，一般以2节课为宜。 "教学内容"填写到"单元"（或章）、"节"、"目"所包括的具体内容。 "授课日期"在填写时，应注意校历教学周次的具体起止日期的写法，是从上一周的周日开始至该周周六截止

【概念解析】

6.4 相关概念的内涵说明

1. 教案

教案是指为了实现一定阶段预期的课程目标，运用系统观点和方法，遵循教学过程的基本规律，对教学活动进行系统的规划和安排；是教师在对教学对象、教学思路、教学内容、教学方法与手段等进行全面准备和思考的基础上精心设计的教学实施方案；是教师授课的重要依据；是保证教学质量的必要措施。

教案是授课教师教学思想、教学组织能力、教学风格的重要体现，凝结着教师的教学经验，反映着教师的自身素质、教学水平、教学思路和教学经验，反映了教师钻研课程标准、熟悉教材、充实知识以及准确运用教学方式和方法的程度，反映了教师了解学生、准确把握教学方式方法的程度。科学规范地对课堂教学进行具体规划和组织，是提高授课质量和取得理想教学效果的前提和保证。简而言之，编写教案是对一次授课或一节授课的教学过程和教学活动的设想与计划。

教案是教师以课时或教学单元（章节）为单位，根据课程标准、授课计划、教材内容，针对不同层次、不同专业学生，就每一个知识点或知识群，结合任课教师教学经验和学生实际而进行思考设计，周密地组织指导学生学习活动的途径和步骤的书面方案。以课时或课题为单位编写的供课堂教学使用的具体教学实施方案，记载着每一个课时或课题的教学目的、内容的安排，教学手段、方法的运用，以及师生双边的活动等全部教学语言和组织形式，是教师确定教学重点、把握教学内容、提炼教学难点、运用恰当的教学方法来规范教学过程、达到教学目的、实现培养目标的重要手段。

2．讲稿

讲稿是教师的讲课稿。讲稿是丰富和细化教案中的具体要求并实现教学设想的实质内容和书面台词，是根据教学内容对教案的具体化，是对全部讲授内容的具体组织和表达，是讲授内容的文字描述，要求尽可能详细、全面。

讲稿是教师根据教案内容展开的实施方案，是教案内容的重新分解、组织和发挥。讲稿反映教师对教学内容的领会、熟悉和再创造，反映教师对教学内容的了解、综合程度、教学方法和教学进度以及考试考查方式的全面安排。

讲稿由教师围绕教案规定的知识点和教学要求进行扩充，可以体现教师的个性、风格和学术特色及创造性劳动。讲稿可以摘录教材，但不能是教材的翻版。教师在编写讲稿时，可根据学生的层次、专业、知识面、知识的连续性，对教材内容进行必要的增、删，同时应适当补充专业技术领域前沿性知识和技术内容。

3．学期授课计划

一门课程的学期授课计划是任课教师基于课程标准编制的学期课程教学工作的具体内容安排和进度实施计划的总称。学期授课计划也称为教学进度计划表或教学日历。课程学期授课计划是任课教师组织教学的必备教学文件，是任课教师安排课程教学进度、确保教学任务按时并保质保量完成的基本教学文件，是实施教学检查的重要依据，是日常教学过程规范性与计划性的具体体现，是全面提高教学质量的重要保障，同时也是帮助学生了解教学及学习进度的参考资料。

学期授课计划中的教学进度安排不仅要具体到每一周，还要具体到每一次课。编制课程学期授课计划的目的，是使教师合理地分配时间，确保预定教学任务的完成。主要内容包括总课时，每周、每次课时分配，教学内容分配及目标要求等。

【方法指导】

6.5 备课环节的基本要求

（1）教师在接到课程教学任务以后，按课程教学规范做好教学工作。上课前备齐课程标准、授课计划、教材、教案、课表等教学文件。如无现成课程标准或课程标准已不适用,应编写出新的课程标准。

（2）教师备课时要了解本课程在专业教学计划中所处的地位、作用以及专业培养目标对本课程的具体要求,明确教学目的、要求和内容。认真考虑本课程与相关专业的联系,了解学生的学习基础,了解先行课的教学情况和后续课的安排,在开课前处理好课程间的衔接。

（3）教师应根据课程标准的要求和授课计划的安排,结合高职教育特点,从培养具有创新精神、实践能力和创业精神的高素质专门人才的高度,同时考虑到多数学生的知识水平和接受能力,认真备课,合理组织教学。

（4）根据本课程标准的要求选择合适的教材及教学参考书。教师应认真钻研教材,了解教材体系及各章节的内在联系,明确基本理论、基本知识、基本技能的内容,掌握重点、难点。了解与本课程前后衔接的课程的教学内容,科学合理地安排教学内容,并注意不断更新和充实教学内容,以适应社会发展和实际应用的需要。

（5）教师备课中应处理好难点和重点内容,做好先行和后续课程的衔接与配合工作。要了解学生情况,增强教学的针对性。要积极进行教学方法改革,精心研究设计最佳教学方案。要注重学生技术应用能力的培养,积极使用多媒体教学技术等现代化教学手段,使直观教学与抽象思维相结合,扩大课堂教学信息量,突出高职教学特色。

（6）教师应在认真消化教材、广泛查阅资料的基础上认真备课、撰写教案,编写每次课的教学简明过程（教案首页）。教案一般应包括下列内容：主要教学内容以及详细施教过程、步骤、教学方法和时间分配；重点、难点的详细解决方法；新增的知识和信息；课堂练习的内容和方法；图表、补充的教学资料；所需的教具和实验设备等教学环境条件等。

教案首页以授课次数为划分单元,一般应包括下列内容：每次课的教学目标、重点和难点；学情分析,教学效果和教后记；板书设计和作业的布置等。

（7）根据教学内容的要求,应同时准备布置给学生配套作业。作业量应达到课程标准规定的要求,题目应在备课时试做。对某些课程应紧密结合实际,并根据本专业的最新发展,准备好补充资料。

（8）教师应根据专业发展情况、教学要求的变化和学生实际水平,补充、修改或重写教案,不同教材应有不同教案,以保持教学内容的先进性和实用性,提高教学质量。同一学期重复讲授的课程,应注意更新教学内容,根据教学对象的变化调整教学方法。教案首页应每学期重新编写,不同课程采用不同的教案首页,教案首页进程应该与授课计划进程一致。

（9）教研室要组织同一课程的教师定期进行集体备课。讨论贯彻课程标准,处理教材重点,研究统一教学进程和教学基本要求,安排练习和作业,总结、交流教学经验和体会,集思广益,取长补短。

6.6 教案和讲稿（讲义）的主要区别

教案是授课教师教学过程的设想与计划；讲稿是教师的讲课稿,是丰富和细化教案中具体要求,根据教学内容对教案的具体化。讲稿（讲义）是丰富和细化教案的具体要求并实现教学设想的实质内容的文稿,是根据教案对教学内容的具体阐述,它一般还包括教学课件。教案中的教学目的、重难点是依据课程标准,从教学角度对讲稿进行分析的结果,教案中的教学内容与教学过程安排又是在讲稿的基础上提炼而成，教案和讲稿是有机的整体，是充分备课的体现。

教案编写不能等同于讲稿（讲义），教案和讲稿不能互相代替。讲稿（讲义）是对讲授内容的具体组织和表达，是详细而全面的文字描述。多媒体课件和网络课件等不能代替教案。

教案和讲稿均是教师教学思维与教材结合的具体化过程，是教师课堂教学的依据，反映教师讲授的内容和不同特色。教案和讲稿的区别在于：

（1）承载内容不同。讲稿所承载的是知识信息，教案所承载的是课堂教学的组织管理信息。即教案解决的是"怎么教"的问题，讲稿解决的是"教什么"的问题。

（2）支配因素不同。讲稿的思路形成受教学过程的知识逻辑支配，教案的思路形成受教学过程的管理逻辑支配。

（3）讲稿与教案是决定与被决定的关系。讲稿是教学内容的体现，是教学过程中的决定性因素；教案是如何将教学内容更好地传授给学生的实施方案，是受教学内容（讲稿）支配的被决定因素，即教学内容决定教学形式。

（4）表现形式不同。讲稿篇幅较长，教案篇幅较短。

（5）教案绝不是教材的拷贝，也不仅是教师讲授要点的简单罗列。电子教案是教材的摘录和讲授内容的介绍，也不能当作教案。

6.7 教案编写的原则和作用

编写教案是教师的一项基本教学技能和工作职责，是课堂教学质量的重要体现。

1. 教案编写的基本原则

教案的编写要以确实能够指导教学和提高教学质量为原则，体现出自己的教学艺术风格。

（1）教案应紧扣课程标准，体现课程标准要求达到的教学水准。教学目的要明确，重点、难点要突出。

（2）教案编写要体现职业教育的特点，充分反映教学内容在岗位群上的应用。

（3）教案应切实贯彻启发性、直观性、巩固性、循序渐进、联系实际、科学性与思想性教学原则。

（4）教案的编写应充分贯彻教师"主导"和学生"主体"作用相结合的教学原则。在教学设计时，要注重案例材料的引用和师生互动的设计。

（5）教案编写要充分考虑学生的实际情况，做到因材施教。

2. 教案编写的作用

教案可以理顺教师思路、巩固备课成果、指导教学实施、保证教学质量。高质量的教案对课堂教学起着规划指导作用，是提高课堂教学质量不可缺少的组成部分，是教师进行教育教学理论研究并将其成果用于指导课堂教学实践、提高课堂教学质量的重要体现。它不仅表现出教师对教学工作的责任感、事业心，而且也体现着教师在教学工作中的计划性和可操作性。

编写教案的作用具体体现在以下几个方面：

（1）理清授课思路，指导教学实施，保证授课质量。

(2) 积累素材，总结经验，提高水平，改进工作。
(3) 有利于教学管理，统一教学要求、考试标准和教学进展，有利于教学质量监控。
(4) 有利于课程建设，有利于提高教学水平。

6.8　学期授课计划的编写要求与注意事项

编写课程学期授课计划前必须认真钻研专业教学计划，应以本专业人才培养方案及课程标准为依据，清楚本课程在专业教学计划中的地位和作用，明白本课程与专业培养目标的关系。

编写课程学期授课计划前必须认真钻研课程标准，明确本课程的性质、任务，把握好知识、技能、素质目标，了解重点和难点，进而设计本课程的教学方案。对所需要的主要教具、挂图和模型及应安排的作业和实验也应进行考虑，并在课程学期授课计划相应的栏目中反映出来。

学期授课计划的所有栏目都应该认真填写，各个要素的填写要求与注意事项如下：

(1) "课程名称"与人才培养方案中的课程名称一致，必须写完整的全称。

(2) "授课专业"与教育部最新公布的普通高等学校高等职业教育（专科）专业目录中的名称一致，必须写完整的全称。

(3) "授课班级"与学校公布的班级名称一致，必须写完整的全称。

(4) "课程计划总学时"为课程本学期实际授课学时，应与对应授课专业的人才培养方案课时一致，与每学期教学进度表实际教学课时保持一致。跨两个学期的课程，对于已经教过一个学期的，应填写上学期已完成的教学时数；对于下一学期继续开课的，应填写下学期将完成的教学时数。所有教学时数均按单班授课时数填写，不应将重复班的教学时数累计进去。

(5) "课程类型"与对应授课专业的人才培养方案一致，如基础课、理论课、理实一体课、实践课。

(6) "授课教师"填写所有使用该授课计划授课的教师姓名，包括专职教师和兼职教师。

(7) "院系（部）名称"与学校公布的机构名称一致，必须写完整的全称。

(8) "制订人"填写编制本授课计划的实际执笔人姓名。

(9) "制订日期"填写本授课计划编制完成的实际日期，包括年、月、日。

(10) 本课程选用的教材和参考教材应注明教材名称、作者（主编者）姓名、出版单位和出版时间。教材选择应与实际使用教材或学院征订教材一致，参考教材指本门课程在教学全过程中使用较多的主要参考书。其他资源主要包括重点参考资料，如专业教学标准、职业技能标准、校本特色资料等；另外还有网络课程资源、平台课程资源、精品共享课程资源、媒体资源等。

(11) "本学期教学周数"与每学期教学进度表实际教学周数保持一致。

(12) "本课程周学时数"与对应授课专业的人才培养方案的周学时一致。

(13) "周次"与每学期教学进程表实际教学周数一致，填写时以校历和全校教学进程表为依据。每学期授课周数一般为20周，需要一学期授完的课，从1填至20周止。因法定假日、运动会、考试、实习等冲掉的课时应在计划中体现。

（14）"授课课题名称"一般以一个教学内容（如项目、任务、案例或情境等）为一次授课，一次课一般以2节课为宜，有时根据实际需要也可以为4课时或其他课时数。

（15）"学时"填写讲授、实训、理实一体、讨论、习题、测验、其他等方面对应的学时数，可以根据实际课程内容分配学时。课程教学实际学时与每学期教学进度表保持一致。

（16）"教学内容"填写到"单元""项目""任务""案例"，或"章""节""目"所包括的具体内容。

（17）"课型"或"授课方式"应根据课程性质和课程标准来填写，明确各种教学形式，例如讲授、实训、理实一体、讨论、习题、测验等。

（18）"教学方法"应结合课程内容的实际情况，填写行之有效的教学方法，如讲授法、多媒体教学、课堂讨论、运用网络课程平台进行教学、虚拟企业及其主要岗位进行教学、模型制作辅助教学、充分利用校外实训基地进行教学等。

（19）"课外作业"主要填写作业数量和主要内容。为帮助学生对知识、技能的熟练掌握，培养学生自学能力，发展独立性和创造性，逐步形成踏实、严谨、自觉、主动和富有自制力等性格特征，作业要有一定的量，并应该优化作业设计，平衡课内教学与课外作业，充分发挥作业的积极作用。

（20）"授课日期"在填写时，应注意校历教学周次的具体起止日期的写法，是从上一周的周日开始至该周周六截止。

【诊断改进】

6.9 备课环节的诊断与改进

运用如表6-3所示的备课环节质量诊断表对一门课程的备课环节进行诊断，并根据诊断结论提出可行的改进建议。

表6-3 备课环节质量诊断

项	目	诊 断 要 点
备课态度	钻研课程标准	对本课程在专业培养中地位作用的理解，对课程内容与要求的理解，对重点、难点的把握
	钻研教材	对教材结构、知识点的理解，对重点、难点的分析，对教材的挖掘与开发程度
	教学资料	广泛吸取教学参考资料新知识、新技术、新方法、新工艺，案例典型并融入教学之中
	规范性	教学进度表、教案、讲稿是否规范、完备。教案与学期授课教学计划吻合度高，前后不超过2课时。原则上每2课时或4课时编写一次教案。原则上每2次课（4课时）至少布置一次作业
备课质量	备目标	能紧紧围绕专业要求设计教学目标，目标设计突出学生职业能力培养，知识、能力或素质目标设计合理、可行
	备内容	是否与课程标准相符，公共课程是否进行集体备课；对教学内容的理解与熟悉程度，内容取舍是否得当，是否能及时更新教学内容、反映新的科研成果，重点是否突出。 内容的准确性：按照课程标准和学期授课计划准确填写教学内容，能体现专业培养要求，进度安排科学合理。 内容的创新性：能根据专业、专业发展要求及时补充新知识、新理论、新方法和新技术。 内容的实用性：及时渗透生活和工作案例，理论联系实际，增强内容的实用性

续表

项　目		诊　断　要　点
备课质量	备重难点	教案应确定重点、难点，并在教案内容中体现
	备方法	教学过程是否完整，教学方法是否得当，教学手段是否优化，是否采用先进的教学手段，有无学法指导等
	备学生	对学生知识水平、学习态度、学习能力、学习要求等方面的调查与研究情况
	备过程	各章节在教学步骤、时间安排、组织教学、板书设计及课件制作等方面的完整性和一致性
	备教辅	对教具、演示器材的熟悉与准备情况，教学参考资料及有关案例的收集准备情况
备课效果	教学进度表	教学进度表是否按规范、按时制定与提交
	教案	教案的完成、更新情况，教案内涵的完整与形式的规范情况，是否有所创新

6.10　授课计划的诊断与改进

运用如表 6-3 所示的授课计划质量诊断表对一门课程的学期授课计划进行诊断，并根据诊断结论提出可行的改进建议。

表 6-4　授课计划质量诊断

诊断项目	诊　断　要　点
完整性	按照要求填写了所有必填栏目，并能根据实际补充有关内容
准确性	按照专业教学计划、课程标准和学院学期实际教学进度填写各项内容，课程说明能体现专业培养要求，教学进度安排科学合理、符合实际，时间与内容相互吻合，各项内容填写准确
美观性	书写工整，格式规范，排版整齐、美观、简洁、合理
程序性	是否得到教研室、院（系、部、中心）和教务处的审核并签字批准实施

单元7 课堂教学诊断与优化

课堂教学是人才培养过程的中心环节，也是教学活动的基本形式。课堂教学质量直接关系到人才培养的质量，是高职院校办学水平的重要标志。

课堂教学应以学生为主体、教师为主导，做到目标明确、内容正确、重点突出、条理清楚、方法恰当、仪态大方、语言准确、板书合理、联系实际、教书育人、气氛活跃、组织有序，使学生获得知识、发展智力、培养品德、提高能力，取得良好的教学效果。

【目标设置】

7.1 明确课堂教学的目标

课堂教学是指教师通过课堂传授知识、技能，指导学生掌握基础理论、基本知识和基本技能。授课是教学活动的核心和基本形式，是人才培养质量保障的基本环节。课堂教学环节主要内容包括教学准备、课堂授课、作业辅导、成绩考核等。

通过提供满足教学需要的场所和设备，选择适合的教学内容、教学方式和手段，组织和控制课程进度、课堂秩序，实现向学生传授基础理论、基本知识、基本技能，培养学生认识、分析、解决问题的能力和学习能力的教学目标。

实训（实验）教学是教学工作的重要组成部分，是人才培养的重要环节，实训教学质量的好坏将直接影响整体教学质量。实训（实验）教学要围绕专业培养目标，在一定的场所指导学生使用相关的仪器设备和材料，依据有关原理、方法进行有目的的实践性教学活动，让学生熟悉实训（实验）过程和工作原理，培养学生的创新精神和专业实践能力。

通过实训（实验）教学培养学生正确使用常用工具、仪器及相关设备，培养学生收集、处理资料的能力，培养学生的动手能力、观察能力、分析能力以及合作能力和团队精神等，促使理论联系生产实际，提高基本素质。

【标准制定】

7.2 课堂教学质量标准

（1）根据教学需要调配和使用教学场所，维修维护教学设施和仪器设备，配齐各种教学用品，保证课堂教学正常进行。

（2）教学基本文件齐全，开课前应熟悉课程标准，选定教材和教学辅助资料，制订授课计划，编写讲稿和教案，制作教具或课件，做好上课准备。

（3）及时掌握专业发展动态及与本课程相关的最新科研成果，经常性地开展教研活动，不断充实和更新教学内容。

（4）按照授课计划安排授课进程，按照课程标准组织教学内容。教学目的明确，教学重点、难点突出，观点正确，条理清楚。

（5）根据教学内容采用不同教学方式和教学手段，重视启发式教学，开展必要的师生、学生的交流与研讨，调动学生学习积极性，注重教书育人。

（6）根据课程性质和教学要求布置作业并认真批改，合理安排辅导答疑。根据作业与辅导答疑情况，了解学生认知状态，调整教学方式，有针对性地开展教学。

（7）采取灵活的考核方式进行课程考核，从专业基本理论、基本知识、基本技能掌握程度评定学生考核成绩，注重形成性考核，加强对学生学习全过程的督促、评价。

课堂教学质量标准的指标体系如表 7-1 所示。

表 7-1 课堂教学质量标准的指标体系

一级指标	二级指标	一级指标	二级指标	一级指标	二级指标
教学态度	依法执教	教学目标	目标明确	教学内容	思想性
	事业心		目标全面		科学性
	责任心		目标具体		先进性
	为人师表		目标适切		有效性
	教书育人		知识目标		职业性
	治学严谨		能力目标		突出重点
	廉洁从教		学习提示		突破难点
教学方法	多样性	教学组织	新课导入		排除疑点
	针对性		新课讲授		教学设计
	时代性		归纳总结	教学状态	教学氛围
	教学手段		复习巩固		教学调控
	方法选择		教学结构		教学互动
	学法指导		教学过程		交往状态
教学技能	教学原则		学生活动		思维状态
	课程思政		课堂训练		情绪状态
	课堂组织	教学策略	融入新理念		参与状态
	内容展示		恰当运用教学策略	教学效果	教学目标有效达成
	时间分配		教学机智		课堂气氛
	激发兴趣	教学特色	艺术性		学习状态
	教学仪态		创新性		学习效果
	教学语言				

1．教学态度

课堂教学质量标准的教学态度标准如表 7-2 所示。

表 7-2　课堂教学质量标准的教学态度标准

二级指标	质量标准
依法执教	遵守宪法和法律法规，贯彻党和国家教育方针，依法履行教师职责，在教育教学活动中没有出现违背党的路线、方针、政策的言行
事业心	热爱教育事业，事业心强，爱岗敬业，教风严谨，勇于创新，探索实践，具有积极的进取精神
责任心	工作责任心强，备课认真，讲课熟练，精神饱满；教案讲稿规范、有特色、质量高
为人师表	在品德、言行、举止、作风上能为人师表。模范遵守社会公德，言行雅正，举止文明，在课堂上没有违反四项基本原则、社会主义核心价值观的言论，不宣传宗教、邪教的内容。 具有优良教风，以高尚师德、人格魅力和学识风范教育感染学生
教书育人	对自己、学生严格要求，严格课堂管理，严肃课堂纪律，维护课堂秩序。 能以学生为本，尊重学生，真心关爱学生，公正对待学生，关心学生的学习、生活和思想，做学生的良师益友。注重培养学生的思想品德、道德风范、职业修养、仪表行为等。 遵循教育规律，秉持学术良知，恪守学术规范，严慈相济，教学相长，诲人不倦。注重学思结合、知行合一，因材施教，促进学生全面发展
治学严谨	以身作则，严于律己，无迟到、早退、缺课现象，课上不接打手机。 治学严谨，备课充分，教案规范，课件准备充分。 课程标准或任务书、教案、授课计划等教学文件齐全。 讲授或指导认真，耐心答疑辅导，平时成绩记录完整，认真填写教学日志
廉洁从教	清廉从教，以身作则，没有索要或收受学生及家长的礼品、礼金、有价证券、支付凭证等财物

2．教学目标

课堂教学质量标准的教学目标标准如表 7-3 所示。

表 7-3　课堂教学质量标准的教学目标标准

二级指标	质量标准
目标明确	知识、能力、素质目标明确、合理、具体、可操作性强，教学目标符合课程标准的要求和学生实际，知识技能、能力培养、思想教育的要求明确、恰当、可行
目标全面	包括知识、能力、素质三维目标，目标陈述的要素表述正确
目标具体	结果性目标的行为动词明确、可测量、可评价；体验性或表现性的目标表述规范正确
目标适切	符合学生的认知与能力起点，期望效果经努力能够达成，目标对不同层次学生有不同的达标要求
知识目标	讲授新课前准备充分，简明扼要地向学生展示本教学单元的知识目标，明确学生应掌握的知识点
能力目标	在讲授新课前，能使学生明确在本章节的教学中，应培养哪些能力，上课前做好这些教学目标的展示
学习提示	能够通过教学目标的展示，对学生在本章节的学习中提出要求，对学生复习和预习给予有效指导

3．教学内容

课堂教学质量标准的教学内容标准如表 7-4 所示。

表 7-4　课堂教学质量标准的教学内容标准

二级指标	质量标准
思想性	注重学生综合素质的培养，能结合教学内容，教育学生树立正确的世界观和人生观，能加强职业道德教育
科学性	教学内容正确、科学，符合课程标准要求，理论阐述准确，概念清晰，条理分明，论证严密，逻辑性强

续表

二级指标	质量标准
先进性	讲课内容新颖，注意知识更新，能反映当代科技成果与水平；专业课能将新知识、新技术、新方法、新工艺介绍给学生
有效性	理论联系实际，重点难点突出、信息量大，注重学生能力培养，提高学生分析问题、解决问题的能力。既重视知识传递，更注重方法传递
职业性	教学内容与职业标准对接，与职业岗位密切相关，适应岗位群对知识、技能的需要。结合教学内容，进行企业文化渗透、职业生涯引领，学习情景设计突出职业性、实践性、开放性
突出重点	能认准且指明教学重点，分析重点精辟、透彻、适时
突破难点	能认准难点，分析难点能通俗、直观、合理
排除疑点	善于及时发现学生的大部分疑惑，能选择适当的方法排除疑惑
教学设计	总体设计科学合理，结构合理，层次清楚，教学内容科学、规范、准确，深度、广度适宜，循序渐进

4. 教学方法

课堂教学质量标准的教学方法标准如表7-5所示。

表7-5　课堂教学质量标准的教学方法标准

二级指标	质量标准
多样性	教学方法灵活多样，有效促进教学目标的实现，注重学生职业素质、能力培养
针对性	能够根据课程特点和不同的学生状况因材施教，能够根据不同的教学内容选择不同的教学方法，发挥教师的主导作用和学生的主体作用，激发学生的学习主动性
时代性	体现现代教育思想、教育理念，熟练运用现代教育技术等教学辅助手段，富有时代气息；适当采用现代教育技术授课，效果良好
方法选择	依据教学目标、内容、对象及资源条件，选择最适合的教学方法，充分调动学生的主动性，使学生有充裕的思考、练习、表达、交流机会，做到因材施教。 善于运用各种教学方法，教学方法与教学目的和教学内容相适应，与学生的年龄特征相适应。有能够调动起学生学习热情的有效方法，有能够把学生思维引向深入的有效方法，有能够引导学生参与教学的有效方法，有能够促使学生合作、探究的有效方法，有能够指导学生记忆新知识的有效方法。 较好地运用职业教育常用的教学法，注重启发式教学，运用角色扮演法、案例教学法、模拟教学法、任务驱动法、项目教学法等，整合相关教学内容，有较显著的教学效果
手段运用	根据教学实际，合理使用教具，灵活运用合理的教学手段，提高教学效率。熟练运用现代化教学设备、仪器和现代化教学手段进行教学、演示、讲解，演示和讲解有机结合
学法指导	教学中有教有导，能够结合教学内容给予学生学习方法的指导，寓学法指导于教学之中，指导正确、有效，培养自学能力，主动、有效地调动学生学习积极性

5. 教学组织

课堂教学质量标准的教学组织标准如表7-6所示。

表7-6　课堂教学质量标准的教学组织标准

二级指标	质量标准
新课导入	导入新课自然、恰当，目的性强，能够温故知新，对本节课的内容、方法和理论阐述的思路提示具有新颖性，能激发学生学习兴趣
新课讲授	新课讲授生动、完整，能贯彻少而精的原则，突出重点，讲清难点；能通过双边活动吸引学生的注意力，张弛得当

二级指标	质 量 标 准
归纳总结	课末归纳小结清晰、准确，能突出重点，使学生对概念外延和内涵、知识的内在逻辑的联系、一般思想方法的理解有准确的把握，结尾生动有趣，富有启发性
复习巩固	课前复习或复习课，能从新的角度重现讲过的知识，做到安排合理、内容系统、重点突出，使学生有新的收获；复习方式新颖，形式多样
教学结构	创设有利于学生思维发展的情境，根据学生的认知过程和能力特征，结合教材内容，灵活设计恰到好处的教学环节，具有自己的特色。 创设有利于学生热爱学习的氛围，根据课程特点创设有助于师生对话、沟通的教学情境，营造民主、和谐、互动、开放的学习氛围，有效激发学习兴趣。 充分尊重学生的个性，打造有利于学生独立思考的课堂，激活学生思维，能大胆质疑问难，发表不同意见，以学生问题为出发点，形成动态生成的教学过程。 通过科学有效的训练安排，拓宽有利于学生学会学习的途径，引导学生主动、合作学习，组织多种形式的探究、讨论、交流等活动，培养发现和解决问题的能力。 把握最佳的教育契机，形成有利于学生健康成长的教学环境，注重优化教学过程，讲究教学实效，注重学生的自学能力、创造能力的培养
教学过程	过程设计：过程设计科学合理、层次清晰、布局合理、衔接自然，信息反馈及时。 教学节奏：教学节奏密度适当，时空分配合理，教学活动每一节流程结构合理，体现教学思路与学生思维，有利于学生认知结构的建立。 情境创设：体现做中学、做中教，注重教学情境的创设，讲练安排合理。 技能训练：注重技能（操作或心智）训练，有意识地培养职业综合能力。 学生参与：注重调动学生的参与，有师生互动或生生互动、小组讨论活动。 媒体运用：适时、适当运用相应媒体，发挥作用明显。 过程、方法与目标关联：注重教学方法与教学目标的有机联系，并有利于教学目标的达成，也能够注意到教学中生成性目标的达成
学生活动	参与态度主动积极，习惯良好。参与人数较多、方式多样、时间充裕。学生善于倾听、乐于合作、勇于质疑，见解有新意
课堂训练	分组合理，安排紧凑，难度适宜，检查辅导及时

6. 教学状态

课堂教学质量标准的教学状态标准如表 7-7 所示。

表 7-7 课堂教学质量标准的教学状态标准

二级指标	质 量 标 准
教学氛围	师生平等民主，课堂学习气氛活跃、环境宽松和谐，师生感情融洽，师生情绪饱满，学生学习积极性高，对学生既严又爱，教师亲和力强
教学调控	班级授课、小组交流、个别辅导有机结合，双边活动协调有序。对学生信息及时反馈、有效纠正，按时完成教学任务。精心安排有层次性、针对性和开放性的练习活动。 课堂管理严格，纪律良好，师生和谐平等。给学生一定消化思考的余地，课业负担合理。 充分体现学生的主体作用，充分发挥小组教学的交流、互帮互助的功能。对各层次学生都有指导、辅导
教学互动	教学方法灵活，教学气氛活跃，形成教学互动，互动丰富有效。理论联系实际，讲练结合，引导学生把知识转化为能力
交往状态	有多边、丰富、多样的信息联系。课堂上的人际交往有良好的合作氛围

续表

二级指标	质量标准
思维状态	敢于提出问题、发表见解，问题与见解有挑战性与独创性。能联系实际举一反三展开创造
情绪状态	有适度的紧张感和愉悦感。能自我控制与调节学习情绪。入境生情，意志得以锻炼。情感共鸣的表露自然、明显
参与状态	参与态度：热情高，主动参与，自主学习意识强。 参与广度：全班不同层面的学生参与学习的全过程，有充分参与的时空和有效的合作。 参与深度：学习内容、感受体验由浅入深，学生能提出有意义的问题和新的见解。 参与比例：学生积极主动，全员参与

7．教学技能

课堂教学质量标准的教学技能标准如表 7-8 所示。

表 7-8　课堂教学质量标准的教学技能标准

二级指标	质量标准
教学原则	教学原则的选择科学合理，符合学生的实际，充分体现学生的主体性和教师的主导性
课程思政	教学过程中渗透思想品德教育，通过恰当确切的分析点拨和观点评论，使学生获得感悟。 学习过程中注重人文精神教育，以真挚的关爱和良好的表率去感染熏陶学生，确立正确的政治方向和高尚的道德品质
课堂组织	善于课堂管理，注意维护课堂秩序，检查学生到课情况，教学组织紧凑，教学活动生动有趣，创设良好的学习气氛，教育和督促学生遵守纪律，学生能全神贯注地认真学习。 演示操作规范，指导得法，运用直观教具、现代教学媒体等，使用正确熟练，合理优化。 有较强的组织协调能力、应变能力和即时评价能力，有教改创新精神，有良好独特的教学风格
内容展示	文字规范、工整、美观、精练、清晰，条理清晰，展现知识结构，突出重点，简洁易记，内容展示板面安排利用合理，图表清晰、准确、美观
时间分配	教师的课上各环节讲、练、演示、板书及主次内容的时间分配合理，做到精讲多练，加强能力培养
激发兴趣	有意识、恰当地运用生动的实例激发学生的学习动机，培养学生的学习兴趣，提高教学效率
教学仪态	注重仪容仪表，衣着发式大方整洁、朴素，仪表端庄，亲切和蔼，举止得体；教态自然大方，为人师表，形象好
教学语言	教学语言准确、生动、简洁、流畅，逻辑严谨，有感染力；使用普通话，声音洪亮、清晰；语速快慢适中，表达生动有趣，抑扬顿挫，以情感人，并富有启发性、形象性和逻辑性

8．教学策略

课堂教学质量标准的教学策略标准如表 7-9 所示。

表 7-9　课堂教学质量标准的教学策略标准

二级指标	质量标准
融入新理念	教学理念先进，较好地运用角色扮演法、案例教学法、模拟教学法、任务驱动法、项目教学法等现代职教新方法，能够将多媒体技术与教学内容进行有效整合，教学效果显著
恰当运用教学策略	根据学生特点选择不同的教学策略，如产生式/替代式、独立学习/小组学习、竞争/合作学习、学徒制等，提高教学效率，实现有效教学
教学机智	教学方法灵活得当，学习资源科学充足，问题设计具有启发性和思辨性，展示问题解决过程和思维过程，评价正确、适时、多样，及时调控，富有教学机智

9. 教学效果

课堂教学质量标准的教学效果标准如表 7-10 所示。

表 7-10　课堂教学质量标准的教学效果标准

二级指标	质量标准
教学目标有效达成	教学任务按时完成，教学目标达成度高，学生的情感、态度、价值观都得到相应的发展，能解决实际问题
课堂气氛	学生主动参与，想学、愿学、乐学。课堂秩序活而不乱，秩序井然。 课堂上教师及时掌握学生的反馈信息，并采取相应的调控措施进行教学。 课堂教学组织好，教学秩序好，学生出勤率高，能激发学生学习本课程的积极性
学习状态	学生认真听讲，积极思考，大胆发言，学习积极性被充分调动起来。 学生到课率高，听课注意力集中，课堂气氛活跃，互动良好。 通过课堂反馈，学生能较好理解并掌握教学内容，反应良好。 学生学习能力和分析、解决问题的能力得到培养，学习有兴趣，个性得到展示和发展
学习效果	教学措施落实，学生各方面表现出色。基础好、中、差学生各尽其智，各有所获，均衡提高。课内外学习资源有助于学生自学

10. 教学特色

课堂教学质量标准的教学特色标准如表 7-11 所示。

表 7-11　课堂教学质量标准的教学特色标准

二级指标	质量标准
艺术性	课堂教学中注意运用教学艺术，应用自然、得体，形成了个人独特的教学风格
创新性	教学形式新颖、不落俗套，具有鲜明的个性化特征，使人耳目一新。 在课堂结构创设教学情境、教法和媒体运用等方面有独特创举

7.3　实训教学质量标准

（1）根据教学需要调配实训（实验）教学场所、仪器设备和实训（实验）材料，落实实训（实验）课教师和实验人员。

（2）具有符合人才培养方案要求的实训（实验）标准、教材、指导书、授课计划、任务卡等基本文件。

（3）实训（实验）教学目的明确，进行必要知识和操作过程讲解，操作演示与学生动手训练相结合，注重学生独立操作能力训练。

（4）指导教师对实训（实验）方法、操作规程给予必要的指导和示范，随时纠正学生的不正确操作，解答出现的疑难问题。

（5）开展综合性和创新性实验、实训，学生正确设计实训（实验）方案，规范操作实训（实验）所需的各种仪器、设备与装置。

（6）根据实训（实验）目的与基本要求，通过实训（实验）报告记录学生的实训（实验）操作过程和数据，分析数据与结果。

（7）实训（实验）课教师要批改实训（实验）报告，并根据实训（实验）过程、结果、报告以及操作技能综合考核实训（实验）成绩。

（8）实训（实验）过程符合安全管理相关要求，实训（实验）课秩序、教学效果良好。

实训教学质量标准如表7-12所示。

表7-12　实训教学质量标准

项　目	质　量　标　准
教学态度	讲课有激情，精神饱满，有感染力，能吸引学生的注意力。 实训准备充分，仪器设备维护保养到位。准时上下课，注意维护课堂纪律。 建立良好的师生关系，做学生的良师益友
教学目标	符合课程标准、实训计划的要求。目标明确、具体，符合教学和学生实际
教学结构	整体设计科学、合理，教学环节完整。教学过程始终围绕实训目的组织教学，环节紧凑。 时间分配恰当，重点、难点突出，注重与理论知识的衔接
实训准备	课程标准、实训任务书、教案、授课计划等教学文件齐全，仪器设备及工量具配备齐全，场地环境安全整洁，实训环境、设施满足教学要求。 实训教学资料准备齐全，教案书写工整，图示规范，内容翔实，层次结构完整，重点突出，相关知识科学、系统、完整，相关操作技能规范，步骤完整，可操作性强。 提前到达实训室，仪器、设备准备充分
实训内容	以真实工作任务或项目及其工作过程/流程等为依据整合、序化实训内容，实训内容与职业能力培养紧密联系，从应用的角度进行整合改造，知识学习体现应用性。 有具体恰当的项目和任务，并能通过这些项目和任务的完成，达到对学生的能力培养要求，突出职业能力培养。 实训内容符合课程标准或任务书要求，教学目标明确，实训报告要求明确，突出职业能力培养。 实训技能要求明确，教、学、做一体，在真实的或仿真的项目环境中完成实训任务，注重培养学生的动手能力
实训过程	注重学生实训课前预习指导和检查。明确告知教学目标、考核方法、学习任务并严格执行。 对实训原理、目的和实训方法进行认真的讲解，实训内容讲解清楚，重点、难点突出，对实训要求、操作步骤、安全注意事项等讲解简明扼要、易懂，逻辑性、科学性强，培养学生良好的科学态度。 实训流程设计合理，学生分组科学，易于操作，实训组织井然有序，实训环节紧凑，节奏适度；反馈及时，应变能力强，时间分配合理。 及时与学生沟通交流，了解学生实训过程中遇到的困难，发现问题及时纠正，训练中突出学生能力的培养。 教学过程突出以学生为主体，体现师生互动，引导学生积极思考、乐于实践。严格课堂管理，认真填写实训教学记录。
实训指导	教师实训操作演示娴熟、技术熟练，示范操作规范，符合职业要求或行业标准，注重指导学生动手设计实训，培养学生的创新能力。 指导实训认真负责，耐心指导学生操作，耐心解答学生提出的问题，能及时纠正学生实训中出现的错误，规范操作技能，注重学生严谨务实科学作风的培养。及时解决实训中学生提出的问题，着重培养学生的动手能力
实训状态	师生互动，课堂气氛活跃，激发学生的学习兴趣。学生操作认真，遵守安全操作规程。 遵循因材施教的原则，充分激发学生的学习兴趣，学生到课率高。 实训秩序良好，需独立完成的任务无他人替代
教师素质	以身作则，为人师表、治学严谨、从严执教、教书育人。实训组织能力强，应变调控灵活，管理井然有序。实训程序准确清楚，要求认真，安全意识强。教态亲切自然，仪表庄重大方，教学语言流畅、准确
课程思政	结合实训内容，重视学生思想教育，重视培养学生学会共处、做人、团队协作、沟通等能力，以及对社会的适应性和行为的规范性
教学效果	学生集中精力完成实训任务，学习参与性、积极性高，在规定时间内按要求独立完成实训任务，达到预定的教学目的和要求。 学生遵守安全操作规程，无任何设备和人身事故发生。学生掌握了实训内容与实训基本技能，培养了合作精神，提高了沟通能力，学生的分析、解决问题能力及实训动手能力得到提高

【概念解析】

7.4 相关概念的内涵解析

1. 信息化教学

随着计算机和信息技术的发展，信息化教学应运而生，它将课堂教学内容中抽象的文字变为声、像、文并茂，向学习者展示全新的、形象生动的多媒体文本，给学习者带来全新的感觉方式，以此激发了学生课堂上的学习情绪、兴趣与热情。传统教学以教师为中心、学生为主体、语言为媒介的基本内容传授过程变为借助于计算机辅助教学工具和互联网的教学平台，充分利用多种信息技术，建立以学生为主体和中心的新型教学模式。

信息化教学，是以现代教学理念为指导，以信息技术为支持，应用现代教学方法的教学。在信息化教学中，要求观念、组织、内容、模式、技术、评价、环境等一系列因素信息化。教师在教学中积极运用现代信息技术对教学活动进行创造性设计，把信息技术和教学的课程特点结合起来，使教学的表现形式更加形象化、多样化、视觉化和互动化，这是现代化教学的必然趋势。

信息化教学充分利用信息技术与教学资源，合理安排整个教学过程中的各个环节与各项要素，坚持以学生为中心，为其提供良好的信息化学习环境，实现教学过程优化。高职教育的教学过程中应当充分考虑其技能性、实践性、职业性等特点，充分利用信息化教学手段，促进学生学习方式多元化与个性化。

2. 翻转课堂

翻转课堂是近几年风靡全球的教学模式，翻转课堂教学是相对于传统教学而言的一种新兴的教学形式。在传统教学中，教师借助 PPT 课件，主要通过语言的讲授以及板书的应用，系统地将书本知识传递或灌输给学生。教师是知识的拥有者、传递者以及课堂教学的主导者，主要任务是传授知识。而翻转课堂教学是指学习者在课前观看教师事先录制、收集或整理好的教学微课或微视频以及相关拓展学习材料，课堂时间则主要由老师用来解答学生在课前学习中遇到的问题、评价与修改学生作业，帮助学生进一步掌握和运用所学知识。

与传统教学模式比较，翻转课堂教学是一种先学后教的教学模式，学习者在课前通过观看微课或微视频、听录音、阅读教师上传的电子教学资料并在网络平台上与学生讨论交流，自己决定学习步调，自主完成相关知识点的学习；教师不再占用课堂上宝贵的时间来讲授知识点，而是与学习者共同研究并解决当前面临的问题，从而获得对知识的内化理解。因此，可以将翻转课堂教学定义为：教师通过制作微课或微视频、收集整理教学资料，让学生在课前完成相关理论知识点的学习，教师为教学建立课堂内外的互动平台，通过这个平台提供学生与学生、学生与教师交流的机会，协助学生完成知识的掌握及内化的新型教学模式。

3. "多元互动"教学模式

"多元互动"教学模式是在开放教育环境下，通过深化和优化教学互动，充分利用各种与学习有关的教学要素，调节它们之间的关系及其内在相互作用，促进学生主动积极地学习与发展，形成全方位、多层面的和谐互动，以产生教学共振、提高教学效果的一种新型教学结构形式。

多元互动包括"显性互动"和"隐性互动"。所谓"显性互动"是容易看到或觉察到的表层互动,如通常所指的师生互动、生生互动、人机(网络)互动。而"隐性互动"则是比较隐蔽的、外人很难看到的深层互动,概括起来至少包括:导学教育与学生自主学习需要的互动;多种教学手段优势互补整合互动;课程教学与学生过往经验配合互动;相关知识理论相互补充互动;学校教育与社会实践结合互动。隐性互动和显性互动相互之间存在着有机关联。

多维互动教学是指利用多媒体、网络、云计算等技术在传统班级课堂中建立课堂网络学习环境,为学习者提供协商讨论、相互交流和信息共享的渠道,学生则以小组形式在评价激励机制下,以有效完成共同的学习任务而合作互助的学习过程。它在传统的班级课堂合作学习的基础上,融入网络学习,使得群组学习在学习内容、学习媒体、学习环境和学习资源上能够优势互补,使学习过程更加便利、更多互动、更富创新。

4. 课堂教学量表评价法

量表评价法是传统课堂教学评价中最常采用的方法,它是事先确定好需要进行评价的指标,并给出评价的等级,在评价过程中,评价者对照课堂教学的实际状况,逐项给出相应的等级评定。根据不同的标准,课堂教学评价表有各种类型。例如,根据评价主体的不同评价表有供课堂教学参与者之外的评价者使用的量表,也有供课堂教学的参与者使用的评价量表。

【方法指导】

7.5 课堂教学对教师的基本要求

课堂教学对教师的基本要求如下:

(1)教师应执教严谨,认真负责;教态自然大方,和蔼可亲;着装整洁、朴素;言谈举止端庄,为人师表、形象好。

(2)教师应认真授课,严格按授课计划开展教学活动,按时上、下课。

(3)教学内容应正确、充实、系统,深度适宜,符合课程标准要求,并重视联系生产、生活和社会实际。

(4)课堂教学内容要优化,环节要完整,组织要合理,思路要清晰,结构要严谨,衔接要自然,能有效利用课时。

(5)教学方法应灵活多样,启发性强,能激发学生的求知欲,活跃课堂气氛,有利于实现教学目标,适合于教学内容和学生实际。

(6)教师应善于突出重点,根据教材内容体系与其他课程间的联系及实际需要,找准课程重点和课堂重点,在讲解时分清主次、详略得当。

(7)教师讲课要求语言准确、简洁、流畅,使用普通话。

(8)教师要善于课堂管理,教学组织紧凑,教学活动生动有趣,创设良好的学习气氛。

(9)教学内容展示应布局合理,条理清楚,层次分明,内容简洁,重点突出,书写规范,图表准确、清楚。

(10)教师应充分尊重学生主体地位,注重学生能力培养和素质养成,充分发挥教书育人功能,突出能力培养和素质教育。

7.6 使用随堂听课评价法实施课堂教学评价

随堂听课评价法是评价者通过对被评价教师的课堂教学的直接观察，获取有关该教师的教学行为、过程、特点以及所展现出来的教学能力等第一手信息，从而能够有效地进行课堂教学的评价，并相应地提出建设性的意见，以此提高教师课堂教学能力和课堂教学效率的方法。

随堂听课评价法是目前评价教师课堂教学能力和效果的最主要方式。随堂听课评价法是了解教改动态，促进教师专业发展，提高教学质量的主要手段。尽管听课的性质、类型和方式多种多样，如有竞赛式的交流课、有研究式的示范课、有预约式的汇报课等，这些课常常能够展现教师教学的最好水平、课堂发挥的最佳状态，是新理念、新策略、新信息的集合点。同时，教师教学能力的提高也是在其教学实践经验，特别是对教学过程不断改进的过程中积累的。在随堂听课评价的过程中，评价者与被评价者不仅有共同关注的评价内容，而且评价过程中共同讨论、共同研究的气氛非常适宜于教师的成长。任课教师通过对自身教学能力和教学过程的反思，能够获取有效提高自身教学能力的信息，促进自己的发展。

1. 课前充分准备

随堂听课评价应该收集、了解与即将要评价的课有关的资料和信息，在条件许可的情况下，可以考虑召开预备会议，向被评价者介绍评价的目的、内容，了解教师教学的实际情况，为评价活动的实施奠定基础。

具体而言，听课前应做好如下几个方面的准备：

（1）熟悉教学目标，充分把握教学内容。

课堂教学评价应该有针对性，而这个针对性来源于对教学目标和课程标准的理解与把握，应明确这节课教学的三维目标；了解教材编排体系，弄清新旧知识的内在联系，熟知教学内容的重点、难点。

（2）了解被评价课的教学设计。

听课评课之前，应该充分了解这节课的教学设计，甚至可以针对所教的内容在自己头脑中设计课堂教学的初步方案，粗线条勾勒大体的教学框架，为评课提供一个参照体系，即评课者自己如果来上这堂课应该如何组织。此外，还应该充分了解评价对象的教学设计，以便在随堂听课和课后的讨论中进行相应的评价；同时了解教学设计，也能够使得听课和评价时做到有的放矢。一般而言，对于评价对象的教学设计，应该给予充分的尊重，不能随意改变。

（3）确定听课方式。

随堂听课评课中，评价者可以选择充当旁观者和参与者，而这两种角色决定了将会有两种不同的听课方式，经验丰富的评价者往往交叉使用这两种听课方式。当评价对象进行课堂讲解时，评价者往往默默地坐在教室的一角，融入班集体但并不参与教学过程，而是对整个课堂教学进行观察；当开展小组活动时，评价者可以在教室中四处走动，观察小组活动或者参加小组活动，必要时还可向小组提供帮助。

要根据听课目的（汇报课、研讨课、指导课、检查课）确定侧重点，针对教师业务层次和水平进行评议、指导并提出不同要求。一般而言，听课的重点将集中在教学中的难点、疑点和薄弱环节上。在随堂听课之前确定听课重点，将使随堂听课更为有的放矢，从而提高听课效率，并通过课后讨论提高评价对象的教学能力，促进评价对象的未来发展。

2. 课中仔细观察和翔实记录

听课是复杂的脑力劳动，需要评价者多种感官和大脑思维的积极参与。同时，评价者要想获得理想的听课效果，在听课中就要集中精力，全身心地投入。

（1）仔细观察。

由于课堂教学成功与否不仅仅在于教师讲了多少，更在于学生学会了多少，所以听课应从单一听教师的"讲"变为同时看学生的"学"，做到既听又看、听看结合。因而，在某种程度上，听课也是看课。

具体听些什么呢？首先听教师的教学过程和教学语言，仔细思考评价对象是否讲到点子上了，重点是否突出，详略是否得当；其次是听评价对象讲得是否清楚明白，学生能否听懂，教学语言是否简洁清晰；三是听评价对象的提问和教学启发是否得当；四是听学生的讨论和师生之间的交流是否恰当、富有创造性；五是听课后学生的反馈。

看些什么呢？首先是看评价对象的精神是否饱满，教态是否自然亲切，教学内容展示是否合理，运用教具是否熟练，教法的选择是否得当，学法指导是否得法，实训（实验）的安排及操作是否合理，对课堂教学中出现的各种问题的处理是否巧妙等，即看评价对象的主导作用发挥得如何。其次是看学生：观察整个课堂气氛，学生是静坐呆听、死记硬背，还是情绪饱满、精神振奋；观察学生参与教学活动是否积极、思维是否活跃；看各类学生的积极性是否调动起来；看学生与教师情感是否交融；看学生分析问题、解决问题的能力如何等，即看学生主体作用发挥得如何。

（2）详细记录。

听课记录是重要的教学资料，是教学指导与评价的依据，应全面、具体、详细。其中可以包括情境创设、教师点拨与引导、师生的双边活动、教法选择、学法运用、练习设计、教学反馈、课堂的亮点与失误等，还可包括听课者的评析与建议。

总的来说，听课记录主要包括两个方面的内容：一是课堂教学实录；二是课堂教学评点。

课堂教学实录内容主要包括：①教学的基本信息，包括听课的时间、专业、班级、评价对象、第几课时等；②教学过程，包括教学环节和教学内容；③板书或展示内容；④各个教学环节的时间安排；⑤学生活动情况；⑥教学效果。课堂教学实录有三种记录方式：一是简录，简要记录教学步骤、方法、板书等；二是详录，比较详细地把教学步骤都记下来；三是实录，即把教师开始讲课、师生活动，直到下课的所有情况都记录下来。

课堂评点是评价者（听课者）对本节课教学的优缺点的初步分析与评估，以及据此提出的相应建议。包括以下几方面：①教材处理与教学思路、目标；②教学重点、难点、关键点；③课堂结构设计；④教学方法的选择；⑤教学手段的运用；⑥教学基本功；⑦教学思想等。课堂评点往往是在听课过程中的及时点评，这种点评不是听课完成之后的回顾式点评。

好的听课记录应是实录与评点兼顾，特别是做好课堂评点往往比实录更重要。

（3）认真剖析，归纳小结。

认真剖析是指在听课过程中要全身心地投入，积极思考，既要抓住细节，防止思维出现断裂，影响对教学的整体认知和评价，也要做到积极思考，根据听课前的准备，认真思考评价对象的教学过程，为分析评价赢得时间，变被动听课为主动听课，并将实际教学与课前预设的方案及以往经验（听过的优秀课）进行对照，以便寻找课堂教学中突出的亮点和教学中存在的问题。

归纳小结是指对于课堂教学过程中发现的优缺点，评价者应依据教育教学理论和课程标准给予过程性评价，即指出优点在于体现了哪一方面的理念，依据了什么教学原理等；同时应指出缺点与不足，怎样改可能效果更好，依据是什么等，并将这些环节点评及时纳入听课记录。归纳小结主要是听课刚结束时，从自己对整个课堂教学的感受出发，进行记录和点评。

3. 课后客观评析，加强指导

课后客观评析即评课，它是指课后对所听的课进行分析整理、客观评议的过程。评课时需要针对课堂教学的不足寻找解决问题的办法，提出合理的修改建议。做出评价意见时应该充分与评价对象交流切磋。评课主要有两种模式。

（1）从师生及其交互活动来进行评价。

首先是教师的教，主要关注以下四个维度：①组织能力，包括教学内容的组织、教学语言的组织、教学活动的组织等，核心是教学活动的组织能力；②调控能力，看教师能否根据课堂教学进展情况与出现的问题，采取有效措施，调整教学环节，保证课堂教学任务顺利完成；③教学机智，观察教师敏捷、快速地捕捉教学过程中各种信息的能力，观察其是否能灵活利用各种教学资源，果断处理课堂偶发事件，激活课堂教学；④练习设计，看教师能否依据学生个体差异，设计具有弹性、开放性、实践性的练习题，达到巩固新知、拓展提高的目的，以满足不同类型学生的需要。

其次是学生的学，主要观察学生学习中的以下四种状态：①参与状态，看学生是否全员参与，参与的面有多大；②交往状态，看课堂上是否有多向信息联系与反馈，人际交往是否有良好的合作氛围，交往过程中学生的合作技能怎样；③思维状态，看学生是否具有问题意识，敢于发现问题、提出问题，发表自己的见解，看学生提出的问题是否有价值，探究问题是否积极主动，是否具有独创性；④情绪状态，看学生是否有适度的紧张感和愉悦感，能否自我调控学习情绪。

（2）从课堂教学要素来进行评价。

主要可以从以下几个方面来进行：

①教学目标。

首先，从目标制定来看，要看是否全面、具体、适宜。全面是指能从知识、能力、素质等几个方面确定；具体是指知识目标要有量化要求，能力、素质目标要有明确要求，体现专业特点；适宜是指符合认知规律和学生实际，难易适度。其次，从目标达成来看，要看教学目标是不是明确地体现在每一个教学环节中，教学手段是否都紧密地围绕目标，为实现目标服务。

②教学内容处理。

在处理教学内容上，是否突出了重点、突破了难点、抓住了关键。评价一节课时，既要看评价对象在知识传授时是否准确科学，也要注意分析教师在教学内容处理和教法选择上是否突出了重点、突破了难点、抓住了关键。

③教学程序。

首先是看教学思路设计。教学思路是教师上课的脉络和主线，它是根据教学内容和学生水平两个方面的实际情况设计出来的。在课堂中直接表现为一系列教学措施怎样编排组合，怎样衔接过渡，怎样安排详略，怎样安排讲练等。评价教学思路设计要注意以下几个方面：一是要看教学思路设计符不符合教学内容实际，符不符合学生实际；二是要看教学思路设计是不是有一定的独创性，给学生以新鲜的感受；三是要看教学思路的层次、脉络是不是清晰；

四是要看教师在课堂上实际运作教学思路的效果。

其次是看课堂结构安排。课堂结构安排是指一节课的教学过程各部分的确立，以及它们之间的联系、顺序和时间分配。课堂结构也称为教学环节或教学步骤。这需要考虑以下几个方面：一是计算教学环节的时间分配，看教学环节时间分配和衔接是否恰当，有无前松后紧（前面时间安排多，内容松散；后面时间少，内容密度大）或前紧后松（前面时间短，教学密度大；后面时间多，内容松散）现象，看讲与练的时间搭配是否合理等；二是计算教师活动与学生活动时间的分配，看是否与教学目的和要求一致，有无教师占用时间过多、学生活动时间过少现象；三是计算学生的个人活动时间与集体活动时间的分配，看学生个人活动、小组活动和全班活动时间分配是否合理，有无集体活动过多，学生个人自学、独立思考、独立完成作业时间太少的现象；四是计算非教学时间，看教师课堂上有无脱离教学内容，做别的事情，浪费宝贵的课堂时间的现象。

④教学方法和手段。

它包括教师教学的活动方式，还包括学生在教师指导下学习的方式，是"教"的方法与"学"的方法的统一。这需要注意以下几个方面：一看是不是量体裁衣、优选活用。一种好的教学方法总是相对而言的，它总是因课程、因学生、因教师自身特点而相应变化的，也就是说教学方法的选择要量体裁衣、灵活运用。二看教学方法的多样化。教学方法忌单调死板，教学活动的复杂性也决定了教学方法的多样性，所以，评课既要看教师是否能够面向实际恰当地选择教学方法，同时也要看教师能否在教学方法多样性上下一番功夫，使课堂教学超凡脱俗，常教常新，富有艺术性。三看现代化教学手段的运用，即看教师是否适时、适当使用了现代化教学手段。

⑤教师教学基本功。

这里主要注意以下几个方面：一是教学内容展示（板书或PPT）。首先，好的教学内容展示应该设计得科学合理；其次，言简意赅，有艺术性；再次，条理性强，字迹工整美观，板书娴熟。二是教态。好的教态应该明朗、快活、庄重，富有感染力，仪表端庄，举止从容，态度热情，师生有良好的情感交融。三是语言。教师的教学语言应准确清楚，精当简练，生动形象，富有启发性。此外还要注意语调高低适宜，快慢适度，抑扬顿挫，富于变化。四是教法，即运用教具，操作投影仪、计算机等设备的熟练程度。

⑥教学效果。

课堂教学效果评析包括以下几个方面：一是教学效率高，学生思维活跃，气氛热烈；二是学生受益面大，不同程度的学生在原有基础上都有进步，知识、能力、素质目标达成；三是有效利用课堂教学时间，学生学得轻松愉快，积极性高。

7.7 把握好课堂教学的五个"度"

一节课上得好不好，课堂教学质量高不高，用什么来衡量呢？课堂教学要体现五个"度"。

1. 课堂教学要体现学生主体的参与度

教师上课面向全体学生，教学要以学生为本，以全体学生为本，这首先体现在学生主体的参与度上。第一，要看学生参与学习的广度。课堂教学中，教师要调动全体学生的学习积极性，用符合学生特点的、受学生欢迎的教学方法来吸引全体学生集中注意力学习。第二，要看学生参与学习的深度。教学中，教师要逐步引导学生进入主动学习的状态，激发学生的求知欲。教学中，要看学生能不能向教师提出问题，同学之间能不能争论问题。

2. 课堂教学要体现学生能力的形成度

教学的最终目的在于学生形成学习能力，学生能力形成的程度是教学检测的终结指标。学生学习能力的形成是教师长期因材施教、求实训练的结果。教学中，教师能够紧扣知识点，抓住重点、突破难点、看准疑点、突出特点、展示亮点，把知识技能的学习训练有机地转换成学生能持续学习的能力。

3. 课堂教学要体现学生素质的内化度

学习的本质是人们在实践中自觉地不断地通过多种途径、手段、方法获取知识并内化为自身素质和能力的自我改造、发展、提高和完善的过程。

课堂教学不仅是知识、技能的传授，不能忽视学生素质的培养和内化。课堂教学要贯彻以教师为主导、学生为主体、训练为主线的原则，要精选教学内容，改进教学方法，注重学生动脑、动口、动手。大力推行启发式教学，强化自主、合作、探究的学习方式。教师在教学的过程中，要积极采用创设情境、启迪心智等方式，不失时机地促进学生素质的培养和内化。增强学生自主、合作、探究的学习意识，塑造学生的人文精神，提高学生的综合素质和能力，培养学生的创新探索精神、创新能力和实践能力。

4. 课堂教学要体现学生思维的有效度

课堂教学的根本任务是要调动学生的思维，通过教学过程，使学生的思维得到有效的训练，从而产生思维共鸣。因此，教师要根据一定的学习目标，精心设计问题，适时提出问题，以激活学生的思维。教学中，教师要少提"是什么"的问题（许多事物一见便知，用不着去探讨它的概念）；要多提"为什么"的问题，引起学生的积极思考；要精提"做什么"的问题，通过学生的学习实践活动，引领学生把思维过程转化为智能的积淀和学习方法的运用，这样的思维才有效度。

5. 课堂教学要体现学生心理的调适度

教师上课面对的是一个个鲜活的生命，学生学习的心理状态会直接影响到学生的学习。教师备课，要"备学生"，要备知识技能以外的东西。其中，怎样对学生课堂学习进行心理调适，是教师备课的重点内容之一。课堂上，教师是否激发学生饱满的情绪，是否引领学生形成积极紧张的心境，是否帮助学生消除心理的干扰因素等，是教师教学能力高低的重要标志。如果教师引导激励恰当，学生心境会出现积极兴奋状态，这时，学生学习的主动性、实效性都会增强。

【诊断改进】

7.8　课堂教学的诊断与改进

1. 课堂教学质量的自我诊断

录制一次课堂教学，运用如表 7-13 所示课堂教学质量的自我评价表进行自我诊断，并根据诊断结论提出可行的改进建议。

表 7-13　课堂教学质量的自我评价

诊改项目	诊 改 要 点
教学目标	根据课程标准、教学内容，从学生的实际出发，制定合理具体的教学目标，教学目标全面、准确、具体、可行。围绕教学目标进行教学，努力体现三维目标
教学内容	教学内容安排合理，难易适度。从学生实际和教学要求出发，创造性地使用教材
教学过程	根据学生的认知过程和能力特征，结合教材内容，灵活安排教学环节，教学过程设计科学合理，抓住重点关键，突破难点。教学过程层次清晰，布局合理，信息反馈及时。注重学生专业能力的培养，体现出对学生智力、自学能力、创造能力的培养。 为学生创设主动学习的情境，提供充分的思考、探究、研讨的时空。师生关系平等、民主，教学气氛活跃愉快。适当地运用评价策略
教学方法	教学方法灵活多样，注重启发式教学，教学语言精当，富有诱导性。 努力培养学生的创造思维，注意教与学的调节，科学性和艺术性相结合
教学手段	根据教学实际，教学手段运用合理，恰当地使用教学媒体和技术，提高教学效率
教学时间	根据专业特点和教学目标，合理安排教学环节。各环节耗时合理，讲练时间协调
教学能力	熟练地驾驭课堂和教材，能捕捉到课堂教学中的各种信息，并灵活果断地采取恰当有效的策略和措施
教学氛围	重视教学情境的创设，体现学生的主体作用。课堂气氛活跃、和谐，师生感情融洽
学习情感	能积极主动参与学习活动。有勇于探究解决问题的强烈欲望和实事求是的科学态度
学习方式	在教师的指导下，能进行有效的自主学习、合作学习、探究学习
学习能力	善于倾听，能收集处理信息。有发现问题、发表意见、解决问题的意识
学习效果	达到教学目标，在原有的基础上获得发展。能够进行自我评价
教学效果	教学措施落实，学生各方面表现出色，教学效率高，教学效果好
教学特色	充分调动自己的教学能动性，在教学语言、教学方法、学法引导等方面表现出浓郁的个人特色，努力展示自己独特的教学风格

2．课堂教学质量的同行评价

随堂听一次课，运用如表 7-14 所示课堂教学质量的同行评价表进行评价，并根据评价结论提出可行的改进建议。

表 7-14　课堂教学质量的同行评价

评价项目		评 价 要 点
教学目标	教学目标执行	严格执行课程标准，教学目标明确，符合课程标准要求
	深度与广度	教学深度与广度完全依据该课程的课程标准，很好地结合学生的实际
授课内容	内容适度	内容充分、系统，深度适宜，概念准确。重视理论联系实际，案例贴切，诱导探索思考
	知识结构	很好把握教学内容的层次性、独立性、关联性
	信息量与知识点	很好地把握教学信息量和单位时间教学的知识密度的合理性
	知识更新与专业前沿	教学中能够注意吸收本专业的最新成果，不断充实教学内容
专业水平	专业知识	熟悉专业知识和授课内容，不照本宣科
	课程关联	处理好本课程与先修课程、平行课程和后续课程之间的衔接关系

续表

评 价 项 目		评 价 要 点
能力培养	能力培养	结合教学内容，开展双向交流，指导学生学习方法，启发学生思维，注意发挥学生主体作用，培养学生分析和解决问题的能力。 思维能力训练具有深刻性，能引导学生独立思考。 观察、记忆能力培养到位，养成良好的学习习惯
	素质培养	通过各种方式提高学生的综合素质，培养学生的学习能力
教学方法	教学方法	根据教学目的、任务的要求以及课程性质和教材的特点，采用启发式教学，注意因材施教，教学方法灵活，启发性强，能激发学生求知欲
	教学互动	教学具有针对性与交互性，很好调动学生学习的积极性
	教学手段	合理有效地使用现代化教学手段及图表、教具、实物等
	语言表达	正确、完整、准确、逻辑性强，普通话标准规范
教学态度	教学风范	为人师表，崇尚科学精神，治学严谨、热爱学生，师德师风好
	课前准备	备课充分、认真，教案规范、完整、质量高
	教书育人	在品德、言行、举止、作风上为人师表，以身作则。 既严格要求又关心学生的全面发展，寓思想教育于教学过程之中，能提高学生的综合素质
	辅助教学	课堂上、课后及网上辅导答疑耐心认真，能启发学生思考
	作业批改	作业布置恰当，批改认真细致
教学组织	内容讲解	讲课熟练，层次分明，突出重点少而精，讲清难点深入浅出
	联系实际	理论联系实际，恰当地选择实例
	内容展示	教学内容展示工整、简洁、有条理，书写规范、清楚美观
	教学过程	教学过程优化，教学组织合理，能有效利用课时
教学效果	知识掌握	学生能很好地掌握课程的教学内容
	学习兴趣	教学有吸引力、感染力，学生有学习积极性，兴趣浓厚，求知欲望强
	信息反馈	教师非常重视教学效果信息反馈，主动听取学生对教学的意见和要求，能根据实际情况进行及时调整

7.9 实训课教学的诊断与改进

运用如表7-15所示的实训课教学质量评价表对一次实训课进行诊断，并根据诊断结论提出可行的改进建议。

表7-15 实训课教学质量评价

评 价 项 目	评 价 要 点
教学目的	实训计划符合专业培养目标，科学可行。符合实训计划、课程标准、教材要求。 教学目标明确、具体，符合教学和学生实际
实训准备	根据实训计划，明确学生的实训任务，并制订实训实施计划。实施计划填写规范准确，便于实训结束时对学生的实训情况进行考核。 认真备好每一次实训课，有完整的教案及讲稿；教案中应写明实训目的、要求、训练内容、方法、学生分组、仪器设备、考核标准。 实训教学设备齐全、先进；实训场地环境安全、整洁，仪器、设备、材料的准备充分。 做好实验准备工作，实训前，实训指导教师应认真准备实训，必要时要预做实训项目，不上无准备的实训课。实训开始前进行安全教育

续表

评价项目	评价要点
教学结构	整体设计科学、合理，教学环节完整。时间分配恰当，重点、难点突出，训练中突出学生能力的培养。注重与理论知识的衔接
教学过程	分组合理，安排紧凑，教学过程始终围绕实训目的组织教学、环节紧凑。 对实训要求、操作步骤、安全注意事项等讲解简明、易懂；示范操作规范、熟练。 学生操作认真，遵守安全操作规程
实训指导	实训过程组织周密，巡回指导认真负责，指导学生按规程操作，耐心解答学生提出的问题，发现问题及时指导解决。及时纠正学生实训中出现的错误，规范操作技能，注重学生动手能力培养
教学方式	认真完成课堂讲授、操作示范，及时进行现场交流、现场技能指导、现场检查、提问、现场总结。根据实训课教学特点把握好理论讲解与操作实践的重点，适当补充实用技能的教学内容；讲解力求简洁明了，多讲操作要点，少讲理论知识
教学态度	爱岗敬业，教风严谨，勇于创新，探索实践。实训组织能力强，应变调控灵活，管理井然有序。实训程序准确清楚，要求认真，安全意识强
教书育人	严格要求学生，关心学生的学习、生活和思想。 注重培养学生的思想品德、道德风范、职业修养、仪表行为等
实训考核	根据课程特点，进行实训考核方法改革，设置了客观科学、形式多样的实训考核标准。 考核方式包括实际操作、实训报告等。考核记录准确。 实训成绩趋于正态分布，任课班级学生的不及格率小于5%
实训资料	学生的实训报告记载规范、翔实，数据真实可靠，批改认真及时。 及时填写实训日志、实训设备情况记录，并做好分析总结
实训效果	达到预定的教学目的和要求，遵循因材施教的原则，完成教学任务。 学生积极主动，热情进取，一般都能在规定时间内按要求独立完成实训任务。 无任何设备和人身事故发生

7.10　学生网上评教的诊断与改进

学生网上评教作为教学质量监控的重要环节，在教学相长、师生互动的教学质量管理的运行中发挥了积极的作用。运用如表7-16所示学生网上评教指标，组织学生对一门课程进行网上评教，并根据评教结论提出可行的改进建议。

表7-16　学生网上评教指标

评价项目	评价指标
教学效果	□我听懂了老师讲解的内容，能够完成课堂的学习任务。 □通过本课程的学习我自认为专业技能提升了。 □通过本课程的学习我自认为自主学习能力提高了。 □通过本课程的学习我学会了查阅相关资料和收集信息，信息利用能力提高了。 □通过本课程的学习我的表达能力得到了提升。 □小组任务分工明确，小组成员间合作愉快，团结协作能力、与同学沟通能力得到了提升。 □本门课程学习之后我记忆深刻

续表

评价项目	评价指标
师德师风	□任课老师着装整齐、端庄大方、态度亲切，充满激情，有幽默感。 □任课老师严格考勤，了解同学迟到、旷课的原因，并进行教育。 □任课老师定期了解我们的学习，关心我们的生活。 □我很喜欢上这位老师的课。 □老师及时纠正学生在课堂上的不规范行为：玩手机、玩游戏、睡觉、吃零食、吸烟、课堂不雅行为等。 □老师对我们辅导耐心。 □我每次的作业或实验报告都及时检查或批改了
教学内容	□我知道这门课程的课程目标、重点、难点。 □我了解每次课的学习目标、重点、难点。 □我们认为老师对教学内容很熟悉，能较好地指导我们的技能训练。 □我收获了很多信息
教学方法与教学手段	本门课程综合运用以下 4 种以上的教学方法： □启发式教学法； □讲练结合教学法、演示法、理论实践一体化教学法； □采用了挂图、教具、实物、仿真软件等教学手段； □案例分析教学法； □采用 CAI 课件、微课、网络在线课程等多媒体教学手段； □角色扮演法； □现场教学法； □项目教学法或任务驱动教学法； □团队（小组）学习法
课程考核	□第一次上课就让我们清楚地了解课程考核的内容、方法以及评价标准。 □对我们的考核包括过程考核成绩或平时成绩、项目考核或方案考核、小组考核、汇报、上交产品或作品等多种形式。 □老师每次课都考勤并将考勤结果纳入了平时成绩。 □过程考核及最终的课程评定成绩老师对我们进行了通报。 □平时的日常考核都会给我们进行点评
教学资源运用	本课程除了统一发的教材，老师还提供了相关教学资料： □教学课件；□教学参考书及学习资料；□教学视频；□相关学习网站；□行业技术规范与标准；□试题库或习题库

7.11 学生课堂学习的诊断与改进

完成一次课的课堂教学，然后让学生运用如表 7-17 所示学生课堂学习反思评价表对本次课堂学习进行自我评价，并根据评价结论提出可行的改进建议。

表 7-17 学生课堂学习反思评价表

诊断内容	诊断结论		
本次课你融入教学活动中了吗？	□是	□一点点	□没有
本次课内容你感兴趣吗？	□非常有兴趣	□一般	□没有兴趣

续表

诊 断 内 容	诊 断 结 论
本次课你有收获吗？	□收获很大　□一般　□没什么收获
本次课学习任务的完成情况	□好　□一般　□较差
本次课完成任务的主动性	□主动完成　□合作完成　□催促完成
本次课小组讨论中的发言情况	□经常　□有时　□不太发言
本次课与同学的合作情况	□好　□一般　□很差
本次课提出了什么积极建议？	
本次课查阅了哪些有关书籍和资料？	
本次课活动中遇到了哪些困难？	
本次课活动中印象最深的事情是什么？	
对自己在活动中最满意的是什么？	
对自己在活动中收获最大的是什么？	
你认为本小组的活动组织情况如何？	

单元8 课程考核诊断与优化

课程考核是教学过程的重要环节，是考核学生学业的主要方式，是检查教学效果的重要方法。科学合理的考核机制，能够促进课程的教学改革、教师的教和学生的学，促进教学相长，有利于良好学风的形成。

课程考核成绩应重点考核学生完成训练项目、实现课程目标的状况和程度，以及学习过程中的主观表现。要强化实际操作和学习过程考核，弱化卷面笔试。另外，还应鼓励学生结合课程学习积极参加社会、行业或企业相关的职业活动，考取相关的职业资格证书或技能等级证书。

课程的考试考核质量控制就是对学生学业成绩考核全过程的监控。考核质量监控主要内容包括考核命题、考核过程、试卷评阅、成绩评定等。

【目标设置】

8.1 明确课程考核管理的目标

通过对课程考核过程进行质量控制，保证考核环节符合学校人才培养目标要求和学校对考核的规定，确保考核过程规范、公平，考核结果反映学生对所学专业基本理论、基本知识和基本技能的掌握状况。

（1）促进和巩固教学效果，保证和提高教学质量，改革和完善教学管理。
（2）充分发挥提高教学质量的导向作用。
（3）通过对学生进行知识和能力的综合考核，客观、准确、有效地评价学生的知识和能力。
（4）通过对教学过程进行调控、平衡，成为促进教学良性循环的手段。
（5）培养学生端正的学习态度与良好的学习习惯，帮助学生树立正确的考试观。
（6）通过对考试情况分析和试卷质量分析，改进以后的考试，使之科学化、合理化。

【标准制定】

8.2 课程考核质量标准

课程考核质量标准如表8-1所示。

表 8-1　课程考核质量标准

项目名称	观测点	质量标准
考试组织	考务管理	教务处和教学单位均有专人负责考务管理工作，岗位职责明确
	考试安排	考试安排具体，要求明确。有详细的考试要求、考试时间、地点、班级、人数、课程、监考人员等安排，考试日程安排符合教学进程。 考试组织严格缜密、细致入微，无徇私舞弊
	试卷归档	试卷装订统一规范，各项目填写完整具体；考场记录表、命题计划、参考答案及评分标准、成绩单、试卷分析等材料齐全，试卷有专人负责保管存档，试卷交接手续齐全、规范
	安全保密	试卷保密制度及相关预案齐全，并具有可行性。 教师不得以任何形式将所命试题在考试前公开；不能使用电子邮件或传真传递或讨论试题。试卷印刷有专人负责，印刷及时、准确、无遗漏，试卷无泄密
考试命题	命题原则	试卷命题遵循科学性、合理性和有效性等原则，突出实践性和应用性。 试题要符合课程标准中对知识、能力的基本要求，既要考查学生对知识的掌握情况，又要考查学生能力；要注意试题的难度和区分度，需有一些具有提高性和灵活性的考核内容；属基本要求的题目占60%左右，属综合性、思考性的题目占30%左右，有一定难度的题目占10%左右。 试题的覆盖面要尽可能全面，命题难易适当，突出重点，题量应与限定时间相匹配。试题表述要简洁明了，内容正确，题意准确
	命题内容	以课程标准为依据，重视考核学生对基本概念、基本理论和基本技能的掌握程度，注重考核学生综合应用所学知识分析问题、解决问题的能力；考核内容以使用教材、课堂讲授内容以及指定的必读参考书和资料为内容，涵盖难点、重点
	试题类型	试题类型要结合专业特点和要求。题型要多样化，一般不得少于4种，可采用填空题、选择题、判断题、名词解释题、问答题、简答题、计算题、分析题、证明题以及论述题等题型，题量适当
	题量、难易度	命题题型科学合理，试题难易度、试题题量适当，其中基础题、应用题和提高题的所占比例符合要求
试卷制作	试卷审查	有命题印刷审批单，审查、审批手续齐备，试卷内容经过多层审核，达到零错误
	试卷制作	试卷制作标准，试卷模板准确，试卷印刷及时
考试过程	考场规则	有具体的考场规则，可操作性强，有考场记录表
	监考规则	监考人员按要求和步骤进行监考工作。有高度的责任心，坚守岗位，严格执行考试管理制度，严肃考风考纪。 发现学生作弊要及时制止，处理违纪、作弊做到公平公正、证据确凿，程序符合要求，认真填写考场记录表
	领卷、发卷与收卷	监考人员按规定要求提前领取试卷，准时发卷，及时收卷并上交，试卷袋相关签字齐全，试卷份数准确，试卷装订整齐，各环节及时、准确
	巡考规则	校、院（系）两级有专人巡考，全程监控并及时发现和妥善处理考试过程中出现的问题
试卷评阅	评分标准	有评分标准，包括每个题的正确答案或答案要点、赋分依据以及阅卷的注意事项等，其中应用题、综合题的正确答案或答案要点及赋分依据细化；评分标准具体、明确、周密，可操作性强
	阅卷评分	严格按照评分标准及时进行阅卷评分，采用个人与集体评阅相结合的流水阅卷法或计算机阅卷法，尽可能实行流水阅卷；阅卷评分做到严肃认真、科学准确、公正合理；不随意改变评分标准，核分准确无误，试卷批阅痕迹清晰易懂、工整简洁、科学合理，无错误改动，有复评复查记录。 试卷批阅有改动的，需在改动处签阅卷教师姓名或盖章

项目名称	观测点	质量标准
成绩评定与分析	成绩评定	考试课程成绩评定以形成性评价与终结性评价相结合的方式，采用百分制评分。考查课程成绩根据学生平时听课、实训、实习、课外作业、课堂讨论等情况以及平时测验成绩综合评定，总评成绩可采用百分制，也可采用"优秀、良好、中等、及格、不及格"五级制记分。 成绩评定准确，有据可依，考试成绩呈正态分布，及格率在正常值范围；阅后试卷经过复查及教研室主任检查，且签字齐全，实现零问题率。 成绩登记准确，填写规范、完整，总评成绩按结构化评分，计算准确无误
	成绩录入	按规定时间和要求录入成绩，成绩登记准确，填写规范、完整
	成绩分析	考试成绩确定后，任课教师要对考试成绩进行定性和定量相结合的成绩分析，认真计算学生平均分，填写"成绩分析表"。分析的主要内容有：分析答题时间吻合度、成绩分布情况，分析试卷质量的信度、效度、难度和区分度，分析试卷出现的普遍性和典型性错误及其产生原因；并提出改进教学、提高教学质量的措施，可操作性强
试卷装订、保存与归档管理	试卷装订	试卷装订要用学校统一格式的试卷封面和目录按行政班级分装，按试卷装订要求整理。试卷按学号排列，便于存查。试卷首页有考场记录单，有侧封条，装订整齐；试卷装订书写内容清晰、工整，内容齐全
	保存归档	试卷归档方式科学合理，查阅迅速、方便，归档内容齐全，有登记，无缺项。 试卷（题）档案封面内容用黑色字迹笔书写，内容全面、整齐，签字齐全。 上机考试类型的课程刻成光盘或其他方式备份保存，保存材料中有试题、成绩单、参考答案及评分标准、试卷分析表、学生答题等材料。 作品类型的课程将学生作品拍照、录像等，同时要刻成光盘或其他方式备份保存，保存材料中要求有成绩单、参考答案及评分标准、试卷分析表等材料

【概念解析】

8.3 相关概念的内涵解析

1. 试题库

试题库是指多种题型试题的集合，能够根据不同题型、不同题量、信度、区分度和难易程度等参数进行有机组合，组合后形成整套标准试题。

通过试题库建设逐步实现教考分离，保证课程教学内容和教学质量的相对稳定性，克服命题及阅卷的主观随意性，控制试题和试卷的质量，以保证考试结果的可靠性与有效性。

2. 试卷库

试卷库是指具有一定数量并按照某种要求形成的相对独立的标准试题，可以不经组合直接抽取用来进行考试，每套试题之间在知识体系和章节结构上有一定的关联。

3. 难度

难度是指应试者解答试题的难易程度，它是衡量测评试题质量的一个重要指标参数，它和区分度共同影响并决定应试者测评的鉴别性。难度一般用以下公式计算：$P=R \div N$（P 代表试题的难度指数，R 代表试题的答对人数，N 代表考生人数）。难度指数越高，表示试题越容易；难度指数越低，则表示试题越难。一般认为，试题的难度指数在 0.3～0.7 之间比较合适，整份试卷的平均难度指数最好控制在 0.5 左右，高于 0.7 和低于 0.3 的试题不能太多。编制试题和组配的试卷，必须着重掌握好及格线，及格者应当是确实达到了课程标准（教学大纲）规定的基本要求者。

4．区分度

区分度是反映测评试题区分应试者能力水平高低的指标。试题区分度高，可以有效拉开不同水平应试者分数的距离，使高水平者得高分、低水平者得低分，而区分度低则反映不出不同应试者的水平差异。试题的区分度与试题的难度直接相关，通常来说，中等难度的试题区分度较大。另外，试题的区分度也与应试者的水平密切相关，试题难度只有等于或略低于应试者的实际能力，其区分度才能充分显现出来。区分度可用以下公式计算：$D=(H-L)\div N$（D 代表区分度指数，H 代表高分组答对题的人数，L 代表低分组答对题的人数，N 代表一个组的人数即高分组与低分组人数之和）。区分度指数越高，试题的区分度就越强。一般认为，区分度指数高于 0.3，试题便可以被接受。

5．信度

信度是指测评应试者所测得的结果的一致性或稳定性，信度高的试题，受偶然因素影响小，对任何学生的多次测定都会产生比较稳定的、前后一致的结果。稳定性越大，一致的程度越高，就意味着测评结果越可靠。相反，如果用某套试题对同一应试者先后进行两次测试，结果第一次得 80 分，第二次得 50 分，结果的可靠性就值得怀疑了。信度通常以两次测评结果的相关系数来表示。相关系数为 1，表明测评工具如试卷完全可靠；相关系数为 0，则表明该试卷完全不可靠。一般来说，人才测评都要求信度在 0.7 以上。信度可用再测信度、复本信度和内部一致信度三种方法来进行评估。再测信度是指将同一试卷在相同的条件下对同一组考生先后实施两次，两次测评结果的相关系数。复本信度是指用两份或几份在构想、内容、难度、题型和题量等方面都平行的试卷进行测试，测评结果之间的相关系数。内部一致信度是指试卷内部各题之间的一致性，通常是将试卷一分为二，然后计算一半试卷与另一半试卷之间的相关系数。

6．效度

效度是指测评的有效性和正确性，效度高的试题，能较准确地测出学生掌握知识和运用知识的真实程度。即测评是否测量了它要测定的东西，是否达到它所预定的测评目标。效度是一个相对概念，而不是一个绝对概念，即效度只有高低之分，而没有全部有效和全部无效之分。效度从种类上可分为卷面效度、内容效度、构想效度、预测效度和共时效度。

【方法指导】

8.4 课程考核方案的制订

制订课程考核方案可从以下几个方面考虑：

（1）考核原则。

每门课程应当结合课程的特点，确定课程考核的原则。课程考核原则总体上应遵循课程教学模式关于重视形成性考核的要求，重视职业能力训练项目完成情况的考核，重视学生学习过程主观性表现的考核，重视纳入能力证据，同时要体现具体课程的自身特点。

（2）考核项目。

要明确规定考核项目，考核项目可以从以下几个方面考虑和设定：

①学习过程常规考核：考核学习态度、学习纪律、到课率、课堂表现、平时作业及职业行为养成等方面情况。

②单项职业能力训练项目考核：考核每一个单项职业能力训练项目完成情况。

③综合职业能力训练项目考核：考核综合职业能力训练项目完成情况。

④期末卷面笔试：考核知识识记、理解、应用等情况（根据课程特点的不同予以选择，有些课程完全可以用综合职业能力训练项目考核来替代卷面笔试）。

⑤职业能力证据：考核学生结合课程学习，参加行业或企业相关职业活动，考取职业资格证书或技能等级证书的情况。

（3）考核方式。

考核方式与教学目标相匹配，可包括课堂管理记录、实际操作、口试、笔试、作业评价、成果展示、个别过关、分组评价、书面练习、结果呈现、学生作品展示等。例如针对目标一，采用提问的方式进行测评；针对目标二，采用板演的方式进行测评；针对目标三，采用书面练习的方式进行测评；针对目标四，采用小组展示的方式进行测评。

常见的考核方式有以下几种：

①完全过程考核。

完全过程考核适用于专项实训、顶岗实习、毕业设计及答辩、自选课等课程。教师针对每个项目或任务都要制定详细的考核标准，赋以分值，作为评价学生完成任务情况的依据。

②过程考核+终结考核。

课程成绩由过程考核成绩和终结考核成绩按比例组成。例如，过程考核成绩占总成绩的60%，终结考核占总成绩的40%。终结考核方式为笔试，即试卷考核。考核内容以完成课程对应的典型工作任务所需的应用性知识为主，考核题目应注重问题和情境的创设，教师应设计一定比例的开放性题目，考核学生对知识的综合应用能力。

③以证代考。

适用于有对应技能证书考试的课程。以学生参加相应技能证书考试成绩代替终结考核成绩，占总成绩合适的比例；过程性考核成绩占总成绩合适的比例。

（4）评价工具。

结合教学内容和教学目标创建评价量规、自我评价表或其他评价工具，向学生展示他们将如何被评价（来自教师和小组其他成员的评价），以便学生用它对自己的学习进行评价。

在课堂教学活动中，如果需要对学生进行过程性评价和成果评价，应该设计相应的评价量表。为了使学习者了解学习任务完成后的状态，有必要让他们预先知道将如何对他们的学习过程和学习结果进行评价。

（5）考核标准。

设定各个考核项目的要求、分值及评判细则。这里特别要注意的是，如果有对应的国家、行业或企业职业岗位资格标准的，考核标准必须与其一致。

8.5 课程考核评价的常用方法

课程考核评价采用的具体方式也是多种多样的，例如课堂提问、讨论、练习、作业和各种测验等。教师究竟采用什么考核评价方法，运用何种考核评价手段，还需要根据考核评价的目标、性质以及教学的实际情况而定。

课程考核评价的常用方法如下：

(1) 课堂练习。

课堂练习是进行形成性评价常采用的方式，是检验学习效果的重要一环。主要考查学习者对课程中所涉及的基本概念、基本原理的理解掌握程度，以及将课程中的基本知识转化成对实际问题的分析能力。

(2) 教学测验。

测验是了解学生认知目标达标程度的最常用工具，它要求学习者在规定的时间内完成一定量的任务，它是实现测验评价的主要工具之一。

(3) 作品展示。

作品展示即学习者根据所学的知识，针对某一主题独立完成任务并以成果的形式（如电子作品、解决方案、研究报告、网页等）来展示自己的学习所得。

作品展示评价涉及学生创造成果或完成所要求的任务的过程，在反映真实世界复杂性的同时可对学生进行多方面的测量，评价的过程中学生有机会显示其广泛的才能。

目前作品展示评价已成为一种得到普遍认可的评价方式，虽然它们有各自的评价标准，但其共通的质量标准可以反映出学习者的能力水平。

(4) 调查问卷。

调查是通过预先设计的问题请有关人员进行口述和笔答，以获取所需资料的一种评价方式。通过它可以了解学生的学习兴趣和态度、学习习惯和学习意向，了解各方面对教学过程和教学效果的意见，为改进教学或学习资源提供依据。

为保证评价的合理真实，必须事先对付诸实施的调查问卷进行精心的设计。问卷可分为结构型问卷和非结构型问卷两大类。

(5) 评价量规。

评价量规是一种结构化的定量评价标准。从与评价目标相关的多个方面详细规定评价指标，具有操作性好、准确性高的特点。

评价量规中的各项指标是具体化、行为化、操作化的内容，它应该与所要评价的总体目标相一致；各个指标应涵盖所评价对象的所有方面；评价量规中的各个指标项应该是不可再分的和相互独立的；评价整个量规应该是一个完备的系统。

(6) 学习档案袋。

学习档案袋是指根据一定的使用目的有意识地收集学生表现的作品和其他证据，通过合理的分析和解释，反映学生学习的成就、努力和进步，并通过反思促进学生的发展。学习档案袋具有以下特征：

①档案袋的基本成分是学生作品，而且数量很多；
②作品的收集是有意而不是随意的；
③档案袋应提供学生发表意见和对作品进行反省的机会；
④教师要对档案袋里的内容进行合理的分析和解释。

8.6 课程考核评价的基本要求

课程考核既检测教师"教"的质量和教师的教学效果，借以调整教学方式，改进教学方法，又可检测学生的学习情况和"学"的质量，反映学生掌握知识的程度和运用知识的能力，促使学生改进学习方法，进行查遗补漏。

（1）考核评价方式与主体要求。

课程的考核评价标准完整且符合人才培养目标，并对学生的学习起到正确引导作用。

评价方式要多样，能对知识、技能和素质三个方面进行考核，过程考核和结果考核相结合，过程性考核与终结性考核相结合，实现教学、评价、反馈、改进的闭环控制。

评价主体要多元，形成教师、学生、社会多方评价体系，采取学生自评、学生互评、教师评价、校外专家评价相结合的考核方式。

（2）命题的要求。

以课程标准和教材为主要依据，以本学期学习的内容为知识范围，主要考查学生的基础知识、基本技能，以及运用知识综合、归纳、分析问题的能力。给学生自由思维的能力，注意考查学生的创新意识和探究精神。试题难度适中，遵循由浅入深、由易到难的规律。一般要求基础知识题占70%；综合、归纳、分析等中等难度的试题占20%；考查创新能力的难度较大的试题占10%。要保证95%的学生在合格范围，又要有一定的区分度。

（3）监考的要求。

任课教师要严格执行考试纪律，按照监考的有关规定认真监考，严肃考风、考纪，杜绝作弊现象发生。如实认真填写考场情况记录单。

（4）评卷的要求。

批改试卷要严肃认真，做到扣分有理、给分有据，做好统分工作。

（5）评价分析的要求。

每位教师都必须认真及时做好各种类型考试的质量分析，从中找出存在的问题，并提出解决问题的方法、方式与手段，指导学生找问题、查原因。认真写好质量分析报告。同时，认真分析、总结教学中存在问题，不断改进教学方法。

【诊断改进】

8.7 课程考核的诊断与改进

认真剖析与领会如表8-2所示的课程考核质量诊断样例，对一门课程的考核情况进行全面诊断，并根据诊断结论提出可行的改进建议。

表8-2 课程考核质量诊断样例

诊 断 项 目	诊 断 标 准	评 价 依 据
考务管理	是否有专职人员负责考务管理工作，岗位职责是否明确	相关考试制度

续表

诊断项目	诊断标准	评价依据
考试安排	考试日程安排是否合理，是否符合教学进程；是否有详细的考试要求、考试时间、地点、班级、监考人员、考生等安排，考场设置是否规范	考试安排表等考试相关文档
试卷归档	试卷装订是否统一规范；记分册、考试记录表、出题计划、评卷标准、试卷分析表等资料是否齐全，试卷是否有专人负责保管存档	归档考卷等资料
命题质量	命题是否符合课程标准要求，试题是否基本覆盖知识点，内容是否有重复，内容是否有错误，题意是否明确，命题难易是否适当，题量是否适中，是否有适量考核灵活运用能力的题目，基础题、综合题和提高题的结构是否合理，试题类型是否多样灵活，是否与课程性质相符，试题及标准答案是否准确无误	课程标准、出题计划、试卷内容、标准答案
卷面质量	卷面总分是否 100 分，各题分值是否标注清楚，试卷文字、符号、图表是否清晰	批阅的试卷
试卷规范	格式、标题是否正确，是否使用考试标准样卷格式，试卷眉头是否填写完全，页码标注是否准确无误，是否有 A、B 卷	试卷
领卷、分卷与收卷	监考人员按规定要求提前领取试卷，准时分卷，及时收卷并上交，各环节及时、准确	考试安排、考场记录、巡考记录等
监考	监考人员责任心强，坚守岗位，严格执行考试管理制度，严肃考试纪律，认真填写考场记录表	
巡考	有院（系/部）领导及教学管理人员巡考，能全过程监控并及时发现和妥善处理考试过程中出现的问题	
过程考核	过程考核制度完善，考核认真，学习过程成绩记录完整，平时成绩包含项目及比例是否合理	平时成绩记录
阅卷评分	有评分标准，评分标准具体、明确、周密，可操作性强，参考答案和评分要点是否详细、齐全、正确	评分标准及标准答案
	严格按照评分标准进行阅卷，评分客观公正，核分准确无误；有复评复查记录。统分是否有错误，阅卷人和复查人是否签名	试卷批阅情况
成绩册	成绩册填写符合要求（成绩记录册中的平时成绩来源包括：出勤记录、作业、实践性教学等）；成绩有无漏登错登；无成绩的学生是否填写原因；成绩册是否按规定签字	成绩册
成绩录入	按规定时间和要求录入成绩，成绩登记准确，填写规范、完整	成绩记录
质量分析	成绩分布是否合理，对考试质量分析是否具体，对改进教学的意见分析是否具体，负责人签字情况是否齐全	试卷分析及成绩分布状况
试卷管理	试卷是否按序装订成册，以教学班为单位进行归档，答题册叠放顺序与课程成绩单名单顺序保持一致；试卷装订是否美观整齐；试卷档案材料保存是否规范、齐全，试卷材料包括样卷、评分标准和参考答案、学生答卷、成绩记录册、试卷分析表、参考记录表（记录在试卷封面上）；有无保密措施；试卷命题和印制的审核、审批手续齐全	装订的试卷、试卷材料

8.8 实训课程考核的诊断与改进

认真剖析与领会如表 8-3 所示的实训课程考核质量诊断样例，对一门实训课程的考核质量进行全面诊断，并根据诊断结论提出可行的改进建议。

表 8-3　实训课程考核质量诊断样例

诊断项目	诊断要求
纪律表现	无迟到、无早退、无旷工，虚心请教他人和老师，能认真填写实训手册，有团结协作精神，能爱护企业单位设备器材，能保持工作环境整洁，能完全遵守《学生实训守则》
操作过程记录	观察详尽仔细，操作规范、认真，安排科学，能认真记录操作过程，成功完成每个实训任务/项目
综合表现	跟实训小组同学协调良好，实训过程积极主动，虚心好学，严格要求，能服从指导教师的安排，纪律、出勤、实训任务完成良好
专业综合技能	实训过程中能充分灵活地运用知识、技能。全面完成实训中的各项要求
综合能力考核	考核操作能准确、顺利、无误、独立、准时完成
实训报告	实训报告有较丰富的实际材料内容，并能吸收新的知识，具有一定的独立工作能力，按规定时间上交，报告格式规范，字迹清楚，内容详尽、完整，实训分析总结正确，能提出合理化建议或有创新见解，实训报告无抄袭现象

8.9　课程考核试卷的诊断与改进

课程考核试卷质量分析表如表 8-4 所示。

表 8-4　课程考核试卷质量分析表

课程名称								
考试班级						任课教师		
成绩分布情况表	分数段	50 分以下	50~59	60~69	70~79	80~89	90~100
	人　数						
	百分比						
	最高分		最低分		及格率		平均分	
考试内容是否符合课程标准要求		□符合　　□基本符合　　□不符合
难易程度	较难题占比（%）		中等题占比（%）		基本题占比（%）	
知识点覆盖面比（%）						
题型有哪几种						
试卷分量（选择）	□太多　　□太少　　□适中
评分标准答案	是否准确公正（是/否）
试卷质量分析（含试卷最突出的优点、缺点）：   　　　　　　　　　　　　　　　　　　　　　　　　　　　　试卷质量分析人： 　　　　　　　　　　　　　　　　　　　　　　　　　　　　　　年　　月　　日

试卷质量诊断样例如表 8-5 所示。

表 8-5 试卷质量诊断样例

诊 断 项 目	诊 断 要 点
试题质量	有无课程标准；命题是否规范，是否符合课程标准的要求；试卷题量是否适当，分值是否合理；试卷难易程度是否适当；题型是否多样，主观题和客观题比例是否恰当；试题是否有错漏；试题分值分布是否合理，标注是否规范；卷面格式是否规范且符合学校规定；试题是否按规定审批；A、B 两套试卷覆盖面、难易程度、题型、分量、试卷试题重复率是否符合要求；是否有一定比例的考核运用理论知识分析问题和解决问题的能力的试题；基本知识与综合知识题目分值比例是否恰当
参考答案及评分标准	是否有参考答案及评分标准，评分标准参考答案是否合理规范；答案是否正确，有无错漏；客观性试题答案是否确定；主观性试题答案是否有得分要点
卷面质量	试卷文字、插图是否工整、清楚、准确；试卷有无错误；试卷排版是否合理；课程代码与课程名称是否符合要求（按课表名称）
评卷质量	是否按照试题参考答案及评分标准评阅试卷，评分是否合理，记录是否完备；批阅记分是否规范，无漏批、无错批，统分无错误；有无随意更改分数现象；成绩更改是否有签名，是否有涂改现象；集体（个人）阅卷是否规范；阅卷后是否有审核
试卷分析	是否有试卷分析表，对学生考试卷面成绩进行结构性评述，对试卷考核范围、难易程度、区分度进行分析，对学生出错率高的共性问题进行总结，对考试中反映出来的问题有针对性的改进措施；学生成绩是否呈正态分布；分析是否客观公正

以一门课程的考核为例填写如表 8-4 所示考核试卷质量分析表，然后认真剖析与领会如表 8-5 所示的试卷质量诊断样例，并从以下几方面诊断课程考核试卷的质量，根据诊断结论提出可行的改进建议。

（1）成绩分布情况分析：从各个分数段学生人数分布情况看成绩是否符合正态分布规律，如不符合，分析其原因。

（2）试卷内容覆盖面情况分析：考试内容是否覆盖课程所有项目，是否与课程标准、所学专业岗位应用能力要求一致。

（3）难易程度分析：试题难度、深度是否与课程标准、教学要求相符。

（4）学生对知识点掌握情况分析：对学生失分较多的题目和失分较少的题目，分别分析其原因。

（5）改进建议：在今后的命题过程中，应当注意哪些问题，有什么意见和建议；在今后的授课过程中，应当注意哪些问题，在哪些方面需要改进，哪些方面需要加强；学生今后在该门课程的学习过程中，应从哪些方面入手，怎样才能学好该门课程，有哪些具体建议。

8.10 "市场营销"课程考核方案的诊断与改进

试运用本单元所介绍的课程考核方案的制订方法，根据课程考核评价的基本要求和如表 8-1 所示的课程考核质量标准，诊断以下"'市场营销'课程考核方案"的完整性、可行性、先进性，并根据诊断结论提出可行的改进建议。

"市场营销"课程考核方案

"市场营销"课程以学生的实践课业成果及其表现作为考核依据，建立一整套以能力评价为目标、以单元课业评价为基础的评价体系。把课业评价"嵌入"整个教学过程，即对四个教学单元学生所完成的课业进行基本技能、综合技能、通用能力的全面评价。创新设计了操作便捷的《评估考核手册》对课程的 17 项课业进行考核。课业评价采用"教师、学生、企业、社会"相结合的评价方法。即教师公开、公平评价，学生参与评价，企业加入评价，社会考证评价。通过课程评价改革，增强了学生学习信心，极大地发挥了学生学习的主动性和积极性，充分地展示他们的才能。

一、考核目的

通过对学生综合职业能力的评估考核，检验学生能否理解市场营销学的基本概念、原理和方法，能否将所学知识和方法应用于企业的营销实践活动中，使学生真正掌握营销岗位所需要的专业技能，检验学生是否具备日后走向工作岗位所需的综合性职业素质，即通用能力。

二、考核标准

1. 专业知识和技能评估标准

（1）检验学生是否对"实践教学的重要性""营销重要性""现代营销观念重要性"有所认识，有否参与实践教学的积极性，有否学好市场营销学的兴趣。

（2）检验学生能否把所学的"营销调研""营销环境"理论，运用于市场调研的实践活动，独立完成一份有关市场的营销调研报告，基本掌握"市场营销调研"技能。

（3）检验学生能否把所学的"目标市场定位"理论，运用于市场开发的具体实践，撰写一份目标市场定位分析报告；基本掌握"市场开发分析"技能。

（4）检验学生能否把所学的"产品、价格、分销、促销策略"理论（也称 4PS），运用于企业营销活动中，独立设计一套较完整的、具体的企业营销计划方案；基本掌握"4PS 营销计划"技能。

2. 通用能力评估标准

（1）检验学生自我管理能力有否提高，对自己的学习有目标、有计划、能自觉执行；能明确教学纪律与学习责任。

（2）检验学生自主学习能力有否提高，能否自我调节学习心态、培养学习兴趣、掌握有效的学习方法。

（3）检验学生交流表达能力有否提高，学生在学习中是否注重自己语言、书写表达能力的锻炼，能够善于交流，善于表达。

（4）检验学生团队合作能力有否提高，学生在学习时是否积极融入集体之中，发挥团队之力量，取得了较大成绩。

（5）检验学生评判创新能力有否提高，学生对教学能否开展评判性思考，注重学习创意性的发挥。

（6）检验学生信息技术应用能力有否提高，学生能否运用现代信息技术有效地、创造性地为教学和自己的学习服务，提高学习效果。

（7）检验学生刻苦耐挫能力有否提高，学生在学习中是否发扬不怕困难、敢于拼搏、百折不挠精神，克服困难、挫折。

（8）检验学生应急应变能力有否提高，学生在教学中对突发事件、未能预期事件能否靠自身力量来加以解决。

三、考核方式

1. 采用"过程性"考核

（1）课程评估考核分为四个教学单元，对每一单元教学的学生通用能力培养、基本技能训练和综合课业训练都进行评估考核。

（2）四个教学单元的评价分值比例分别为 10%、30%、20%、40%。

（3）每一教学单元的通用能力、基本技能、综合实践课业的评价分值比例为 30%、30%、40%。

2. 采用"公开、公平"考核

（1）教师在学习开始之际将有关的评估考核标准预先告知学生，学生根据有关标准要求，确立自己的学习目标，明确作业要求，规范学习行为。

（2）学生可以根据评估标准评判教师评分是否正确、合理。确保在评价考核中每个学生都应得到平等的对待，公正地评价每个学生的学习成果与表现。

3. 采用"学生参与式"考核

（1）对教师的评分结果允许学生提出质疑，并给予公正处理，每份作业的评分都要求学生反馈意见，给予学生提出质疑的机会。确有不合理处，教师应马上修正。

（2）通用职业能力的评估考核，学生在教师指导下采取自主打分，来锻炼学生的自我评价能力和对他人的评价能力。

4. 参加社会评价

实践应用课业可由企业评价；帮助学生参加"商业助理营销师"考证。

单元9 教学质量诊断与优化

保证和提高教学质量是教学管理的最终目的。加强教学管理是稳定教学秩序、严格教学纪律、提高教学质量的重要保证。必须牢固树立质量意识和全面的质量观，坚持严格的质量标准，有效促进"三全"（全员，全过程，全方位）管理落到实处。

【目标设置】

9.1 明确教学质量管理的目标

1. 建立科学合理的教学诊改体系

要从影响学校教学质量的内外部各主要因素（教师、学生、管理、制度、体制等）入手，加强教学管理工作，严格把好质量关，促进教学管理的规范化、科学化，形成分析、评价、反馈、改进制度，营造良好的教学环境，达到最佳教学效果，从而全面提高教学质量，保障学校人才培养目标的实现。

2. 建立教学质量检查考核制度

制定科学的、可操作的教师教学质量考评指标体系，建立日常的教学检查和阶段性教学质量检查制度，加强对教师教学质量考评。

3. 强化教学全过程的管理

（1）招生过程的质量管理，主要是把好新生质量关，搞好招生宣传、招生录取、新生入学后的复审等工作。

（2）人才培养方案实施过程的质量管理，主要是人才培养方案的制定和分步实施。

（3）教学过程的质量管理，主要是把好教学过程各个环节的质量关。

（4）教学辅助过程的质量管理，主要是提供充足的最新图书资料，提高使用现代化教育教学手段的水平和教学管理人员的服务质量。

（5）实行科学化的考试管理，主要是建立科学的考试工作程序和制度，严格考试过程管理，进行必要的试题及试卷分析，做好考试与课程教学工作总结。

（6）实行毕业生质量的跟踪调查制度，全面了解毕业生的工作适应程度，以及毕业生在用人单位的工作表现和用人单位的意见，加强学校人才培养与社会现实需求的紧密衔接，进一步推动和深化教学改革，培养高端技术技能型实用人才。

4. 加强教学工作督导制

充分发挥教学工作督导组织作用，积极开展经常性的教学工作督导，及时提供质量信息。

5．完善听课制度

学校主管教学的校领导及教务处负责人、二级学院院长（系、部、中心主任）、教研室主任定期深入课堂听课（包括实训、实习课），全面了解教师授课与学生学习的情况，及时解决存在的问题。二级学院（系、部、中心）应积极组织教师进行课堂教学观摩。

6．有效开展教学诊改工作

教学诊改是调控教学工作的重要手段，教学诊改工作应经常化、制度化。开展教学诊改工作要与日常教学管理与建设相结合，以教师教学和学生学习为重点，建立起科学的诊改指标体系。学校建立诊改办公室，全面负责学校的教学诊改工作。

7．建立教学状态数据信息的采集和统计制度

对新生入学基本情况、学生学习和考试情况、毕业生质量及就业情况等主要教学信息，定期采集并进行统计分析，不断改进学校的教学工作。

【标准制定】

9.2 教学管理的质量标准

教学管理的质量标准的一级指标包括组织体系、专业建设、课程管理、师资队伍建设、设备设施管理、教学过程管理、教学质量监控、教研与教改工作等方面，具体的质量标准阐述如下。

1．组织体系

教学管理质量标准的组织体系标准如表 9-1 所示。

表 9-1　教学管理质量标准的组织体系标准

二级指标	质量标准	诊断依据
组织机构	教学管理组织体系健全，管理队伍数量、结构合理，各教学管理机构职责权限清晰。	有关文件和岗位职责
管理制度	按照教育部和省教育厅有关要求，建立健全教学管理制度，教学管理制度化和规范化。教学管理制度经学校正式颁布并汇编成册，涵盖了组织体系、教学过程、教科研管理及师资队伍建设、教学改革、专业建设等。近两年结合实际适时更新相关制度	制度汇编和补充规定等相关资料
计划管理	教学工作有计划，有落实，有总结。近两年学校教学工作计划与总结、职能处室教学工作计划与总结、院（系、部、中心）或教研室（组）教学工作计划与总结齐全	近两年教学工作计划、总结
教学档案与教学资料	按照教育部和省教育厅有关规定，日常教学档案、资料保存完好，教学档案、教学资料收集、整理、立卷、移交、查阅、存档等管理严格、规范，信息化水平高。 学校教学文书档案由职能处室负责收集，按学年建档、保管，档案资料清晰完备。学校教学业务档案由职能处室负责收集，按专业、年级建档，学生毕业后交学校档案室保管，档案资料系统清晰完备。 学校为每位教师建立了业务电子档案，反映教师每学年度授课课程、继续教育状况、参加教研情况、教科研成果、各级各类获奖情况，电子档案齐全，一目了然	教学档案及有关电子文档

2．专业建设

教学管理质量标准的专业建设标准如表 9-2 所示。

表 9-2 教学管理质量标准的专业建设标准

二级指标	质量标准	诊断依据
专业设置与开发	紧贴区域经济社会发展需求设置专业,注意专业开发与拓展,专业结构合理。结合区域产业结构制定学校专业建设规划。专业设置、开发与拓展有市场调研、人才需求分析和专家论证报告。专业设置与区域经济需求结合紧密,注重新兴专业开发,专业结构不断调整优化,学校专业特色基本形成	专业建设规划,专业设置与调整论证报告,专业设置一览表等
人才培养方案	各专业实施性人才培养方案齐全、规范,通过学校网站向社会集中公布。结合市场和职业岗位能力变化,充分调研和论证,滚动修订人才培养方案,并严格执行。人才培养方案制订、修订程序规范,审批手续齐全	专业人才培养方案、市场调研报告、执行课表、修订审批手续等材料
重点专业建设	专业建设思路清晰,有重点建设专业,重点专业建设措施得力,取得一定成效,形成示范专业(群)	学校专业特色与示范性材料等资料

3．课程管理

教学管理质量标准的课程管理标准如表 9-3 所示。

表 9-3 教学管理质量标准的课程管理标准

二级指标	质量标准	诊断依据
课程标准	积极推进课程改革,课程标准齐全、格式规范、要素齐全,符合人才培养要求和职业岗位要求。 课程标准编制、调整程序规范,审批手续完备,并严格执行	课程标准及相关程序材料
课程开设及教材使用	各类课程规范开设均开足开齐。教材使用规范,手续齐全,有《教材选用审批表》《教材使用登记表》等过程性文件。	教材选用审批表、教材使用情况登记表、教材管理等相关资料
校本教材	重视开发必须的校本教材,校本教材符合技术技能型人才培养的实际需要,能反映区域经济社会发展及职业岗位变化需求。 校本教材特色鲜明,质量高于同类教材	校本教材统计表及样本等相关资料
资源开发与利用	重视教学资源库开发与积累,并合理利用。 购买或开发了相关教学资源,教学资源形式多样,内容丰富。 拥有网络教学平台,数字化教学资源库实现资源共享,在教与学中发挥良好作用	网络、资源库等相关信息资料
选修课程	开设发展学生个性、兴趣和特长,发挥学生潜在能力,增强学生就业创业能力的选修课程。专业特色、校本特色的选修课程开设率高,学生选课率高,教学效果好	听课、查阅教学计划、问卷调查

4．师资队伍建设

教学管理质量标准的师资队伍建设标准如表 9-4 所示。

表 9-4 教学管理质量标准的师资队伍建设标准

二级指标	质量标准	诊断依据
建设规划	师资队伍建设目标明确,措施有力,有中、长期规划和学年培养计划。有专业带头人、骨干教师及青年教师等培养计划,实施情况良好	培养规划与培养计划

续表

二级指标	质量标准	诊断依据
师资结构	教师数量、学历、职称、结构合理。有满足教学工作的教师队伍，教师数量适当，学历、专业结构合理。 骨干专业中副高以上职称教师比例在30%以上，其他专业均至少有1名本专业副高以上职称教师。 有一定数量专业带头人，有一支水平较高的兼职教师队伍	专职专任教师、兼职教师基本情况一览表等相关资料
师资培训	重视专业带头人和骨干教师培养，重视青年教师培养。专业教师每3年赴企业实践不少于6个月，师资培训有计划、有制度、有经费，措施有力，并执行到位	近两年师资培训计划、总结、培训记录、下企业实践等相关资料
教师考核	建立和健全教师考核制度，每年度开展教师教学质量考核。教师教学水平普遍较高，学生满意度较高。教师积极参与教科研活动	教师考核制度、考评资料等，教科研成果相关资料

5. 设备设施管理

教学管理质量标准的设备设施管理标准如表9-5所示。

表9-5 教学管理质量标准的设备设施管理标准

二级指标	质量标准	诊断依据
制度制定与执行	校内实验实训设施、校园网、图书馆、体育场馆等管理职责明确，规章制度健全。规章制度执行有力，措施到位，效果良好	制度与资料
使用与维护	设备购置、使用、保管及维修等制度健全，职责明确；相应手续齐全、程序规范。年度实训（实验）教学计划、设备及材料使用计划科学合理，执行到位。充分发挥设施设备效能，设备使用记录完整，实训（实验）室利用率统计正常开展，设施设备完好率、利用率高，保管、使用、维修程序规范	设备台账、器材耗材购置票据等资料

6. 教学过程管理

教学管理质量标准的教学过程管理标准如表9-6所示。

表9-6 教学管理质量标准的教学过程管理标准

二级指标	质量标准	诊断依据
教学常规	教学常规管理规范、细致。教学认真备课、认真上课、认真布置与批改作业、认真辅导与组织课外活动、认真考核"五认真"执行到位。学校教风、学风积极向上。 每学期至少开展1次全校性的教学常规检查，开展1次全校性的教科研学习活动	校历表、作息时间表、教学进程表、课程表、教学日志"四表一志"，教科研学习记录、教研室（组）学习活动记录、教师教案讲稿、学生作业本等资料
实践教学	落实专业人才培养方案和课程标准中对实践教学环节的要求。重视实践教学的组织、设计、管理与考核，实践教学质量高	学生训练作品及相关资料等
现场实习	具有稳定的能满足全体学生顶岗实习要求的校外实习基地。 建成一批稳定的、满足实习要求的校外实习基地。 学校与实习单位共同制订实习计划，有效实施、及时总结。 实践教学严格执行人才培养方案和课程标准。实践教学定课题、定时间、定工位、定考核。实践教学有组织、有指导书、有实施（学生实训报告、教学授课记录）、有检查（检查记录等）。 学校和实习单位均安排实习指导教师，指导学生实习，定期考核，学校定期检查顶岗实习工作，学生对实习满意度高	协议、计划、学生实习报告或实习手册、毕业设计、总结等

7. 教学质量监控

教学管理质量标准的教学质量监控标准如表 9-7 所示。

表 9-7　教学管理质量标准的教学质量监控标准

二级指标	质量标准	诊断依据
监控体系	建立完整的教学质量监控体系，形成教学质量监控网络，形成日常教学检查和阶段性检查制度。开展教学督导、领导听课、学生评教、教师评学、教师互评等活动，及时反馈并对发现的问题加以整改。 每学期开展一次综合教学质量检查分析，定期检查教师教案和学生作业布置批改情况。建立教学事故认定、调查、追究、处理责任制度	有关文件、活动记录、教学事故处理记录等相关资料，听课记录本
考核与评价	注重改革考核评价方式，建立多元评价制度，运用多元评价方式，终结性评价与形成性评价有机结合。 实行教考分离，建立试题库，认真做好命题、监考、阅卷、成绩评定、试卷和质量分析工作。 开展技能鉴定工作，技能大赛制度化。校内技能大赛覆盖到每个专业、每位教师、每位学生，参加各级各类技能大赛成绩优良	反映考核与评价方式改革的有关文件资料、试卷及成绩分析等，技能大赛、创新大赛等获奖情况，学生技能鉴定成绩

8. 教研与教改工作

教学管理质量标准的教研与教改工作标准如表 9-8 所示。

表 9-8　教学管理质量标准的教研与教改工作标准

二级指标	质量标准	诊断依据
人才培养模式	更新人才培养观念，积极探索新的人才培养模式，有方案、有措施、有成效。校企合作、工学结合等新的人才培养模式落到实处，在区域或同类学校中产生积极影响	校企合作有关协议等资料
教学模式、方法和手段	创新教学模式与教学方法，充分发挥教师主导、学生主体的作用，科学运用现代化教学手段	实施教改有关资料
教科研工作	教研、科研各项规章制度健全，编制和实施教研、科研工作规划，教研、科研工作与人才培养、社会服务功能结合紧密。 教学改革有方案和实施计划，教学改革实施措施得力，成效显著。 校内课题立项制度完善，形成有效的激励机制。有科研管理队伍，建立名师工作室，教研、科研骨干教师培养计划得到有效实施。 承担各级教研、科研课题，按计划开展，成果丰硕	科研资料、课题立项书、科研成果等

9.3　教学文件制定与修订的质量标准

各类教学文件是指导高职院校教学活动的依据，其中"人才培养方案"是学校办学理念、办学思想和办学定位的集中体现，是实现人才培养目标、指导学校教学工作的基础性教学文件。"课程标准"与"课程考试标准"是进行课堂教学和课程考核的执行依据。其他各类教学文件则是对教学活动各具体环节的进一步规范。制定的教学文件的质量和执行环节中的可操作性，是衡量教学单位教学管理质量的一个十分重要的考核指标。因此，其制定应具有科学性、可操作性、前瞻性，在制定过程和执行过程中应不断完善，应对教学质量的提高起到真正的促进作用。

教学文件制定与修订的质量标准如表 9-9 所示。

表 9-9 教学文件制定与修订的质量标准

评价项目	观测点	质量标准
人才培养方案	修订依据	熟悉和了解教育部有关本专业的"专业教学标准",严格按教育部有关专业设置和人才培养的目标要求及"专业发展规划"并结合学校实际制订人才培养方案。人才培养规格与学校办学定位一致,培养目标明确,培养要求具体,各项表述严谨,能与时代发展同步,与时俱进,能借鉴兄弟院校的经验但不照搬,每一项修订均有修订的原始依据
	修订工作程序	修订工作程序规范,严格按学校的总体部署开展修订工作,组织相关人员学习了学校"关于人才培养方案修订的原则性意见",进行广泛认真的讨论,落实修订工作责任人,人人了解培养方案的修订原则、修订依据和修订目标
	编写规范	按学校对"人才培养方案"修订的格式规范实施修订工作。课程编号、课程名称统一,学时、学分、开课学期等基本数据校对准确无误。各类统计数据准确完备。必修课和选修课的课时及学分比例合理,毕业规定符合学校的总体原则
	方案质量	课程体系构建合理,专业特色鲜明。体现了以课程体系结构优化为重点的总体修订原则。加强了平台课程的建设,体现了资源共享的修订要求
	执行情况	在培养方案的实施过程中,严格执行培养方案中的各项规定,不存在随意调整课程方案的现象,少量课程方案的调整能及时提交变更申请,并履行相关手续
课程标准与考试标准	课程标准修订情况	根据"人才培养方案"及时修订各类课程(含实训课程)"课程标准"和"课程考试标准",课程标准内容完备,课程基本信息准确,格式统一规范
	课程标准内容	课程标准的条目清楚,教学目标具体,教学要求明确,教学内容完整,重点、难点突出,教学手段和教学方法先进。考试考核形式合理。教材选用符合学校的要求
	考试标准内容	课程考试标准的条目清楚,考核目标具体,命题要求明确,考核内容涵盖全部教学内容,考核重点突出,考试考核形式多样,注重过程考核。总评成绩组成合理
	课程标准执行情况	严格执行课程标准规定的教学任务,无遗漏教学内容,并能结合课程标准的基本要求更新教学内容,在教学方法和手段上创造性地开展课堂教学,无违背课程标准的现象
	考试标准执行情况	能严格按课程考试标准组织命题,题型、题量及考试成绩组成按课程标准执行,命题内容涵盖面广,题型多样,题量及难度适中,主观题与客观题比例合理,过程考核与终结考核相结合
其他教学管理文本	课堂教学管理	制定课堂教学的明确要求或教学规范
	毕业设计	制定有关毕业设计的管理制度、操作流程、评分标准、岗位职责等
	实训(实验)教学管理	制定实训(实验)教学和实训(实验)指导的相关规定
	考试考务管理	制定考试考务工作的明确要求,考试组织、命题、监考、阅卷、成绩记载等环节奖惩分明,责任明确
	教学业务档案管理	制定教学业务档案管理的相关规定或工作制度,教学业务档案实现了分类管理

【概念解析】

9.4 相关概念的内涵解析

1. 教学管理

教学工作始终是高职院校的中心工作,教学管理在学校管理中占有特别重要的地位。学校的一切人、财、物都应首先服从并服务于教学。

教学管理的基本任务是建立稳定的教学秩序,保证教学工作正常进行;研究教学及其管理规律，改进教学管理工作，提高教学管理水平；树立以人为本的管理理念，努力调动教师和学生两方面的积极性，不断提高人才培养质量。

教学管理的基本内容包括：教学计划管理，教学运行管理，教学质量管理，以及专业、课程、教材、实训室、实训实习基地、学风、师资队伍、教学研究等教学基本建设与管理。

2．教学运行管理

教学运行管理是按人才培养方案对教学实施的最核心、最重要的管理，它包括以教师为主导、以学生为主体的教学过程的组织管理，以及以学校、教学管理部门为主体的组织体系管理。做好日常教学的计划管理，包括编制校历、学期教学执行计划及课程教学进度计划表，编排课程表等。

（1）编制校历。

校历是学校以学年为单元开展各种教学活动的规定性文件，校历内容包括学年内学期周数、各项活动的时间分配、法定节假日、寒暑假、开学日期、实习日期、期末考试日期及全校重大活动的时间安排等。

（2）编制学期教学执行计划。

根据专业人才培养方案及校历制订学期教学执行计划，制订本单位开课计划，确定各教学环节的周学时数及教学场地要求。

（3）编制学期授课计划。

学期授课计划（课程教学进度计划）是课程讲授内容、方式、进度的具体安排表。课程学期授课计划由任课教师根据课程标准和校历安排在学期开学前提前编制，在开学两周内结合教学对象情况完善并提交教研室，经教研室和分管教学领导批准后执行。教研室和分管教学领导应指导任课教师制定课程教学进度计划表，经常检查授课计划执行情况，督促教师按计划完成各项教学任务。各院（系、部、中心）应做好学期授课计划备案存档工作。

3．教学质量管理

教学质量管理必须树立正确的质量观，坚持严格的质量标准，实行全面质量管理，通过不断改善影响学校教学质量的内外因素，建立通畅的信息反馈网络，把目标管理和过程管理相结合，形成教学质量保障体系，从而营造并维护良好的育人环境，达到最佳教学效果。

建立教学质量监控评价系统。根据学校人才培养目标和质量标准，监控教学运行的主要环节和基本秩序，督促引导教师教学质量、学生学习效果和单位管理水平，专项评价教学工程和全面诊改学院（系、部、中心）整体教学质量。

4．教学基本建设管理

教学基本建设是保证教学质量最重要的基础性建设，包括专业建设、课程建设、教材建设、实训基地建设、实训室建设、图书资料建设、学风及职业道德建设、教学管理制度建设等。教学基本建设应以学校发展目标和总体规划为依据，制定相应的分项规划，统筹安排，精心组织，扎扎实实地坚持下去，在每项基本建设中要不断地提出改革措施，创造稳定、良好的教学环境。

5．主要教学环节

主要教学环节包含备课环节、课堂教学环节、作业与练习环节、辅导与答疑环节、实训环节、实习环节、毕业设计环节、产学研合作教育环节等。

【方法指导】

9.5 教学质量的监控体系

1. 教学质量监控的主要环节和内容

（1）教学准备环节。

开学前和学期初，教学质量监控小组检查落实开学准备工作，主要包括任课教师到课情况、课程标准、授课计划、教材，以及普通教室、计算机机房、多媒体教室、语音教室和实训（验）室等准备情况。

（2）教学实施环节。

学期中，教学质量监控小组监督各教学环节的实施情况，主要包括教学秩序、教学进度执行、教案讲稿、课堂教学效果、作业、课外辅导，以及学风建设和教学研究、教学改革等方面的工作。

（3）考试环节。

学期末，教学质量监控小组检查落实考试工作各个环节，主要包括试卷命题、试卷印刷和分装、试卷保密、监考、考风考纪、阅卷和评分，以及试卷和成绩分析等工作。

（4）实践教学环节。

教学质量监控小组监督各实践教学环节的实施情况，各专业教学结果评价的专家组对前期教学进行评价并对实践教学提出指导意见和建议。主要包括专业技能实训标准、综合实训项目、实施方案、综合实训报告、实训（实验）课程教案（或指导讲义）、实训（实验）报告、实训（实验）室记录、毕业设计任务书、教师指导过程记录、毕业设计中期检查表、审查和答辩记录、毕业实习及小结、技能鉴定等。

（5）教学质量评价和反馈系统环节。

开展多角度、评价效率高的网上在线评教，分为学生评教、院（系、部、中心）领导评教、教师同行评教。通过督导员、教学管理人员、教师、学生信息反馈，特别是通过行业企业、社会的信息反馈，接受来自校外的建议和意见，将封闭式评教、督导变为开放式评教、督导。

2. 教学质量监控的运行方式

（1）日常监督。

教学质量监控小组对各教学环节的实施情况进行日常监督，发现问题，及时整改。

（2）定期监督。

教学质量监控小组对教学工作完成情况进行定期监督，对工作完成质量进行评价。

（3）专项监督。

教学质量监控小组对主要教学环节进行专项监督，并以"高等职业院校人才培养工作状态数据采集平台"填报数据为基础，根据状态数据变化，对人才培养工作过程进行监控。

（4）教学督导监督。

学校教学督导室根据其工作职责对学校各个教学环节全方位监督，进行质量评价。

（5）公众监督。

学校开通多种渠道（如院长信箱、教务处信箱、学生处信箱、院领导接待日、投诉热线等）接受教职工、学生、社会对学校教学质量的公众监督。

3．评价与考核

（1）专业评价。

教学工作委员会按照学校专业建设规定，定期开展各专业人才培养工作质量评价。根据社会发展需求，及时进行专业（方向）设置、人才培养目标和人才培养方案的调整。

（2）课程评价。

教务处组织有关专家，按照学校课程建设规定，定期开展课程评价。以课程建设为中心，不断深化课程体系、教学内容的改革，提高课程质量。

（3）教学环节评价。

教学质量监控小组按照主要教学环节的质量标准，对各项内容的检查结果进行评价。

（4）教师教学工作评价。

对教师教学工作的评价从三个方面进行：一是学生对教师师德师风和教学质量的评价；二是教学督导室对教师工作规范和教学质量的评价；三是院（系、部、中心）、教研室对教师教学工作综合质量的评价。教务处组织各项教学质量评优活动。同时，严格执行教学事故认定和处理规定。

（5）学生学习评价。

对学生的学习评价从三个方面进行：一是教师对班级学风学纪和学习质量的评价；二是院（系、部、中心）、辅导员（班主任）对班风学风综合质量的评价；三是学生对班内学习优秀同学的评选。

（6）考核。

每学期，教务处、各院（系、部、中心）根据各项检查记录和评价结果，对各部门和人员的教学工作进行考核，做好总结和分析，制定有效的整改措施。

9.6　教学质量控制

9.6.1　教学运行检查

教学运行检查是对教学计划执行情况和教学任务落实情况进行的检查工作。教学运行检查是对教学运行过程进行监督、评价的质量控制手段。教学运行检查包括定期检查和随机检查两种方式，有期初检查、期中检查和期末检查三种常态形式。教学运行检查的主要内容包括对教学管理状态、教学秩序和运行状态等的检查。

1．质量目标

通过教学运行检查制度建立对日常教学运行全过程的质量保障控制机制，在检查过程中能够使职能部门、教学部门与教师之间教学运行信息畅通，及时发现和解决教学运行中存在的问题，改进影响教学质量的各种因素。

2．质量标准

（1）建立对教学计划执行、教学任务落实以及教学秩序等教学运行状况的检查、指导、督促等质量监控制度和组织体系。

（2）形成定期教学运行检查制度，按时开展期初检查、期中检查和期末检查。

（3）定期开展的教学运行检查要制订详细的检查方案、日程安排和检查要求，并按照检查方案和日程开展教学检查工作。

（4）定期开展的教学运行检查实行告知制度，应事先通告被检查部门和师生有关检查的信息和要求。

（5）教学运行检查过程规范，严格执行检查标准，做好检查记录。

（6）教学运行检查要及时进行总结，指出教学运行的成绩和存在的不足，明确提出改进的意见或建议。

（7）教学运行检查结果要及时提交有关职能部门，并以教学通报、教学会议、教学质量监控简报等方式反馈给被检查部门。

（8）被检查部门应根据检查提出的意见或建议、存在的问题以及学校相关职能部门的要求，提出改进或处理意见，并及时进行反馈。

9.6.2 课堂教学质量控制

课堂教学质量控制就是对课堂教学过程及效果进行全面的价值判断，是学校对教师教学质量的重要评判依据。课堂教学质量控制的主要内容包括对课堂教学准备、课堂教学过程、作业与辅导答疑以及成绩考核全过程的监控与评价。

1．质量目标

建立科学可行的课堂教学全过程的质量监控与评价方法、程序，了解和掌握课堂教学现状，实现对教师教与学生学的过程控制和状态评价，从而达到保障和提高课程教学质量的目标。

2．质量标准

（1）建立课堂教学质量监控与评价办法，明确课堂教学监控与评价的基本原则、具体形式以及评价结果的使用。

（2）建立科学的课堂教学监控内容和评价指标体系，指标体系包括教学准备、教学过程、作业与辅导答疑以及成绩考核等基本内容。

（3）按照规定的时间、程序和方式对课堂教学进行监控和教学质量评价，并具有明确的评价结论。

（4）通过建立学校、教师同行、专家（领导）的教师课堂教学综合评价方式对教师课堂教学质量进行评价，并且根据评价结果分为不同的评价等级。

（5）教师通过严格执行学生课堂出勤制度、形成性考核制度以及理论考试等方式，对学生学习状况进行考核，并评定学生学业成绩。

（6）建立期初、期中、期末以及日常教学秩序检查制度，监控教师组织教学状况和学生课堂学习状况。

（7）建立督导专家、教师同行、管理干部的听课制度，对教师课堂教学质量进行监控与评价。

（8）建立健全考试巡查制度、试卷评阅流水制度、试卷评阅结果抽查制度等，对考核各主要环节进行监控。

9.6.3 实训（实验）教学质量控制

实训（实验）教学质量控制是对实训（实验）教学过程及效果进行全面的价值判断，是学校对教师实训（实验）教学质量的重要评判依据。实训（实验）教学质量控制主要内容包括对实训（实验）教学环节中的实训（实验）准备、实训（实验）指导、实训（实验）操作、实训（实验）结果评价等过程和内容的控制与评价。

1．质量目标

建立科学可行的实训（实验）课程教学过程的质量监控与评价方法及程序，了解和掌握实训（实验）教学现状，实现对教师指导与学生操作的实训（实验）过程控制和状态评价，从而达到保障和提高实训（实验）教学质量的目标。

2．质量标准

（1）建立科学可行的实训（实验）教学质量控制与评价制度和办法，明确实训（实验）教学监控与评价的基本原则、具体形式以及评价结果的使用。

（2）建立科学的实训（实验）教学监控内容和评价指标体系，具有确定的实训（实验）准备、实训（实验）指导与过程、实训（实验）结果评价等方面的控制与评价标准。

（3）按照规定的时间、程序和方式对实训（实验）教学过程进行监控和教学质量评价，并具有明确的评价结论。

（4）通过建立学校、教师同行、专家（领导）的实训（实验）教学综合评价方式对教师实训（实验）教学质量进行评价，并且根据评价结果分为不同的评价等级。

（5）通过建立期初、期中、期末以及日常教学秩序检查制度，对实训（实验）教学组织、教学过程、成绩考核等环节进行监控。

9.7　教学质量评价

9.7.1　教师教学质量评价

教师教学质量评价是根据教学目标和相应的评价标准，在充足的信息收集整理基础上，对教师的教学过程和效果进行评价和判断，是各级教学管理部门开展内部教学质量监控工作的重要手段。教学质量评价的主要内容包括学生、教师、专家三个评价主体对课堂教学、实训（实验）教学、实习教学、毕业设计等主要教学环节的质量评价。

1．质量目标

通过建立科学的教学质量评价制度，形成切合学校实际、操作性强的质量评价指标体系，开展经常性评价活动，使教学管理部门和二级教学部门掌握教学质量状态，使教师获取有利于提高教学质量的反馈信息，从而使教学效果达到人才培养目标设定的要求。

2．质量标准

（1）建立健全科学的教学质量评价的组织机构和评价制度体系，人员齐备、制度健全、责任明确。

（2）建立健全教学质量评价规章制度，教学质量评价指标设置科学合理、操作性强。

（3）制定并实施符合学校实际的教学质量评价方式和方法，形成学生、教师同行和专家三个层面的教学质量评价体系。

（4）根据课堂教学、实训（实验）教学、实习教学、毕业设计等教学环节的不同特点，按照不同的评价指标体系开展不同教学环节的质量评价工作。

（5）结合教学评价开展"教学名师""学生心目中的优秀教师""教学质量奖"等评选活动。

（6）在教学质量评价的基础上形成教学质量评价结果分析报告，根据分析报告修订和调整教学工作计划。

9.7.2 学生学习质量评价

学生学习质量评价是对学生学习状态和学习效果的评价，是教学质量评价的重要组成部分。学生学习质量评价的主要内容包括对课堂学习秩序、学习状态、学习成绩、学习成果等方面的评价。

1．质量目标

通过建立科学的学生学习质量评价制度，形成完善的学生课堂学习秩序、学习状态、学习成绩、学习成果评价标准，按时开展以学习质量评价为主体的"评学"活动，客观公正地掌握学生的学习状态和学习效果。

2．质量标准

（1）建立科学可行的学生学习质量评价制度和组织体系，发挥学生学习质量评价的积极效果。

（2）具有完善的以课堂学习秩序、学习状态、学习成绩、学习成果为主要评价内容的评价指标体系。

（3）定期开展班集体学习状态和学习效果的评选活动，表彰和鼓励学生班集体树立"互助团结、拼搏向上"的学习氛围和风气。

（4）定期开展学生先进个人评选活动，突出先进学生个人的示范与带动作用，促进学生发展。

（5）按照规定的时间、程序、等级和标准，定期开展各级各类奖学金、助学金评定活动。

9.7.3 教学管理质量评价

教学管理质量评价是对教学基层部门以及教学管理人员的教学管理状态和成绩的评价，也是教学评价的重要组成部分。教学管理评价的主要内容包括对教学基层部门和教学管理人员的评价及先进评选活动等。

1．质量目标

通过建立教学管理评价制度，形成具有指导教学管理工作的评价标准，在对教学管理部门和人员工作状态及工作业绩评价的基础上，评选教学管理先进集体和先进个人，引导和督促教学管理各部门、教学管理工作者的积极性，提高管理效率和水平。

2．质量标准

（1）建立科学可行的教学管理质量评价制度和组织体系。

（2）具有以管理工作状态、工作业绩和管理成果为主要评价内容的评价指标体系，评价指标科学合理、可操作性强。

（3）按照规定的时间、程序和标准，定期开展教学管理先进单位、先进个人的评选活动。

（4）具有教学管理评价工作总结和分析报告，分析教学管理中的经验和不足，提出改进教学管理工作的意见和建议，并及时进行反馈和落实。

9.8　教学质量诊改

结合教学工作诊改和各专项诊改制度，建立学校的教学质量诊改制度和诊改指标体系，对二级教学部门教与学等教学状况以及影响教学质量的因素进行诊断，做出相应的价值判断及制定改进措施，促进教学质量的提高。

9.8.1　教学质量诊断

教学质量诊断是学校管理职能部门以及二级教学部门对人才培养过程的主要环节或影响教学质量主要因素的总结和分析，是对教学工作的总结。教学质量诊断主要内容包括生源质量、教与学、成绩考核、人才培养质量等的分析。

1．质量目标

通过对人才培养过程的主要环节或影响教学质量主要因素的总结和分析，比较教学状态与目标要求之间的偏离，查找问题产生的实质，为改进教学资源的配置、强化各主要教学环节质量控制、提高教学质量管理等方面提供决策依据，使教学运行始终保持最优状态。

2．质量标准

（1）教学、学生管理、招生、就业、人事等主要职能部门根据人才培养质量建立教学质量诊断制度。

（2）根据教学质量保障要求，按教学进程的规律，定期或不定期开展常规性教学质量调查、检查与分析。

（3）对在教学过程中发现的共性问题或突出个别问题有专题检查与分析。

（4）确定科学的分析方式和方法，调查分析力求客观、准确，分析样本具有一定代表性，并使之保持一定的连续性和可比性。

（5）教学质量分析要形成分析报告。分析报告的基本内容及数据客观准确且合乎教学规律的逻辑，定性分析与定量分析相结合，有明确的分析结论。

（6）分析结论要肯定、推广成功的经验或正确的措施，客观阐释问题及问题产生的原因，明确规定改进的方式、程度、时限及执行人。

（7）分析报告和结果应在不同层面公布，并及时进行反馈，形成改进方案。

（8）分析结果作为改进教学质量和进行管理决策的重要依据。

9.8.2　教学质量信息反馈

教学质量信息反馈是在广泛收集教学质量信息并对各类信息进行归类、分析的基础上，把对保障和提高教学质量具有重要作用的信息及时传递给有关职能部门、教学部门、教师的过程。教学质量信息反馈包括口头报告、书面报告、教学通报、工作建议、工作总结、分析报告等形式，主要内容包括教学质量状态信息反馈、教学质量分析评价信息反馈及教学质量管理信息反馈等。

1．质量目标

建立教学信息反馈制度，畅通信息收集与反馈渠道，并对各类信息进行分析和整理，通过适当方式反馈给相关部门和个人，使之成为改进教学工作和提高教学质量的重要措施。

2．质量标准

（1）建立教学质量信息反馈制度，完善教学质量信息收集和反馈体系，通过多种渠道获取信息。

（2）根据教学质量信息的性质，把收取的信息通过口头报告、书面报告、教学通报、工作建议、工作总结、分析报告等形式进行信息反馈。

（3）通过建立教学质量分析制度，学校有关职能部门定期或不定期形成系统的教学质量信息。

（4）通过建立日常教学检查、专项检查制度，形成对日常教学质量保障工作的信息收集与反馈制度，及时对收集到的信息进行分析整理。

（5）通过建立教师座谈会制度、接待教师的访问与咨询，听取教师对学校教学质量保障工作的意见和建议，从教师中收集教学质量信息。

（6）通过建立班级教学日志制度、学生座谈会制度、学生信息员制度等，从学生中直接收集教师教学质量保障信息。

（7）学校有关职能部门及时对收集的信息进行分析整理，并及时反馈给有关职能部门、二级教学部门及有关责任人。

（8）学校有关职能部门、二级学院把与管理工作有关的教学信息反馈给有关管理人员。

（9）二级教学部门把与教师有关的教学质量信息反馈给教师。

9.8.3　教学质量改进

教学质量改进是在教学质量监控、诊断和反馈的基础上，对教学工作偏离教学质量目标的持续修正，是对教学工作中存在的缺陷和不足的不断改进。教学质量改进也是教学质量监控、评价、分析、反馈的直接结果。教学质量改进的主要内容包括制定纠正措施、形成改进方案、进行持续改进等。

1．质量目标

通过对教学工作的纠偏和改进，逐步完善教学工作，确保人才培养达到学校和专业培养目标要求，满足学生和社会用人单位的需要。

2．质量标准

（1）有关职能部门通过监控、评价和分析，对教学质量保障过程中发现的问题进行研究，提出改进意见和建议，并经主管领导或学校教学质量领导小组批准。

（2）有关职能部门根据改进意见和建议，制定具体的改进措施和预防措施，并持续组织落实各项改进措施。

（3）各二级教学部门及相关部门根据学校下达的改进或建设任务，认真组织实施，各项改进措施要落实到位，并把改进和建设的落实情况及时反馈给有关职能部门。

（4）有关职能部门要根据改进信息反馈结果，及时对改进工作的具体措施进行检查或验收。

专业建设、教学管理的诊断与优化

【诊断改进】

9.9 教学质量标准系统的诊断与改进

认真剖析与领会如表 9-10 所示的教学质量标准系统样例，对所在院校的人才培养标准、专业建设标准、课程建设标准、主要教学环节标准、实验教学质量标准、实训实习质量标准、毕业设计质量标准、社会实践活动质量标准的科学性、先进性、完整性、适用性、可操作性等方面进行诊断，并对这些标准的支撑文件或材料的有效性、可行性、完备性等方面进行诊断，然后根据诊断结论提出可行的改进建议。

表 9-10　教学质量标准系统样例

标　准	诊 断 要 求	支撑文件或材料
人才培养标准	遵循《普通高等学校高等职业教育（专科）专业目录（2015 年）》中各专业的培养目标和培养要求；符合区域经济社会发展需求，符合学校人才培养目标定位；结合专业特点，有细化的专业人才培养标准和要求。 　　知识结构方面，专业知识学习较为系统，有一定的广度，有某一专业方向的特长发展；能力结构方面，有较强的技术应用能力、创新能力和创业能力；素质结构方面，有较高的专业素养，具备一定的团队精神、职业道德、创造和创意品质等非专业素养	各专业人才培养方案、各专业课程标准
专业建设标准	专业设置适应区域经济社会发展需要，符合学校的办学定位和办学思路。 　　专业建设有规划、有措施、有动态调整机制；专业定位准确，专业群有特色，突出工学结合，不断提高质量；办学条件建设满足专业发展与教学需要	专业建设发展规划、专业建设管理办法
课程建设标准	以人才培养方案为依据，制定课程建设规划，有目标、有措施；课程建设按计划实施，优先建设专业核心课程，整合一般课程；课程建设不断更新教学内容，开展课程资源开发，教材建设注重规划教材的编写、选用和评优	课程建设规划、课程建设与管理办法、教材建设管理办法、教材选用与评价管理办法
教学环节标准	教学运行平稳有序，教学文件规范齐全；教师遵守工作规范，课堂教学效果良好；学生到课率高，学风建设成效显著；教学改革大力推行，教研活动有效开展；教学环节管理严谨，质量监控措施得力	教学工作规范，课程标准，教材选用标准，教学主要环节如备课（教案讲稿及课件）、授课、作业布置与批改、辅导答疑、考试考核及试卷评阅等质量标准，教师课堂教学质量评价标准，考试规程
实验教学质量标准	实验教学管理制度健全；实验教学仪器设备满足需要，时间安排合理；实验开出率达到课程标准要求的 90% 以上，综合性、创新性实验数量比例符合要求，开放性实验室满足教学需要	实验教学管理办法、实验室工作管理办法、实验课程标准、实验报告规范、实验室开放管理办法
实训实习质量标准	校内外实训实习场所数量满足教学需要；实训实习组织、指导、管理规范；与企事业开展紧密合作，时间和经费有保证	实习教学管理办法、实训实习课程标准、实训实习实施方案、实训实习基地建设管理办法

续表

标　准	诊　断　要　求	支撑文件或材料
毕业设计质量标准	毕业设计选题紧密结合生产和社会实际，体现专业综合训练要求；教师指导学生人数比例适当，指导规范，成果质量合格；过程管理规范、监控措施有效，能够保障质量	毕业设计管理办法、毕业设计文档撰写规范、优秀毕业设计评选办法
社会实践活动质量标准	社会实践活动、志愿服务纳入学分考核，管理措施规范；为学生开展社会实践活动搭建各类活动平台；积极组织学生开展各类社会实践活动	创新实践学分体系认定实施办法、就业创业工作实施意见、"勤工助学"活动管理办法、专业竞赛管理办法

9.10 教学文件制定与修订质量的诊断与改进

认真剖析与领会如表 9-11 所示的教学文件制定与修订质量诊断样例，对所在院校的人才培养方案、课程标准与考试标准管理、课堂教学管理、毕业设计管理、实训（实验）教学管理、教学业务管理、考试考务管理等方面的文件或材料的科学性、规范性、可行性、有效性、完整性等方面进行诊断，并根据诊断结论提出可行的改进建议。

表 9-11　教学文件制定与修订质量诊断样例

诊断项目	观测点	诊断要点	诊断依据
人才培养方案	修订依据	严格按照教育部有关专业设置和人才培养的目标要求进行，且符合学校实际	人才培养方案的修订情况
	修订程序	严格按照学校的总体部署开展修订工作，认真讨论，集体修订	人才培养方案的修订过程
	编写规范	格式规范统一，相关数据准确无误	人才培养方案
	方案质量	课程体系构建合理，专业特色鲜明，具体操作可行	人才培养方案
	执行情况	严格按照人才培养方案进行教学工作，少量的变动及时履行相关手续	各个学期的课程设置及相关环节的运行情况
课程标准与考试标准管理	课程标准修订	能够根据人才培养方案的变更及形势的发展，根据计划统一修订课程标准	课程标准的修订情况
	课程标准内容	课程标准条目清楚，目标具体，内容结构完整，格式统一	课程标准
	考试标准内容	考试标准条目清楚，格式规范统一，内容完整	考试标准
	课程标准执行	严格按照课程标准进行教学，无违背课程标准的情况	教师的教案及上课的情况
	考试标准执行	严格按照考试标准组织命题，题型、题量及考试成绩组成按标准执行	试卷及成绩评定
其他教学管理文件	课堂教学管理	有关于课堂教学要求的文件，有备课、辅导答疑、作业批改的管理文件	相关文件资料及执行情况
	毕业设计管理	有关于毕业设计的相关规定，并严格参照执行	相关文件资料及执行情况
	实训（实验）教学管理	有关于实训（实验）教学的相关管理文件，并严格参照执行	相关文件资料
	教学业务管理	能够对教师的业务水平进行很好的管理，材料存档	教师的业务档案
	考试考务管理	有关于考试的管理制度文件，并照章行事	相关文件资料及执行情况

参 考 文 献

[1] 教育部办公厅《关于建立职业院校教学工作诊断与改进制度的通知》（教职成厅〔2015〕2号）.

[2] 教育部. 高等职业院校内部质量保证体系诊断与改进指导方案（试行）[Z]. 教职成司函〔2015〕168号，2015-12-30.

[3] 教育部. 普通高等学校高等职业教育（专科）专业设置管理办法[Z]. 教职成〔2015〕10号.

[4] 麦可思报告-南京科技职业学院应届毕业生社会需求与培养质量跟踪评价报告（2015）.

[5] 教育部、财政部《关于支持高等职业学校提升专业服务产业发展能力的通知》（教职成〔2011〕11号）.

[6] 万德年. 职业院校专业人才培养工作评估的设计[J]. 襄阳职业技术学院学报，2015，（4）：79-81.

[7] 教育部. 关于建立职业院校教学工作诊断与改进制度的通知[Z]. 教职成厅〔2015〕2号，2015-06-23.

[8] 万德年. 职业教育专业评估研究与思考[J]. 职教论坛，2015，（15）：71-74.

[9] 陈寿根. 高职院校内部专业评估研究[J]. 黑龙江高教研究，2012，（5）：93-96.

[10] 万德年. 试述职业院校专业评估指标体系的构建[J]. 青岛职业技术学院学报，2015，（4）：24-28.

[11] 赵居礼，赵绥生，徐行. 高职院校专业设置评估指标体系及评估标准研究[J]. 榆林学院学报，2012，（3）：98-105.

[12] 赵居礼，赵绥生. 论高职院校专业设置评估的必要性及评估要素[J]. 职业技术教育，2012，（4）.

[13] 荣莉，唐以志. 高职院校专业评估与专业诊改的区别[J]. 职业技术教育，2017，（27）：29-36.

[14] 颜莉芝. 高等职业教育专业设置研究[M]. 北京：国防科技大学出版社，2008.